多元动态均衡

混合所有制
高职院校协同治理研究

郭光亮◎著

光明日报出版社

图书在版编目（CIP）数据

多元动态均衡：混合所有制高职院校协同治理研究 /
郭光亮著. -- 北京：光明日报出版社，2025. 5.
ISBN 978 - 7 - 5194 - 8794 - 2
Ⅰ. G718. 5
中国国家版本馆 CIP 数据核字第 202590M8J6 号

多元动态均衡：混合所有制高职院校协同治理研究

DUOYUAN DONGTAI JUNHENG：HUNHE SUOYOUZHI GAOZHI YUANXIAO XIETONG ZHILI YANJIU

著　　者：郭光亮

责任编辑：杜春荣　　　　责任校对：房　蓉　李佳莹
封面设计：中联华文　　　　责任印制：曹　诤

出版发行：光明日报出版社
地　　址：北京市西城区永安路 106 号，100050
电　　话：010-63169890（咨询），010-63131930（邮购）
传　　真：010-63131930
网　　址：http：//book. gmw. cn
E － mail：gmrbcbs@ gmw. cn
法律顾问：北京市兰台律师事务所龚柳方律师

印　　刷：三河市华东印刷有限公司
装　　订：三河市华东印刷有限公司
本书如有破损、缺页、装订错误，请与本社联系调换，电话：010-63131930

开　　本：170mm×240mm
字　　数：254 千字　　　　印　　张：14
版　　次：2025 年 5 月第 1 版　　　　印　　次：2025 年 5 月第 1 次印刷
书　　号：ISBN 978 - 7 - 5194 - 8794 - 2

定　　价：68. 00 元

序　言

习近平总书记强调，在全面建设社会主义现代化国家新征程中，职业教育前途广阔、大有可为。2022年12月，中共中央办公厅、国务院办公厅印发的《关于深化现代职业教育体系建设改革的意见》提出，坚持以教促产、以产助教、产教融合、产学合作，延伸教育链、服务产业链、支撑供应链、打造人才链、提升价值链，推动形成同市场需求相适应、同产业结构相匹配的现代职业教育结构和区域布局。持续深化产教融合、校企合作，旨在促进职业院校与产业界的合作，实现职业教育资源的优化配置和共享，提高技术技能人才培养的质量和适应性，最大限度发挥"塔基"人才对区域产业经济高质量发展的支撑作用。本书作者郭光亮教授，曾是我在西南大学指导的教育博士，也是重庆青年职业技术学院现任院长，长期从事高职教育工作，在产教融合领域积累了丰富的知识与经验，无论是理论还是实践，均有深入细致的研究探索。我是最先读到书稿的少数人之一，感触颇深，由此形成了以下三方面的感想与读者分享。

一是混合所有制改革是推动高职院校机制创新的新动力。产教融合是职业教育改革创新发展的逻辑主线，混合所有制办学是深化产教融合的重要突破口，也是当下我国职业教育办学模式改革的重要发展方向。探索混合所有制办学改革并不意味着一旦"混"起来就能够形成多元办学格局，改革最终要达成的目标是高质量共同育人，而实现这一目标还需要学校和企业之间形成协同共治的治理体系与机制来保障。本书中提到，破解"混"而不"合"是当前混合所有制办学走向成熟规范的最大挑战，唯有通过建立健全多元主体共治的内部治理机制，相互融合各方利益诉求，整合政校企行各方资源，以育人为中心实现融入、延伸以及重组重构，才能破除产教“两张皮”现象，有效破解人才培养供给侧和产业需求侧在结构、质量、水平等方面不相适应的矛盾，最终实现包容开放、多方参与、联动高效、工学结合的融合目标。

二是混合所有制改革是打开高职院校办学格局的新方法。职业教育属于类型教育，不仅有基于类型特征的横向转换渠道，还有基于学历贯通的纵向上升渠道。为顺应现代职业教育发展新形势、新环境，唯有通过混合所有制改革，才能有效增强院校办学活力，不断强化企业重要主体作用，持续优化高职院校办学格局，真正调动社会、市场资源投向教育领域，有效构建合作利益共享平台、合作利益共生载体，推动高职院校内涵式发展。从博弈理论来看，混合所有制办学形式是共建共享的产教融合实体，也属于委托代理理论的“产权共享式”契约实体，抑或利益相关者理论的“利益共同体”治理实体，能够使企业凭借要素投入而拥有部分产权，并成为办学主体和治理主体。在研究方法上，本书采用静态博弈与动态博弈方法，做到了科学严谨，抓住了多元主体之间的不同利益诉求，厘清了高职院校、企业、政府监管机构三大关键主体的地位与作用，以推动混合所有制改革为核心，围绕利益、权力、权利、风险四大关键，构建了高职院校推动协同治理存在的合作与冲突、独立和依存两种间性关系。

三是混合所有制改革是深化高职院校产教融合的新出路。产教融合是现代职业教育的基本特征。深化职业教育产教融合、校企合作是我国职业教育事业建设长期坚持的重要方针。基于混合所有制改革建设高职产业学院，从体制机制层面破除了高职教育产教融合、校企合作实施过程中一直存在的校热企冷的“壁炉”现象，能够从更深层次激发高职教育产教融合的内生动力。然而，在实践中，我国职业教育领域的产教融合长期流于表面，校企融合程度不深成为职业教育改革发展过程中的“老大难”问题，故而需要通过加强高职混合所有制改革，建设产业学院，借鉴经济领域混合所有制改革的成熟方法，“改造”职业教育办学模式，赋予企业投资兴办职业教育过程中充分的财产权利和治理权利，可以从制度上保障企业投资兴办高职教育的资本权益，从而激发企业参与兴办高职教育的强大内生动力。

以上是我读了本书之后的一些感想。囿于所有制、行政权力，高职院校混合所有制改革本身就是一件十分困难的事情。作者为了写作本书，遍查资料，探本求源，采用不同研究方法编著成书，颇为辛苦。但我认为，作者的付出是有意义的，他为读者提供了一本关于高职院校深化产教融合的著作。

西南大学教育学部部长

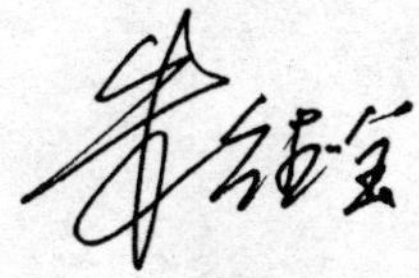

前　言

“支持和规范社会力量兴办职业教育培训，鼓励发展股份制、混合所有制等职业院校和各类职业培训机构”① 已成为我国职业教育建设多元办学格局的方向与强音。在高职教育领域，国有资本与民营资本似乎成为难以共存的矛盾体，不过，混合所有制高职院校的成功运作使二者的协同关系昭然。如果能在混合所有制高职院校中实现双方协同运作、协同治理，根据利益相关者的不同利益诉求，寻找协同的平衡点，不仅有利于高职院校摆脱发展困境，而且有利于高职教育产教融合的真正实现。混合所有制作为一种新兴办学模式，对高职院校非常具有吸引力，并有逐渐兴盛态势，但真正沿着混合所有制轨道高质量发展的高职院校并不多。基于深化高职教育改革政策导向与路径优化的时代诉求、高职院校治理体系与治理能力现代化升华的理论探析和混合所有制高职院校协同治理模式再造的实践探索，笔者将研究问题聚焦混合所有制高职院校协同治理的模式选择、框架设计与制度构建上。本文在前辈学者研究的基础上，一方面遵循现代人文社会科学研究的一般范式——发现问题、分析问题、解决问题，采用社会调查研究方法，重点研究了混合所有制高职院校协同治理的现状、存在的问题以及有可能突破的方向；另一方面拓宽研究视角，在多元主体的生态关系系统中来重构研究框架，利用经济学中的博弈均衡理论方法，重点研究了混合所有制高职院校协同治

① 和震．职业教育治理现代化的守正创新［EB/OL］．光明网，2021-09-28.

理的博弈机理、均衡策略，并在此基础上提出混合所有制高职院校协同治理的模式再造与政策建议。

全书共分为七个部分：一是基于职业教育综合改革发展的背景，基于文献分析，厘定研究问题的核心概念，界定本研究任务的重点所在；二是在研究述评、理论分析的基础上，阐释混合所有制高职院校协同治理的内涵及特征，基于此建构多元参与协同治理的分析框架；三是基于实证分析与论述，对混合所有制高职院校协同治理进行现状考察，抽丝剥茧，对治理中存在的问题进行透视与归因；四是围绕博弈的条件、内容、类型，对混合所有制高职院校协同治理的关系进行厘定，明晰多元主体的博弈机理；五是通过数理关系界定混合所有制高职院校协同治理过程中的博弈假设、均衡策略，提出混合所有制高职院校博弈均衡优化的建构基础；六是围绕着政府统筹主体、多元治理主体、社会监管主体、师生参与主体，设计多元主体协同治理的模式框架；七是基于协同治理模式的建构，提出混合所有制高职院校协同治理的保障机制。

全书通过基本理论研究、实然状态研究、问题与原因探究、博弈机理研究、均衡策略研究、模式建构研究、保障机制研究得出：混合所有制高职院校协同治理具有五个本质特征和四大价值诉求，存在四种表象、三大问题与五个归因。混合所有制高职院校协同治理存在合作与冲突、独立和依存两种间性关系，并在价值追求不一致、利益诉求不一致与行动方式不一致三大条件下，围绕利益、权力、权利、风险四大内容展开静态与动态博弈。研究显示，混合所有制高职院校协同治理主体应综合自身利益与他方利益、衡量短期利益与长期利益、把握经济利益和社会效益，从组织架构、职责职权和评价标准等方面构建相应的制度基础，这是一个多元博弈下的动态均衡策略。研究建议，混合所有制高职院校协同治理主体应遵循四大原则和三大机制，通过协同合作、共商共谋，依据共同契约规则，对共同支配资源进行系统整合与优化配置，进而推动多元主体在充分博弈的基础上形成均衡态势，在识别、测度均衡态势与既定目标差距的基础上，促进治理系统的自组织内微调与妥协，建构良好的法制环境与制度生态，继而保证协同治理目标得以实现。

本书为重庆市教育科学规划重点项目“产教融合背景下高职院校混合所有制办学的机理、模式及路径研究”（项目编号：2019-GX-048）的标志性研究成果。

目　录
CONTENTS

绪 论

一、问题缘起

高等职业教育占据我国高等教育的“半壁江山”，以“专业与产业、职业岗位对接，专业课程内容与职业标准对接，教学过程与生产过程对接，学历证书与职业资格证书对接，职业教育与终身学习对接”为办学指南，成为与区域经济发展联系最为紧密、最为直接的教育形式。然而，在高职教育领域，国有资本与民营资本似乎成为难以共存的矛盾体，导致无论公办还是民办高职院校都面临资本来源单一带来的诸多限制、困难与问题。不过，近年来一些高职院校采取了混合所有制的办学模式，打破了国有资本与民营资本办学的界限，成为一种化解资本来源单一的有效办学形式，且通过充分发挥国有资本与民营资本的多重优势，促进了此类高职院校的快速发展。目前，混合所有制办学模式在高职院校中大有兴盛风靡之势，但混合所有制办学中各类办学主体之间的关系如何厘清、各自应该发挥怎样的作用、各方权利如何保障、义务如何约束，即如何在混合所有制高职院校中实现协同运作、协同治理，根据利益相关者的不同利益诉求，寻找协同的平衡点，建立一个良好的治理结构与治理机制，实现治理体系与治理能力现代化，达到共治共赢的目标成为核心所在，所以研究好混合所有制高职院校的治理问题是解决这一系列问题的关键所在。为进一步加深对该问题的理解，本文有必要交代一下提出这一问题的时代诉求、理论探析与实践探索。

（一）时代诉求：深化高职教育改革的政策导向与路径优化

1. 深化高职教育改革的政策导向

2014 年，我国颁发《国务院关于加快发展现代职业教育的决定》，在这一文件中，第一次在职业教育领域提出了原属于经济学科的名词——混合所有制。① 2017 年，《国务院办公厅关于深化产教融合的若干意见》将“加快建设实体经济、科技创新、现代金融、人力资源协同发展的产业体系”② 作为重要指导思想，这一意见在一定程度上跟混合所有制改革相似。2019 年，《国家职业教育改革实施方案》中明确将“发挥企业重要办学主体作用，鼓励有条件的企业特别是大企业举办高质量职业教育，各级人民政府可按规定给予适当支持”“支持和规范社会力量兴办职业教育培训，鼓励发展股份制、混合所有制等职业院校和各类职业培训机构”等作为构建职业院校多元办学格局的重要举措。

2. 高职教育产教融合的内涵深化

高职院校培养对象有的是具有较高科学文化知识的技能型应用人才，有的是操作技能精湛的高级技艺型人才，有的则是职业综合能力宽泛的复合型经营、管理人才，其人才培养定位要求高职教育必须突出职业性和实用性，进而要求高职院校应实现时时与市场、企业、行业的无缝对接。政府积极推动学校和企业的合作，推动学校和企业共同办学和开展教学任务，并在此领域出台了众多政策，很多职业院校也愿意与企业进行合作，并积极采取行动以实现这一目标，但是学校和企业之间的合作仍然是以利益为主，双方关系没有真正以一个长效合作机制维系下来，因此无法调动企业参与职业院校办学和教学的主动性。而混合所有制高职院校利用股份来取得企业的支持，集聚企业的力量，建立良好稳定的校企关系，从而使得高校校企合作发展到更高级的阶段。③ 产教融合是产业与教育的“真融”“真合”，是职业教育人才链向产业链的延伸，然而产教融合流于形式的根本归因为现代职业教育治理体系建设的不足，以及国家靶向性、精细化的政策供给仍需完善。

3. 高职教育改革发展的路径优化

随着“职教二十条”的发布，以及“双高计划”的实施，高职教育的发展已经进入以“互联网+”“质量文化”为代表的新时代，高职教育兼具高等教育

---

① 吴益群，范可旭．高职院校混合所有制办学改革理论研究与实践探索述评［J］．教育与职业，2016（09）：14-17.

② 吕景泉．职业教育高质量发展：制度创新永远在路上［J］．中国职业技术教育，2019（07）：24-28.

③ 吴益群，范可旭．高职院校混合所有制办学改革理论研究与实践探索述评［J］．教育与职业，2016（09）：14-17.

与职业教育的特性，在逐步摆脱“本科院校压缩饼干”帽子的同时，也在逐步探索与本科教育、中职教育相异的、适切当前经济发展的路径。由于“工业4.0”“人工智能”“互联网+”等新技术、新业态、新方略对教育的深刻影响与变革，高等教育面临“数量时代”向“质量时代”的转型与过渡。“培养什么样的高素质人才、如何兴办高质量教育”成为当代高等教育需要时刻解答的问题，高职教育作为高等教育的重要构成，如何实现其高质量发展亦是职业教育改革的核心目标。高职教育作为最贴近产业、行业、企业，最贴近经济社会发展的一种教育类型，多元主体“实质性”参与办学、共商共策，为其实现高质量发展提供了一种优化路径。

（二）理论探析：高职院校治理体系与治理能力现代化升华

1. 构建混合所有制高职院校协同治理的理论框架与机理

混合所有制这一概念本是属于经济学领域①，“从宏观角度来说，混合所有制经济的所有制结构比较多元化，既有国有、集体等公有制经济，也有个体、私营、外资等非公有制经济；从微观层面来看，混合所有制经济包含了不同所有制的经济结构，是不同性质的主体共同出资建立”②。本研究基于博弈论基础探讨混合所有制高职院校的协同治理机制，结合博弈与均衡螺旋递进的辩证过程，通过对混合所有制高职院校各治理主体之间的权责关系、内外结构、间性关系等进行梳理，以高职院校办学各利益相关者主体共谋、共商、共议、共理、共评的协同治理，充分体现混合所有制的优势，使各利益相关者主体在不断的博弈中实现利益的最大化，最终实现共赢。这从理论上丰富了混合所有制理论的应用领域。

2. 尝试高职院校治理体系与治理能力现代化的理论建构

职业教育领域积极探索并运用这种新的办学体制，之所以产生这一现象，最主要的原因是职业教育与社会经济及产业发展有着紧密的联系。③ 混合所有制高职院校办学改革，从管理上，实现了所有权和经营权的分离，有利于打破

---

① 万卫，李德武．混合所有制职业院校：内涵、特征与价值［J］．职教论坛，2016（31）：5-9.

② 吴益群，范可旭．高职院校混合所有制办学改革理论研究与实践探索述评［J］．教育与职业，2016（09）：14-17.

③ 陈春梅．2030 混合所有制高职院校内部治理展望［J］．中国职业技术教育，2017（24）：42-46.

"一元化"与行政化、"官僚化"的管理方式；从师资建设上，混合所有制高职院校办学有助于"双师型"师资队伍的建设，从而体现职业教育作为一种类型教育的特点，有助于培养高素质技术技能人才；从办学体制上，有助于盘活社会资金，实现职业教育资源的优化配置，激发高职院校办学活力，若教职工持股，则更能激发教职工的参与度，他们参与办学的积极性也就越高，进而丰富和推进了现代高职院校学校制度的理论建构。

3. 创新混合所有制高职院校现代治理的研究视角与方法

区别于已有研究中从校企合作视角、多元利益相关者主体视角入手的研究，本研究从参与混合所有制高职院校治理的多元关系入手，基于博弈论、协同治理理论等理论视角，进行理论与实践相结合的研究设计。此外，在研究方法上，本研究基于调查研究的实证分析，并以此为基础展开博弈与均衡的方法构建。本研究从研究视角和研究方法上丰富了高职院校办学治理机制的相关研究，对以后的研究具有一定的借鉴意义。

（三）实践探索：混合所有制高职院校协同治理的模式再造

1. 如何从"单一资本"向"多元投资"模式转变

当前，高职院校办学资本来源并不丰富，因此很难真正面向市场办学。依靠单一的政府资金投入办学，使高职院校囿于"等、靠、要"的资本投入怪圈中，无法从根本上解决职业教育投入不足的问题。政府的意志而非市场的需求成为高职院校发展的导向，深化校企合作、产教融合难以真正落地生根，资本单一化导致无法从根本上解决职业教育与行业企业需求"两张皮"的痼疾。"职业教育中的实践环节十分重要，因此学校要建立一定的实训基地，为学生实践和技能锻炼创造机会和条件，注重学生的技能教育，相较普通高等教育，每一个学生的培养成本一般高达两到三倍，但是在实际教育中，高等职业教育的投入远远没有达到这一标准，我国职业教育发展缺乏足够的资金，为其发展带来了不少的阻力，我国目前的职业教育体系规模较大，因此很难靠政府这一单一主体的力量来进行投入，需要发挥其他社会主体的力量，引入社会资本，建立多方投入机制，有助于从根本上增加高职教育投入渠道。"①

---

① 吴益群，范可旭．高职院校混合所有制办学改革理论研究与实践探索述评［J］．教育与职业，2016（09）：14-17.

2. 如何从“过行政化”向“去行政化”模式转变

随着“教育管理”向“教育治理”的转向，单一化资本决定了高职院校浓厚的行政化色彩，科层制的局限使“领导权变”实践名存实亡，这不利于深化职业院校管理体制改革，使高职院校无法突破职业教育发展的体制机制障碍，难以实现治理能力的现代化。在现有体制下，公办高职院校在管理过程中存在一个很大的问题即政府和学校的权责界限不够明确，政府“管、办、评”三位一体，学校法人治理结构没有取得实际的效果，在办学和教学方面不具备较大的自主性。学校的管理机制是党委领导下的校长负责制，按照党政两方面分别设置部门，部门数量多但是相互推诿，导致工作效率并不高。同时，传统的高职院校主要依靠行政管理来保证内部各项工作有序运行，师生、企业等其他主体不具备管理权限，而且参与的积极性较低，无法发挥其他利益群体的监督作用，呈现出行政化、科层制特点。由此可见，单一资本下刚性、固化的行政管理体制无法满足当前高职教育治理的需要。实行混合所有制高职教育办学改革，实现多元化的资本权益，让不同的利益主体在合作中达成共识，相互制约又相互促进，按照党和国家的教育政策，通过平衡不同利益主体对学校发展的管理，使得各方主体将工作重心放在如何把学校办好和如何培养优秀人才的问题上，打破原有的权益结构壁垒，削弱高职院校管理体制中的“过行政化”，高职院校掌握办学自主权。内部管理结构要最大程度发挥资本的作用，提高资源配置效率，实现最佳优化状态、产权配置结构以及内部管理体系等。

3. 如何从“治理混沌”向“治理协同”模式转变

当前，高职院校在专业布局、课程建设上“千校一面”的情况依然普遍存在，这与“闷起头来搞教育”的现实实践方式相关。高职院校人才的培养、办学治理等都不能单打独斗，校企合作与产教融合、混合所有制高职院校协同治理发展办学等方式是可预见的主流。然而，即便这条道路是适合高职院校更好更快发展的途径，但依然存在很多问题亟待解决，如高职院校的产教融合、校企合作为何难以推进？高职院校、教育行政部门、企业行业、其他资本主体之间究竟应构筑怎样的均衡关系？混合所有制高职院校中非公有制资本应如何引入、如何推行内部治理？要实现治理体系和治理能力的现代化，应怎样改革原有的教育管理体制？高职院校的领导者与管理者、教师与学生、参与办学的行业企业，其权利边界应如何划分？面对种种难以解决的外部、内部困境，一些“头痛医头，脚痛医脚”的改革措施或仅限于表象层面的调整，不但无法从根源上解决高职教育面临的危机与困境，反而会增加利益相关者参与的压力和负担，对高职教育产生抵触情绪，形成恶性循环。因此，从现实层面深层探究解决已存难题与困境，基于不同办学主体间关系的复杂性、利益诉求的差异性在混合所有制治理中达到协同，最终形成提升办学水平和人才培养质量的源泉和动力，是高职院校发展的必然要求。混合所有制高职院校改革要注重产权结构的调整优化，平衡不同利益相关者的关系，在多元平等的基础上改进治理方式，强调多向互动。若治理机制与混合所有制改革互相错位，或仍保留之前行政化的治理结构和治理方式，则无法实现办学利益相关者间的权力平衡，那么混合所有制改革的推进就成了“换汤不换药”的形式主义。由此，引进多元利益主体到高职教育中，在高职院校中更加深刻、全面和实际地推行混合所有制，为我国职业教育的改革和发展开辟道路，按照社会发展趋势和经济发展的需要来发展职业教育，提高其教育水平，便于实际操作。①

2014 年，苏州工业园区职业技术学院牵头组建团队开展混合所有制高职院校办学专题调研，调查发现，当下诸多率先开始混合所有制改革或拟开始混合所有制改革的高职院校，存在着简单化、片面化、形式化推进高职混合所有制改革的情况，并面临制度壁垒等层层桎梏。可见，目前高职院校混合所有制改革已非简单停留在“混与不混的问题”，而是“怎么混”和“混后如何运行与治理”的问题，以服务于高职院校改革发展整体战略目标的实现。为此，本选题立足于新时代高职教育发展的大好机遇，试图从高职院校混合所有制的基本原理、实践运行、治理模式出发，从混合所有制治理主体的多元博弈视角着手探讨问题，尝试对混合所有制治理研究模式进行探究，最终为高职院校，特别是混合所有制高职院校向治理协同模式转向提供一种可资借鉴的模式，具有明显的理论价值和实践意义。

二、国内外研究现状述评

本研究从多元博弈的视角人手，主要探究的是混合所有制高职院校办学的协同治理问题，聚焦于在混合所有制改革中如何通过建构科学、合理、可行的治理机制以界定与厘清各利益相关者的关系，从而提高高职院校办学水平和人

① 雷世平，姜群英．内涵与基本特征：对混合所有制职业院校的理论辨析［J］．职教通讯，2016（01）：1-4.

才培养质量。基于此，笔者通过网络检索、手工检索，在中国知网（CNKI）、超星电子图书数据库、万方博硕论文数据库、维普中文期刊数据库、美国科学情报研究所数据库平台（ISI Web of Knowledge）等专题数据库中，以关键词、题名、主题为检索项分别对“混合所有制”“混合所有制改革”“混合所有制高职院校”“混合所有制高职院校改革”“高职院校协同治理机制”“博弈论与高等职业教育发展”等相关词汇进行检索，广泛搜索文献，检索时间截至2022年8月30日。根据横向对比国外和国内的研究，以及纵向地对新中国成立以来博弈论与高等职业教育发展、混合所有制改革、混合所有制高职院校办学、高等职业教育协同治理等的考察作宏观和微观的划分，对相关文献研究进行了梳理，文献回顾的内容大致分为四个主题模块，如图0-1所示。

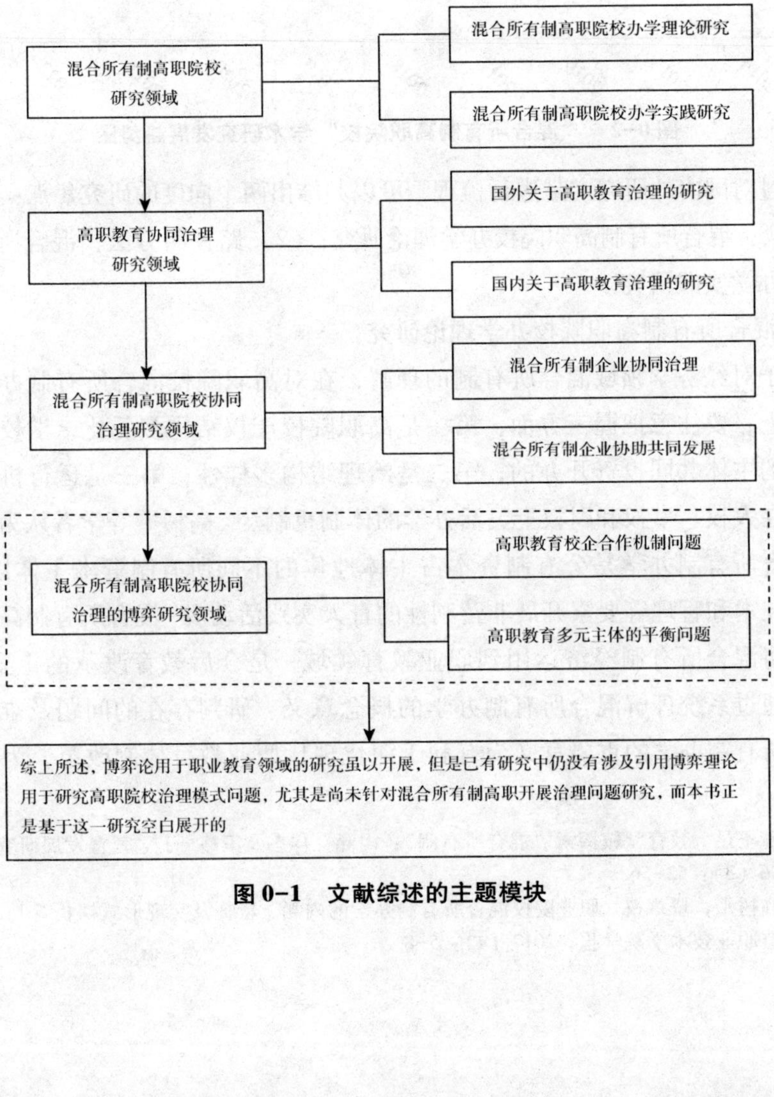

图0-1 文献综述的主题模块

（一）混合所有制高职院校的研究

从现有文献来看，国内外对混合所有制高职院校的研究总量不算多，但呈逐年上升的趋势，尤其是2014年至今越来越引起学界的关注。以“混合所有制”“高职院校”为关键词在中国知网中合并检索，可得文献研究趋势图（图0-2）。由此可见，对该主题的相关研究兴起较晚，在2018年相对多些，但整体研究成果数量偏少。

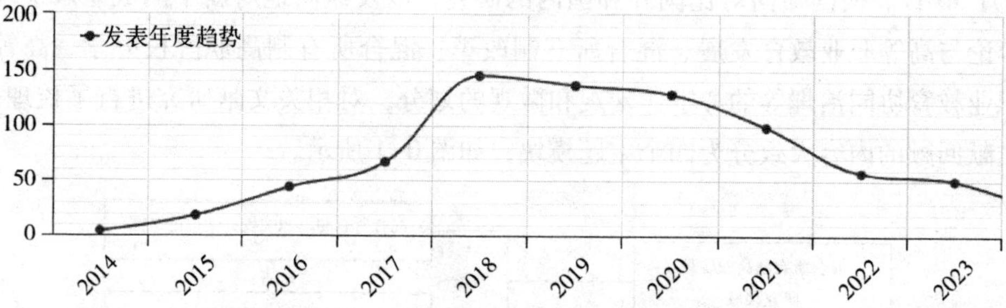

图0-2 “混合所有制高职院校”学术研究发展趋势图

通过对国内外研究文献进行梳理，可以归结出两个向度的研究焦点：（1）内涵与外延：混合所有制高职院校办学理论研究；（2）路径与方法：混合所有制高职院校办学实践研究。

1. 混合所有制高职院校办学理论研究

基于对经济学领域混合所有制的理解，在对高职院校混合所有制办学内涵的理解上，要注意把握三方面：第一是高职院校产权结构多元化，学校是由不同属性的主体共同投资开办的；第二是治理结构多样性；第三是运行机制的灵活性，在人权、事权和财权上灵活办学的体制机制。① 高树平等学者认为，高职院校混合所有制办学是公有制资本占主体地位的不同所有制资本主体以资本、知识、技术和管理等要素开展非营利性的育人实践活动。② 混合所有制高职院校办学是将混合所有制经济运用到职业教育领域，是今后教育改革的重要方向。袁广发通过系统理解混合所有制办学的概念意义、研判存在的问题及难点，指出混合所有制办学的重要意义为有利于深化现代职业教育体制改革，为职业教

① 董圣足．教育领域探索“混合所有制”：内涵、样态及策略［J］．教育发展研究，2016，36（3）：52-56.

② 高树平，覃章权．职业院校混合所有制办学的内涵、特征及实现形式探析［J］．长沙航空职业技术学院学报，2017（4）：5-8.

育发展提供充足的资金，促进学校与行业的需求对接，有利于增强教育对地方的人才支撑。①

基于上述分析，我们可以得到如下启发：

(1) 自2014年首次提出混合所有制高等职业学校，并提出了相应的改革政策和相关措施，在该领域的研究比较厚重，但相关配套政策如产权变动、市场退出政策的不完善仍是突出问题。

(2) 混合所有制高职院校以人才培养为核心目标，因此参与治理的不同主体间性关系、利益诉求的差异较大，突出代表为教育公益性与企业营利性的矛盾。

(3) 混合所有制高职院校与校企深度合作、深度产教融合的不同，核心在产权、股份是否"混"的问题。

2. 混合所有制高职院校办学实践研究

以相关理论作为基础，学界对混合所有制高职院校的实践研究主要从现状与困境、问题与归因、策略与经验等层面展开。

(1) 混合所有制高职院校当前的发展情况和面临的主要问题

"混合所有制高职院校办学"是学术界近一两年提出的新术语，并且在高职院校实际办学中，混合所有制高职院校办学模式还处于探索阶段，其办学体系不全面，办学理念还不完全成熟。因此，混合所有制高职院校办学还存在很多困境，比如，学者陈丽婷认为目前我国混合所有制高职院校办学在实践层面非公即私发展理念有待突破，在理论层面基本问题有待厘清，在制度层面办学机制有待完善。② 谢军认为当下混合所有制办学发展问题主要体现在混合所有制的办学引资渠道狭窄、配套政策支持不够、缺乏统一的校企管理制度、合同制教师待遇不合理四个方面。③ 而孟清从混合所有制高职院校的性质特点和延伸内容来展开分析，发现这些学校在外延式大规模扩张后的发展遇到了瓶颈，由于其同时具备教育公益性和资本寻利性两种特点，通过内涵式发展完成从量变到质变的过程，根据混合所有制高职院校职业教育的特点，探索适合新时期规模、

---

① 袁广发．高职院校混合所有制办学新路探析［J］．教育教学论坛，2016（26）：252-253.

② 陈丽婷．高职院校混合所有制办学现实困境与发展路径研究［J］．中国高教研究，2017（01）：107-110.

③ 谢军．高职院校实施混合所有制办学存在的问题分析及对策［J］．教育现代化，2016（38）：337-338.

质量和效益相协调的内涵式发展策略。①

（2）混合所有制高职院校治理策略研究

针对混合所有制高职院校治理存在的困境，学者们提出了相应的策略思考。姜庆伟、黎炜以公办高职院校为主体进行试验探究，认为公办高职院校，如何在我国现行的经济和教育两个并行体制下“试水”混合所有制，以实现公有制与私有制之间的无间隙“啮合”，还需结合实际、理性思考、逐步探索，健全政策制度保障、深化管理制度改革、创新体制机制建设。② 谢军针对混合所有制高职院校办学存在的问题提出了相应的发展对策，从政府主导筹措资金促进投资多元化，政府应出台配套政策给予鼓励和发展，完善新型管理制度统一学校管理体系，建立新的教师编制体系制度等方面进行改革和完善，旨在为我国混合所有制高职院校办学提供参考建议。③ 陈丽婷鉴于混合所有制高职院校办学具有主体多元、产权明晰、资本关联等机理特征，提出办学策略：尝试探索多元办学主体，以丰富混合所有制高职院校办学形式；明晰产权归属，完善混合所有制高职院校办学治理结构；完善顶层设计，破除混合所有制高职院校办学制度瓶颈的三个层面，在实践中不断探索未来混合所有制高等职业学校可以采取的办学方式。④ 钟娜从公办高职院校实行股份制（混合所有制）办学面临的法律问题研究入手，通过剖析混合所有制的内涵和当前混合所有制办学的立法现状，指出了公办高职院校实行混合所有制模式在法律规定面前缺乏保障，为了解决这一问题而提出要加强制度建设，不断完善法律规定，建立健全产权保护和流动机制、优化法人治理结构等具体措施。⑤

混合所有制高职院校改革办学的相关政策在2014年首次提出，针对这一最新政策的研究非常厚重，已经完成混合所有制高职院校转型的高职院校寥寥无

① 孟清．混合所有制高职院校内涵式发展的策略与实践［J］．热带农业工程，2015（04）：61-64.

② 姜庆伟，黎炜．公办高职院校探索混合所有制的思考［J］．中国职业技术教育，2017（04）：49-51.

③ 谢军．高职院校实施混合所有制办学存在的问题分析及对策［J］．教育现代化，2016（38）：337-338.

④ 陈丽婷．高职院校混合所有制办学现实困境与发展路径研究［J］．中国高教研究，2017（01）：107-110.

⑤ 钟娜．公办高职院校实行股份制（混合所有制）办学面临的法律问题研究［J］．现代经济信息，2016（09）：309-310.

几，但是这些高职院校的混合所有制改革的经验也有值得借鉴的地方。比如，广东中山火炬职业技术学院的火炬模式，学院借助得天独厚的地理位置，开展深度校企合作，在师资建设、专业设置、课程建设、教材开发等与企业深度合作，并且该校通过在学校二级学院设置企业学院的形式跟企业合作，该校的校企合作与产教融合模式跟混合所有制高职院校改革有异曲同工之妙，值得借鉴；苏州工业园区职业技术学院走在混合所有制高职院校改革的前列，该校深化股份制办学，组建了由政府主管部门、中外著名跨国公司、国内外知名高校组成的董事会，实行“董事会领导下的院长负责制”，学院实行“企业+学院”的混合所有制办学模式，也值得借鉴。

（二）高职教育协同治理的研究

高职教育、高职院校协同治理的达成，始终是人才培养、科学研究、社会服务、文化传承职能得以充分发挥的保障，广受学界的关注。截至 2022 年 12 月，以“高职”“高职教育”或“高职院校”与“治理”为关键词，在中国知网中进行关键词合并检索，相关研究成果共 700 篇，其年度趋势走向如图 0-3，高职教育的治理问题逐渐得到学界的关注，但研究成果比较零散，多从治理的细节问题入手着力提出举措，系统性的高职教育治理研究较少。到 2022 年年底，以“高职”“高职教育”或“高职院校”与“协同治理”为关键词，在中国知网中进行关键词合并检索，相关研究成果数量较少，仅有 32 篇，且通过对相关研究主题词频的分析可知，诸多对高职院校协同治理的研究仍处在表皮化、浅层次的理念研究，深度的体系化研究较为缺乏。

教育协同治理研究一直是学术界关注的一个热点问题，随着时代的发展，将治理理论引入高等教育领域，是学术界对于高等教育研究提出的新课题和新内容。当前对高等教育领域教育治理的研究主要聚焦于教育治理中利益相关者的关系等问题。首先，从高等教育协同治理主体关系上看，高等教育的治理重构，需要在政府、高校、社会三者之间建立稳定的联系，实现“非国营化、去中心化和市场化”，营造新的关系模式①，提高大学的自主权。其次，从高等教育协同治理存在的困境上看，当前由于制度变迁的路径依赖，高等教育协同治理存在着治理主体合作、治理工具选择和治理机制运行方面的困境，制约着改

① 任桐．我国高等教育公共治理中的政府职能研究［D］．沈阳：东北大学，2011：6.

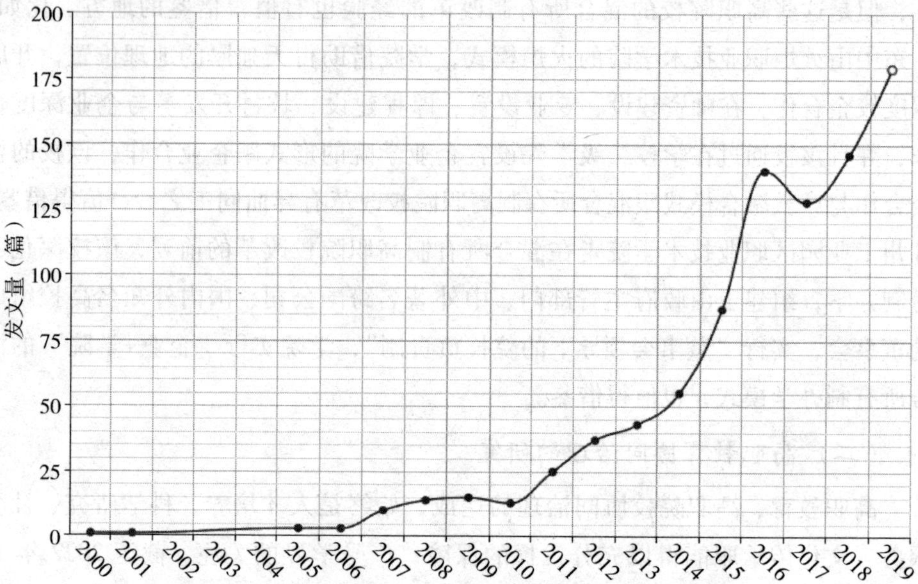

图 0-3 “高职教育治理”相关学术研究发展趋势图

革绩效预期的实现，因此，在管办评分离中，高职教育领域致力于形成“政府—高校—社会”新型协同关系，实现三者的协同治理。①

1. 国外率先兴起和推动了高职教育治理的研究

在高职教育起步早的发达国家，高校往往具有独立的法人地位，采取董事会治理模式，但是受到经济、政治、文化与社会等方面因素的影响，不同的高校所处的社会背景有所差异，因此在治理模式上必然要做出相应的调整。②

首先，按照高校治理主体，可以分为以美国为代表的，学术与行政两者独立行事的模式。③ 美国高校纵向的系、院、校三级各自在横向上都是二元治理结构，在每一层级的治理结构中这两种权力呈现出此消彼长的变化趋势。④ 以法国

① 魏海深．管办评分离中高等教育协同治理的困境及其突破［J］．湖南科技大学学报（社会科学版），2016（06）：165-169.

② 卢竹，雷世平．国外大学治理对我国混合所有制职业院校法人治理结构的启示［J］．职教通讯，2017（04）：7-10，15.

③ TAYLOR J S，MACHADO L D M. Governing Boards in Public Higher Education Institutions：A Perspective from the United States［J］. Tertiary Education and Management，2008（03）：243-260.

④ 马梦芸．高校内部的行政权力与学术权力运行机制分析：以美国高校为借鉴［J］．西南政法大学学报，2015（03）：39-45.

为代表的行政为主的模式，以及以英国和德国为代表的学术为主的模式等类型。比如，盛欣等人概述了英国高等教育发展和治理工作应该具备的前提条件和保证基础，英国高等教育的质量保障体系主要是 QAA（英国高等教育质量保证机构）的质量保障①、社会监督、学生评价、政府参与等几种模式，其多主体参与高等教育的治理体系可以借鉴到我国高等职业教育发展中。②

从政府和高校的关系上看，国外的高职院校治理模式，主要分为三类：第一类是以德国、法国等国家为代表的政府干预治理型，高校一般不具备较高的办学和教学自主性；第二类是以美国、英国为代表的政府监督型，在这一模式下，高校在管理工作等方面有一定的自由权限；第三类是以美国、日本私立高校为代表的宏观调控型，政府不直接干预学校的办学工作，但是会通过法律政策的方式进行引导。

基于以上分析，我们可以得到如下启发：不同的高校治理结构都不尽相同，之所以出现这种差异，除了内部和外部一些客观因素的影响，也有高校主观因素的影响。高校治理结构包括决策机构、管理机构、资金管理机构和评估机构等，最终共同构成一个完善的管理机制，通过借鉴西方发达国家的成功经验和先进成果，指导我国混合所有制高职院校法人治理结构的完善。

2. 国内高职教育协同治理的研究方兴未艾

高等职业教育隶属于高等教育，二者在教育协同治理方面有相同之处，但是对高等职业教育而言，也有其特性，学界对高等职业教育的治理存在不一样的理解。一部分学者认为，“对于高等职业教育的治理不是利用外界力量来完成的，而是利用有效的沟通来产生一种可以使行动者接受并且遵循的规则与方式对问题进行处理，并且依靠这种机制保证合作持续进行以及维持稳定的关系”③。而联合国全球治理委员会认定“治理是公共以及私人部门同时进行事务处理以及分配资源活动的结合”，这样的理解在高等职业教育中占大部分，因为职业教育具有跨界性、社会性和实践性。

---

① QAA. A Brief Guide to Quality Assurance in UK Higher Education [R]. Gloucester: The Quality Assurance Agency for Higher Education, 2003: 3.

② MARTIN C J. Political Institutions and the Origins of Collective Skill Formation Systems [J]. The Political Economy of Collective Skill Formation, 2012 (14): 41-67.

③ 南旭光，黄成节. 高职校企合作协同治理的生成逻辑及实现路径 [J]. 教育与职业，2016 (13): 23-27.

首先，从高职教育多元主体协同治理来看。学者张培从校企深度合作角度入手，认为高等职业院校应该创新校企合作体制机制，围绕战略协同、文化嵌入和共同治理三大支撑维度，建立健全学校与企业合作运作的保障要求以及长期运行的机制，推动高等职业教育人才培养机制的创新以及学校与企业合作的主体协同创新，促进多方共赢、共生发展，形成校企协同治理办学机制。① 吴建新、欧阳河虽然也是从校企合作视角入手，但是他们认为高等职业教育应该形成双主体办学和双重治理而不是多元主体协同治理。② 翁伟斌提出职业教育集团化办学，也就是提倡职业教育学校、用人单位、行政管理部门和行业协会等共同办学，基于此，提出职业教育集团化办学要现实运行，必须构建合理的协同治理办学机制，厘清各主体关系。③

其次，从高等职业教育混合所有制的治理来看。冯孟、肖坤认为，开展混合所有制高职院校办学涉及多方利益相关者主体，传统的单一治理模式与此不符。因此，他们在研究中提出动员式治理方式，总的来说就是主体利用动员的方式对资源进行集中，从而实现各项任务，完成治理目标的方式。从某种程度上说，这就是一种协同治理。④ 桑雷则认为高职院校是一个具有公共性质的组织，具有利益主体多元化的特征。传统教育治理模式下，多元利益主体的协同关系尚未形成，呈现出“局部协作、分散治理”的情况，在一定的情况下对治理的效果产生了负面影响。所以，进行混合所有制高职院校治理，需要通过完善规章制度、加强协商对话、整合治理资源，推动多元主体不同程度和频次地参与行动有序衔接，从分散治理转向协同治理。⑤

最后，从高职教育协同治理现存困境来看。学者们从不同角度探究了高职教育协同治理现存困境，如学者周晶、万兴亚认为高等职业教育发展应该由多主体协同治理，但是当下高职教育的协同治理中存在治理主体偏离、治理主体

① 张培．高等职业教育校企合作长效机制构建研究［J］．教育理论与实践，2016（06）：15-17.

② 吴建新，欧阳河．校企双主体办学的治理理论与模式初探［J］．中国职业技术教育，2016（06）：5-11.

③ 翁伟斌．职业教育集团化办学的内部治理机制：框架与推进路径［J］．中国高教研究，2016（05）：86-91.

④ 冯孟，肖坤．高职教育动员式治理及其非预期效果［J］．职教论坛，2017（25）：40-44.

⑤ 桑雷．分散治理到协同治理：高职教育多元主体的失位与归正［J］．现代教育管理，2017（09）：86-90.

话语权缺失、产教结合缺乏深度合作，以及协同治理机制不完善等问题。① 刘韬指出职业教育的跨界性要求其治理是多方主体共同参与，而当前我国职业教育治理还面临着学校的“主体性危机”、治理模式的“单中心主义”倾向、治理主体之间的利益联结点和共识不足以及行政文化“凝结”等方面的问题。② 肖凤翔、史洪波认为我国现代职业教育在整体上呈现出杂乱无章、各行其是的混乱“无序”状态，各治理主体之间连接纽带不强、角色定位不明、权责关系不清。而教育治理要实现从当下这种“无序”状态到“有序”，需要通过多元主体的协同共治，推动体系内部的利益契合度、权责明晰度、道德规约度与信息沟通度等序参量的变动。③ 基于现存困境，如何提高高职教育协同治理质量，学者们也给出了自己的思考，比如，要彻底克服政府过度干预高等教育的弊端，也就是要削弱以前的“过行政化”问题，重塑政府职能，实现从“全能型”政府到“服务型”政府的转变；要明确不同利益主体在高等职业教育治理中存在的职责、权力以及利益，不断完善不同利益主体参与治理的法律法规，重塑职业教育治理共同体的公共价值信仰；用利益作为联系，重点进行利益的调节，完成治理共同体内驱力最大程度的聚合，尽最大可能提高行业企业以及其他社会力量参与治理工作的积极性。

基于上述分析，我们可以得到如下启发：对于高职教育协同治理问题，学者们大都认为实行多元主体治理模式、动员式治理模式、内部治理带动外部治理模式、完善治理机制等是高职教育治理的有效方式。本研究所指的协同治理关涉政府、高职院校、企业、行业协会、社会组织等多个治理主体，是在利益、权力、权利等博弈进程中，在充分尊重各自利益诉求的基础上，以达成共识的规约要求，释放自主治理的潜能，发挥最大化的治理效能，继而在博弈进程中达成最佳均衡点的方式。已有研究有一定成果，但是纵观对混合所有制高职院校治理机制的研究，已有对混合所有制背景下高职院校协同治理的研究较为薄弱，需要更进一步展开研究。

---

① 周晶，万兴亚．从管理走向治理：区域高等职业教育发展范式转型的路径研究［J］．职教论坛，2014（14）：44-49.

② 刘韬．教育治理现代化视阈下职业教育治理共同体构建［J］．职教论坛，2016（13）：70-76.

③ 肖凤翔，史洪波．从无序到有序：我国现代职业教育协同共治之理［J］．教育发展研究，2015，35（21）：67-72.

（三）混合所有制协同治理的研究

混合所有制可划分为宏观和微观两个层面，其分别针对的改革视角与路径有所不同，本研究主要聚焦于从微观层面研究怎样对混合所有制企业进行治理。混合所有制企业的治理研究主要从混合所有制企业各个主体的协同治理问题与策略两方面展开。

1. 关于混合所有制企业协同治理面临的问题

黄速建指出，建设完善并规范而且公开透明的公司治理是我国混合所有制企业公司治理中需要考虑的不可或缺的问题，而且，在问题的解决过程中，我们建立的目标最重要的便是保证非国有资本投资者在相关企业中的权力以及地位。换言之，即怎样让非国有资本在企业可以得到利益的情况下自愿参与投资。① 白依可认为混合所有制改革在目前所面对的主要问题与挑战，包括如何避免国有资产的损失以及如何实行员工持股的方案，民营资本以及国有资本在经营中存在的差异和资本市场怎样支持其发展等诸多问题。② 杨红英、童露认为混合所有制企业公司治理结构虽然已经建立健全，但是其中依旧存在诸多问题，如董事会构成、监事会作用的发挥以及经理层激励约束等方面的问题依旧需要解决，特别是需要不断规范国有资本监管机构、国有资本出资人和外部投资者以及董事会、经理层和党组织之间的关系和职责。③

2. 有关混合所有制企业协助共同发展的研究策略

谢军通过验证分析了解到，在混合所有制企业治理机制中，有一部分因素严重影响了国家控股的混合所有制企业的治理情况，这些因素主要包括股权结构、董事会的组成、经理薪酬、公司控制权的竞争以及财务公开程度。④ 李绍荣、周毅建议我国的混合所有制企业需要将经营与资本两方面维持在统一的层面，将经营转化为经营主体市场化。⑤ 肖楠通过三个主要的机制帮助混合所有制企业建设了科学的治理框架，通过这个框架对中国巨石股份有限公司的公司治

---

① 黄速建．中国国有企业混合所有制改革研究［J］．经济管理，2014（07）：1-10.

② 白依可．混合所有制改革理论解读［J］．企业研究，2014（21）：20-25.

③ 杨红英，童露．国有企业混合所有制改革中的公司内部治理［J］．技术经济与管理研究，2015（05）：50-54.

④ 谢军．中国混合所有制企业国有产权管理研究［D］．武汉：武汉理工大学，2013.

⑤ 李绍荣，周毅．中国的经济体制变迁与混合所有制改革［J］．人民论坛·学术前沿，2014（07）：72-78.

理情况做出了具体的分析，而且提出了建立均衡股权结构和建立兼顾各方利益的监事会以及建立职业经理人制度等建议。① 李佐军从外部治理方面提出了需要在发展过程中保护民营企业自身的合法利益，通过对民营企业受损的原因与形式进行研究与分析，提出开放特许经营以及完善民营企业投资权益保护体系等诸多建议。②

基于上述分析，我们可以得到如下启发。

（1）混合所有制经济协同治理问题已受到学界的普遍关注，学界已初步形成了针对这些问题的解决策略，但这些策略仍较为零散，未形成协同治理体系。

（2）混合所有制经济治理既有外部治理问题，又有内部治理问题，对问题的归因分析需从内外部治理的视角进行综合分析。

（3）混合所有制多元主体在治理中的协同问题必须依靠层级规制，使治理中决策、实施、监督等基本职能得以协同发挥，如“三会一层”（股东大会、董事会、监事会和高级管理层组成）的议事管理规则是否完善等。

（四）混合所有制高职院校协同治理的博弈研究

综合学者们已有的研究可知，虽然尚未有学者从博弈视角较为系统的对混合所有制高职院校协同治理的现状、问题、模式、对策等进行研究，但已有学者从博弈理论视角进行职业教育的研究，并且从不同视角探讨职业教育领域的各种问题，取得了一定的研究成果。

有的学者研究高等职业教育校企合作机制问题。冉义明等人从合作博弈论视角入手，指出职业教育发展必须有对应的学校以及企业合作教育的体系，但是校企合作不仅是学校与企业的合作，还需要政府以及社会力量共同参与。因此，政府须从满足工业化、城镇化和现代化的需要出发，为社会提供职业教育制度这种公共品，研究、制定、实施与校企合作职业教育相关的一系列法律规定，建立健全校企合作教育的体系。③ 有学者着力于用博弈理论探讨职业院校治理问题，如学者盖馥从演化博弈论的视角，分析了职业院校内部治理中权力的

---

① 肖楠．混合所有制改革背景下中国巨石的公司治理研究［D］．北京：北京交通大学，2015.

② 李佐军，田惠敏．保障民营企业在发展混合所有制中的权益［J］．中国石油和化工经济分析，2014（09）：16-21.

③ 冉义明，洪诗鸿，唐晓萍．用合作博弈论探究建立校企合作职业教育体制［J］．中国成人教育，2011（19）：86-88.

博弈与均衡，认为应重修职业院校章程，建立并践行共同遵守的博弈准则；不断完善内部制度，构建以分权和制衡为中心的博弈规则体系；建立权力表达机构，实现权力主体之间的相对完全信息博弈；形成多元协同的内部治理模式等路径有助于达到各方权力的平衡。① 也有学者用博弈理论讨论职业院校学生技能大赛问题，如学者李小丽从博弈理论视角，分析了职业教育技能竞赛中参与者的博弈，职业学校作为博弈的参与者，更多地是以一个团队的形式出现，其中对职业教育技能竞赛开展影响最大的是学校、教师以及学生，职业教育技能竞赛的推进会受到这三方面最为直接的影响。通过分析学校、教师、学生在职业教育技能竞赛中的利益博弈，发现职业教育技能竞赛存在博弈困境，建立健全与竞赛的开展相关的评价体系或机制，通过这种机制的出现以及不断地完善来改变目前的博弈环境。②

有的学者研究探讨高等职业教育多元主体之间的平衡问题。比如，李名梁、吴书瑶从博弈论视角，探讨如何改善职业教育院校与其利益相关者之间的关系，认为职业院校需要与社会上的企业建立良好的合作关系，形成战略合作伙伴，尽最大的可能争取外界特别是利益相关者对职业教育的大范围支持。③ 张道珍等学者基于博弈论视角，分析校企合作是做大蛋糕的过程，但要真正发挥校企合作办学优势，需要政府、行业、企业、学校的共同参与来办好职业教育，实现学生、学校、企业、行业、政府、社会多方共赢的局面，实现“政行校企”四方联动。④ 梁晓丹、苏琼瑶基于校企合作博弈论思考，认为工学结合人才培养模式已成为实现现代职业教育的主要方式，资助育人是完成工学结合的主要人才培养模式的重要环节，而要发挥工学结合模式最大作用，需要借助合作博弈理论，分析校企合作现状，通过构建校企利益一致的资助体系、设计校企互惠的资助管理制度、实现校企互补的资助育人功能，促进资助育人发挥最大作用。⑤

---

① 盖馥．职业院校内部治理中权力的博弈分析与均衡解：基于演化博弈论的视角［J］．无锡职业技术学院学报，2017，16（02）：1-5.

② 李小丽．用博弈理论看职业教育技能竞赛［J］．中国成人教育，2012（06）：38-40.

③ 李名梁，吴书瑶．职业教育院校与外部利益相关者的博弈分析及发展策略［J］．理论与现代化，2013（01）：106-111.

④ 张道珍，李军，孔祥银．论高职校企合作中“政行校企”四方联动的必要性：基于博弈论分析［J］．十堰职业技术学院学报，2013，26（02）：5-9.

⑤ 梁晓丹，苏琼瑶．工学结合人才培养模式下高校资助工作研究：基于校企合作博弈思考［J］．武汉职业技术学院学报，2015，14（06）：98-105.

综合以上研究成果进行分析，虽然已有关于引用博弈论用于职业教育领域的研究，涉及多方面研究问题，具有丰富的成果，但是已有研究中没有涉及用博弈理论研究高职院校治理模式问题，尤其是尚未针对混合所有制高职开展治理问题研究，而本研究正是基于这一研究空白展开的。

（五）文献评析的发现与启示

基于前人的研究成果，不难发现混合所有制高职院校协同治理的相关研究，无论是立足于职业教育多元主体办学角度，还是着眼于现代职业教育治理体系的构建，都具有十分重要的方法论和实践指导意义。至少我们可以从以下几方面得到启示。

1. 研究趋势

从研究趋势上看，在国内外已有研究中，其研究重心随着时间的变化而变化，呈现了一定的研究规律。最开始针对高等职业教育的研究，一般集中在高等职业院校人才质量培养、专业设置、课程建设、“双师型”师资建设等主题，紧接着研究集中在探讨高职院校校企合作问题、多方利益主体多元评价问题、高职院校办学治理体系问题。根据这样的发展趋势可以料定，未来关于高职教育发展研究的趋势应当聚焦于以下几方面。

（1）多元主体合作办学问题

职业教育作为与经济发展联系最为紧密的教育类型，面临从规模发展向质量发展的转型，相关研究亦在逐步从对职业教育专业扩张的研究转向专业调整的研究，其中对校企合作的研究始终是学界经久不衰的话题。以人才培养质量的提升为目标，以混合所有制改革为途径，后续研究必然将聚焦社会多元主体参与办学的问题。

（2）产教深度融合办学问题

从浅层次校企合作到深层次产教融合，学界的研究转向展示了职业教育发展的趋向，后续高职院校的改革与发展必然朝向贴近行业、贴近产业、贴近企业的方向迈进，但是“产”与“教”如何动态融合?“教”如何随着产业发展动态调整?“产”与“教”在融合过程中的“人”“财”“物”如何调配整合?这些问题都是学界将探讨的问题。

（3）职业教育分类发展、特色发展问题

经过文献梳理发现，当前职业教育专业中普遍存在“千校一面”的同质化问题，职业教育如何分类发展、特色发展，如何根据高职院校自身发展优势开展特色办学实践，亦是学界未来关注的趋势与方向。

（4）职业教育治理体系与治理能力现代化问题

经过对职业教育治理的相关研究的梳理，学界对职业教育管理研究逐步转向职业教育治理研究，随着当下职业教育新发展、新态势对治理水平提升的更高要求，如何通过职业教育治理体制、治理制度、治理机制、治理评估体系的构建，解决职业教育治理体系多元主体的权力分配与运行关系、约束和激励治理行为、规范组织运作方式，都将是学界需要继续探讨的问题。

2. 研究主题

高职教育校企合作机制，高职教育办学治理体系，高职教育多元利益相关主体办学，高职教育人才培养，高职院校师资建设与专业设置等研究已经奠定了职业教育相关研究的基础。虽然有部分学者已将研究主题转向混合所有制高职院校的研究，且不乏某些典型个案研究，但是研究多注重从宏观层面对混合所有制高职院校改革的困境与问题、出路与对策进行梳理，专门针对混合所有制高职院校改革协同治理研究的文献寥寥无几。经过文献综述为混合所有制高职院校协同治理提供了以下启示。

（1）牵住“利益”这个牛鼻子

根据已有研究，治理机制不同，利益相关者达成的保证各自利益和集体利益的机制性规则也不同，“利益”诉求是否同质是决定多元主体能否最大限度发挥合力与效能的决定性因素。因此在研究中应注意探究多元主体真实的利益诉求，牵住“利益”这个牛鼻子。

（2）多元主体的博弈是常态，均衡是动态

混合所有制高职院校的建立意味着政府、学校、企业间性关系的重新洗牌，从混合所有制高职院校改革主体之间利益、权利、权力等的博弈与均衡视角出发，如何在多元主体参与博弈的过程中达到相对均衡的共同点，从而发挥合力，是后续研究中应探索的问题。

（3）多元主体协同治理的达成需充分考虑院校实际

经过对文献梳理发现，混合所有制高职院校的类型多样、合作形式多种、参与主体多元，因此混合所有制高职院校间的治理形式亦有差异。在此境况下，多元主体协同治理的达成需充分考虑与尊重各院校的实际情况，不可根据已有成熟治理经验生搬硬套。

(4) 政策保障是协同治理达成的重要影响因素

经文献综述发现，混合所有制高职院校治理政策法规的缺乏是影响治理成效的重要因素与问题。当前相关政策的缺位与相互矛盾，成为影响很多企业参与高职院校混合所有制改革的要因，从产权、股份、权责等角度对参与高职院校混合所有制给予政策保障，是协同治理达成的重要影响因素，亦是后续研究中需重点剖析的关键问题。

3. 研究方法

从研究方法上看，以往的研究多以定性研究方法为主，文献资料的平铺特点突出。本文在实践研究过程中，除了运用传统的文献分析法、文本分析法、调查研究法之外，着重运用案例分析法和博弈论分析方法，特别是注重从微观层面入手的案例分析法，探究混合所有制高职院校协同治理机制的深层原因，从点到面，以弥补以往研究中片面强调宏观层面、研究视角单一、研究深度不够等不足。

因以往研究中深入剖析混合所有制高职院校治理的案例较少，本研究将聚焦于参与混合所有制改革效果较好、影响层面较大、辐射范围较广的两所高职院校，从它们的建设过程、股权变更、治理结构等视角深入剖析其治理特点，并对其中出现的一些治理难题进行归纳总结，为深入研究奠定基础。

三、研究设计

(一) 研究目标

混合所有制高职院校协同治理是一个新命题，总体目标是希望通过对混合所有制高职院校协同治理的系统研究来解决混合所有制高职院校普遍存在的协同治理困境，以实现混合所有制高职院校多元参与、共治共赢。这一总体目标可分解为：一是拟从混合所有制高职院校共同协作治理的制度变化研究来弄清楚混合所有制高职院校协同治理的来龙去脉与发展规律；二是拟从混合所有制高职院校协同治理的基础理论与规律探析研究来弄清混合所有制高职院校协同治理的内涵特征与价值导向；三是拟从混合所有制高职院校协同治理的现状剖析与案例解剖研究来找准混合所有制高职院校协同治理的现实困境与深层原因；四是拟从混合所有制高职院校协同治理的问题归因与关系解析研究来重构混合所有制高职院校协同治理框架体系与体制机制；五是拟从混合所有制高职院校协同治理模式再造与政策配套研究为混合所有制高职院校协同治理提供系统支持与生态支撑。

（二）研究问题

本书以混合所有制高职院校为研究对象，针对混合所有制高职院校协同治理这一问题展开深入研究。本书拟从混合所有制高职院校治理相关问题出发，以问题为导引，通过发现问题、分析问题并解决问题的研究路线，从理论和实践层面解决混合所有制高职院校协同治理目标、路径、体制、机制与措施等治理体系与治理能力现代化的问题。

问题一：混合所有制高职院校协同治理是什么。

混合所有制高职院校作为一种新鲜事物，其协同治理更是一个新生问题。混合所有制高职院校协同治理的理论根据与概况框架是否清晰，协同治理的主体是谁，协同治理主体间关系构成，协同治理的内涵与特征是什么，协同治理的价值导向与运作原则是什么，即协同治理是何含义、有何特质的问题。

问题二：混合所有制高职院校协同治理怎么样。

混合所有制高职院校协同治理历史演进与制度变迁过程是怎样的，面临什么时代背景，正处于何种历史方位，现实状况究竟如何，问题症结在哪里，现实与趋势间差距的时间跨度长不长与空间距离大不大，即协同治理因何而来、由何而去的问题。

问题三：混合所有制高职院校协同治理为什么。

混合所有制高职院校协同治理为什么存在诸多问题，背后原因为什么能够成立，为什么常规方法不够实用，为什么采用博弈均衡方法对协同治理进行分析，为什么分析结果可作为协同治理策略改进与路径优化的依据，即协同治理是何状况、因何而立的问题。

问题四：混合所有制高职院校协同治理怎么办。

混合所有制高职院校协同治理的终极问题是究竟怎么样才能做好的问题。混合所有制高职院校协同治理的原则如何确立，模式框架怎么建构，运行机制怎么设计，保障措施怎么提供，如何选择混合所有制协同治理的最优解或次优解，怎样制定保证协同治理各参与方之间达成动态均衡的策略，即协同治理如何而为、怎么而做的问题。

（三）研究方法

本研究在遵循理论研究与实践研究相结合、质性研究与量化研究相统一的基础上，全面探究混合所有制高职院校协同治理路径。具体来说研究方法运用如下。

1. 文献研究法

本研究通过文献研究法全面搜集国内外与混合所有制、教育治理、博弈均衡、协同治理等方面有关的文献资料，结合研究述评，确定本研究的逻辑思路，设计研究框架；全面梳理混合所有制高职院校协同治理的相关理论，为全文研究提供理论支撑；在文献研究与理论指引下，建构混合所有制高职院校协同治理的独特研究视角及理论模型。

2. 调查研究法

本研究通过调查研究法（问卷调查法）深入考察混合所有制高职院校治理实践，旨在为研究提供坚实的实证支撑和扎实的现实依据。调查研究法主要揭示混合所有制高职院校治理过程中主体的态度、运行的态势与存在的问题，从而为解析目前混合所有制高职院校不同主体治理过程中博弈与均衡过程提供假设基础，为后续的博弈机理、均衡策略等研究提供现实依据。

3. 案例分析法

本研究通过案例分析法具体详尽地呈现混合所有制高职院校（以苏州工业园区职业技术学院和山东海事职业学院等院校的转型改革为例）协同治理的演进历史、探索举措以及实际效果，以小见大，解剖麻雀，深入分析混合所有制高职院校协同治理的典型经验、主要做法、问题归因以及启示意义，为实现混合所有制高职院校协同治理机制重建、框架重构、模式重造提供借鉴。

4. 博弈论方法

本研究通过博弈论方法对参与混合所有制高职院校协同治理多方主体间基于不用价值诉求、目标导向下的关系如何构建进行理论推导，创新引入多元博弈与动态均衡的博弈模型设计，从理论与实证上进一步找准混合所有制高职院校协同治理的行动策略和运行机制，从而为混合所有制高职院校协同治理模式再造提供数理支持与策略支撑。

（四）研究思路

本研究以推动混合所有制高职院校协同治理为研究的核心内容，旨在以不同治理主体的多元治理参与为主线，深刻剖析不同治理主体在利益诉求、权利厘定、权力施行、风险规避过程中的“竞争—妥协—协同”过程，剖析均衡达成的静动态势。经过对各主体在多元层面共同博弈的过程剖析，明确此间协同治理目标的确定、协同治理内容的选择、协同治理方法的确定、协同治理过程的调试、协同治理质量的监测五个方面，以及何以构建共谋、共商、共议、共理、共评的治理模式及其保障机制。本研究以“多元博弈和动态均衡”的视角展开，最大程度地结合对质与量二者的研究方式，从而不断推动治理时的博弈以及均衡的不断产生，最终实现混合所有制高职院校的协同治理。首先，在文献研究的基础上，对混合所有制高职院校的协同治理进行追本溯源，进而为本次研究奠定理论基础。其次，通过调查研究对混合所有制高职院校的协同治理进行现状扫描。再次，在结合各种研究方法以及不同理论的前提下，深入探索混合所有制高职院校的治理关系、博弈机理与均衡态势，以确立混合所有制高职院校治理的理性逻辑，并从协同治理内容架构、实践探索等方面，全面建构混合所有制高职院校的协同治理体系。最后，通过建立健全并且不断完善各层次以及各角度的保障体系，全方位保证混合所有制高职院校协同治理的合理开展，进而推动混合所有制高职院校治理进入协同发展阶段。(详细的研究流程如图 0-4 所示)

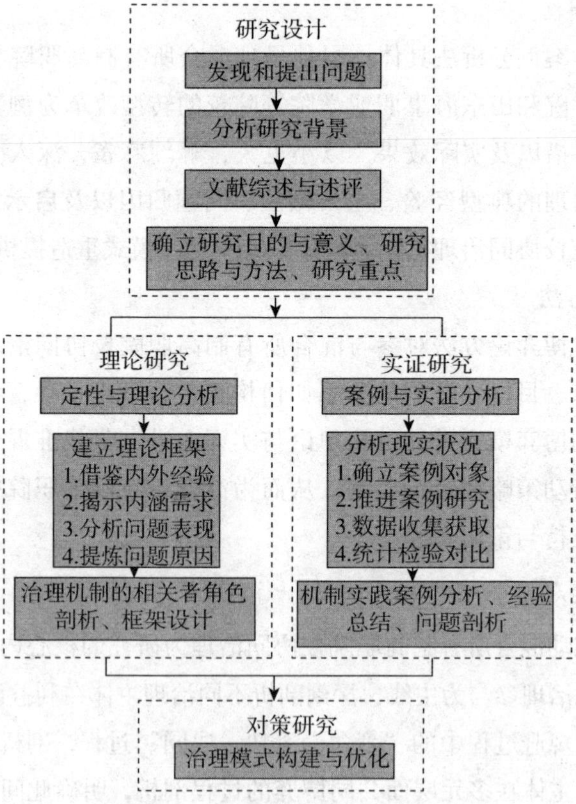

图 0-4　研究思路与技术路线图

在遵循上述思路的前提下，将协同治理作为前提性的基础，将过程性生成与整体性保障作为研究发展的主要路线，将视线集中在问题上，然后顺着“为何”“是何”“何以”三个层面问题的解决展开研究，确立研究逻辑。（本研究的整体框架如图 0-5 所示）

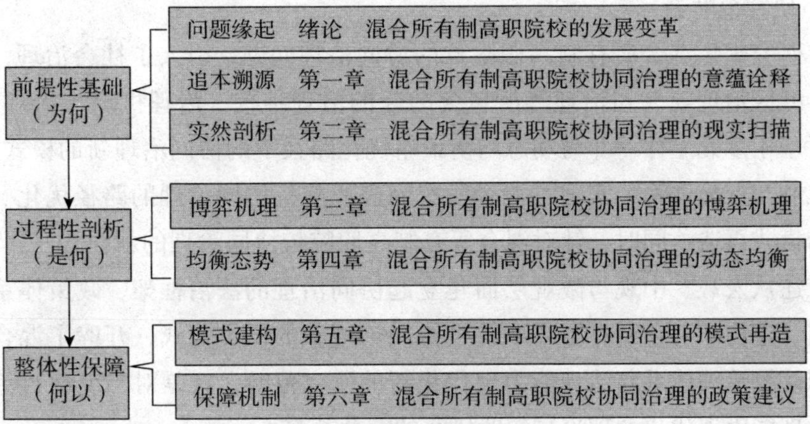

图 0-5 研究框架图

（五）研究创新

本研究的创新之处主要体现在如下几方面。

1. 研究视角新

本研究方向主要是从“多元博弈”的经济学研究视角出发，并且将管理学、社会学以及教育学等一系列相关理论有效地结合在一起，逐步开展对高职院校的混合所有制改革过程中的利益相关者主体，如政府、学校、企业、行业和其他社会力量等的分析，并循着“博弈—治理—均衡—博弈—治理—均衡”的动态发展思路，深入分析混合所有制高职院校多元主体之间的博弈与均衡，通过各利益相关者主体间的反复博弈和动态均衡，最终实现多元主体的共治共赢。这个视角不仅是本次研究的侧重点，还是本次研究的特点与亮点。

2. 研究领域新

博弈均衡原本是经济领域的专业术语，本研究把它引用到职业教育领域，并在研究中梳理混合所有制高职院校协同治理进程中“多元博弈”的发展属性和“动态均衡”的演进过程，同时又对治理主体、博弈机理、均衡态势这些研究核心进行解剖，旨在建构混合所有制高职院校协同治理的理性逻辑，从而最终建构协同治理的整体性保障机制。因此，本研究将经济领域的概念应用到职业教育领域，从理论上丰富了博弈均衡理论的应用领域，完善了混合所有制高职院校的治理结构，厘清了多元主体的职责分工，最终实现多元主体合力助推高职院校发展，这也是本研究的创新点之一。

3. 研究范畴新

本研究聚焦混合所有制高职院校的协同治理问题，引入了社会治理、教育治理、社区治理与公司治理等所包含的新的治理结构、治理机制与治理措施，构建了基于多元主体博弈与动态均衡策略优化路径下的协同治理新的模式框架、运行机制与保障体系，实现了混合所有制高职院校协同治理的路径优化、系统改进与模式再造。同时，针对混合所有制高职院校协同治理的新模式、新机制，本研究还从宏观、中观与微观层面建立起协同治理的法治框架、政策体系与操作指引，建构了混合所有制高职院校协同治理新的研究范式，开辟了混合所有制高职院校治理体系与治理能力现代化新的研究范畴，这是对当前教育治理体系与治理能力现代化的理论与实践研究的有益补充。

四、理论基础

《中共中央关于全面深化改革若干重大问题的决定》指出要积极发展混合所有制经济。混合所有制经济是基本经济制度的重要实现形式，允许国有资本、集体资本、非公有资本等交叉持股，从而使各种所有制资本取长补短、相互促进、共同发展。可见，“混合所有制”本属于经济学领域，从 2014 年开始，国务院颁布的有关现代职业教育的文件中提出，“大力支持各种办学主体利用独资、合资、合作等诸多方式进行民办教育；对发展的股份制以及混合所有制院校进行探索，同意通过以资本、知识、技术、管理等要素加入办学并且享受相应的职权。”此后，在相关的教育政策文件中首次正式引入“混合所有制”这一概念，并确定率先在职业教育领域中进行摸索。同期，教育部与其他五部委发布的相关文件中提到了发展混合所有制高职院校，利用改革试点，不断推进民办高职院校的发展，提高某些高职院校的活力，在教育领域里展开了发展混合所有制高职院校的篇章。本书将聚焦于混合所有制高职院校改革协同治理研究，并以各利益相关者主体之间利益、权利、权力的博弈与均衡为切入点，分别从产权理论、博弈论理论、治理理论、耗散结构理论四方面对混合所有制高职院校协同治理进行探讨，充分激发高职院校利用混合所有制办学的积极性，努力发挥改革的效益性，切实增强改革的实践性。

（一）产权相关理论

混合所有制经济的核心指标是“产权”，同时“产权”也是研究混合所有制高职院校避不开、绕不过的问题，为混合所有制高职院校研究搭建了理论基础。

1. 产权理论

关于对产权内涵的界定，马克思指出：“人把财产的生产看作属于他自己的，因此认为财产具有属他性，同时财产是与人自身一起存在的前提。”① 我国著名学者刘诗白也认为，“财产权——property rights 或产权，对它的定义为特定的人（们）处于特定的经济组织关系时，对经济组织中特定的物或者对象所占有的一种权力”②。可见，产权一方面可以理解为人与财产之间的关系，另一方面也可以理解为在财产基础上形成的人与人之间的关系。如菲吕伯腾和佩杰威齐所指出的：“产权是一种人们相互之间认可的行为关系，人们使用存在的物品时，这种关系就会产生。”③ 这两方面的理解都暗含着产权是人对财产的人与人之间的行为权力，从而也界定了人与人之间的关系。

人们在进行生产活动时，能够通过劳动将生产资料转化为产品，而在这个过程中发生的经济关系就是所有制④，反映了生产过程中人与人之间在生产资料占有方面的经济关系。在职业教育领域中引入“混合所有制”这一经济学概念，既是一种新兴的办学模式，也是教育探索道路上的一种新尝试，更是教育改革进程中的新生事物。目前，学术界对混合所有制职业院校已经形成共识，国有资本、集体资本、非公有资本等以交叉融合的方式出资，以获取的资金建立的职业院校就是混合所有制职业院校。⑤ 从这一概念的阐述中可知，混合所有制办学所需的资金是由国有资本、集体资本以及非公有资本共同筹集的，这种投资

---

① 中共中央马克思恩格斯列宁斯大林著作编译局．马克思恩格斯全集：第 46 卷［M］．北京：人民出版社，1979：491.

② 刘诗白．产权新论［M］．成都：西南财经大学出版社，1993：139.

③ 科斯，等．财产权利与制度变迁［C］．刘守英，等译．上海：上海三联书店，1994：204.

④ 韩保江．论中国特色社会主义“所有制生态”［J］．理论探索，2019（04）：86-90.

⑤ 霍艳杰，曹娅丽．高职院校混合所有制办学模式探究［J］．职业教育研究，2017（05）：41.

方式是一种特殊的资金的交叉融合方式。因此，对混合所有制职业院校来说，它的产权属于所有参与投资的不同所有制性质的所有者。通过尝试引进不同的资本主体共同参与办学，一方面可以充分利用社会盈余资本，实现社会资源的有效配置；另一方面可以激活高职院校的原生动力，增强职业院校的激励机制，突破高职院校发展瓶颈，提升高职院校的办学活力。

从经济学角度来看，所有制的核心是产权，在完善的现代产权制度下，能够更好地明晰各方的权责，进而实现市场经济的发展。而完善的现代产权制度的建立，不仅需要对产权的归属进行明晰，还需要明确各方应承担的责任和义务，严格保护各方的权益，从而使经济活动正常进行。另外，完善产权制度也是完善基本经济制度的内在要求，更是现代经济改革所要实现的重要目标。要想实现对混合所有制高职院校的改革，需要在此基础上进行衍生，而发现产权是改革的关键一步，更是高职院校协同治理的关键所在。高职院校之间的混合、高职院校内部混合、高职院校（公办院校）与社会资本混合的实现提供了现实可行性，一方面，可以实现校与校之间的资源共享、信息互通、优势互补；另一方面，可以加强校企之间的深度融合，促进双方合作共赢，而现代高职教育为企业、为行业、为社会服务的目标也能够顺利实现。

2. 产权激励理论

在对产权进行明确界定的前提下，科斯的产权激励理论为混合所有制高职院校协同治理提供了现实可能性。科斯认为，产权主体在经济活动中受到收益最大化动机的激励。① 除捐赠形式外，以出资、合资以及合作等形式举办或参与举办职业院校的建设和发展工作的行为，都是具有一定功利性目的的行为。教育具有公共性、公益性、服务型的特点，但是社会力量参与混合所有制高职院校办学却是为了获利，这与教育性质具有较大矛盾。因此，混合所有制高职院校应该在建立之初就明确权责、明晰产权，在此基础上进行协同治理，才能更好地运用引入的社会资源，让学校、企业、院校员工成为命运共同体，这样他们才能更用心地面对工作。通过对企业股东，甚至是院校员工的股权激励，实现高职院校与企业的紧密合作与深度融合，也能够提高企业的办学积极性，激发高职院校的管理者以及院校员工的工作热情，使协同治理工作更好开展，同

---

① 赵红英，吕琴．高校固定资产管理的理论探微［J］．新课程研究（中旬刊），2012（06）：156-157.

时还有利于化解企业功利性和教育公益性之间的矛盾，促使政府、高职院校、社会企业等不同性质的产权主体相互渗透、相互融合，优化成为新的利益共同体。

（二）博弈论理论

博弈论是运筹学的一个重要学科，是研究两人或多人谋略和决策问题的理论。早在 19 世纪 30 年代就有学者开始博弈论的理论研究，经历了从 19 世纪开始萌芽、产生、至今发展繁荣的阶段。近代对于博弈论的研究，开始于策梅洛（Zermelo）、波莱尔（Borel）及冯·诺依曼等学者。博弈论是经济学的标准分析工具之一，在金融学、证券学、生物学、国际关系、计算机科学、政治学、军事战略和其他很多学科都有广泛的应用。

博弈论是构建竞争对手之间社会情境的理论框架。在某些方面，博弈论是一门战略科学，或者至少是在战略环境中，独立竞争主体的最优决策。其主要假设是博弈中的玩家都是理性的，他们会努力在博弈过程中获得最大的收益。

博弈论的核心是博弈，博弈是理性博弈者之间的一种互动关系。博弈论的关键是一个参与者的收益取决于另一个参与者实施的策略。博弈论就是识别玩家的身份、偏好和可用的策略，以及这些策略如何影响结果。博弈论一般涉及六个要素，分别是：

（1）博弈。对于任何一组情况，其结果取决于两个或多个决策者（博弈者）的行动。

（2）参与者。博弈过程中的战略决策者，他们都假设是理性经济人，秉承利益最大化，可能是个人、组织或者一个国家。

（3）策略。给定博弈过程中可能出现的情况，参与者将采取的完整行动计划。

（4）收益。参与者从特定结果中获得的收益（收益可以是任何可量化的形式，从美元到效用）。

（5）信息集。在游戏中给定点上的可用信息，在连续多次博弈过程中经常用。

（6）均衡。游戏中双方都已做出决定并达到某种结果的点。

虽然博弈论有许多类型，但合作博弈和非合作博弈是最常见的。合作博弈论研究的是在只有结果已知的情况下，参与方是如何相互作用的。这是参与联盟之间的博弈，而不是个人之间的博弈，它研究群体是如何形成的，以及他们如何在参与方之间分配收益。非合作博弈论研究的是理性的经济主体如何相互合作以实现各自的目标。最常见的非合作博弈是策略博弈，其中只列出可选择的策略和选择组合产生的结果。

博弈结果分为静态均衡和动态均衡两种形式，其中静态均衡是指参与者双方一旦达到博弈均衡状态时，没有人有动力通过单方面改变决定来增加收益，因此它也可以被认为是“无怨无悔”，即一旦做出决定，无论后果如何，参与双方将无怨无悔。在非合作博弈中，静态均衡是随着时间的推移而达到的。然而，一旦达到纳什均衡，就不会偏离。

在高职院校教育管理中存在着不同的利益主体，其中包括了学生群体、学校教职工、主管部门、就业单位和学生家长等，他们各自都有不同的利益诉求，在实践过程中会采取符合自己利益最大化的行动策略，这些策略相互影响，动态调整，最终形成学校管理模式的均衡状态。

（三）协同治理理论

协同学（希腊语：“共同工作”）是一个跨学科的研究领域，最早由联邦德国物理学家赫尔曼·哈肯在1969年提出。协同学涉及物质或非物质系统，主要研究协同中物质由无序到有序的演化过程①。协同学远远超越了物理、化学、生物学、社会学和经济学等不同领域中复杂系统之间的定性类比，它使用理论物理和数学中的工具来构建一个统一的框架，在这个框架中可以对复杂的自组织系统进行定量描述。

协同学把注意力集中在自组织的状态参量上，这些状态参量可能是结构、过程或功能。协同学涉及的基本问题是是否存在自组织的一般原则，而不考虑系统中各个部分的性质？尽管个体的组成部分千变万化，可能是原子、分子、神经元（神经细胞），也可能是社会中的个体，但只要关注宏观尺度上的质变，这个问题对大系统来说是可以得到肯定的回答的。

协同学主要研究一个系统在外部参量的影响下以及系统内各子系统相互作用情况下，系统以自组织形式在时间上、空间上形成的结构上有序的条件、特点和变化趋势。在这个协同系统形成过程中会受到两种力量的影响，分别是变

① 哈肯．协同学：大自然构成的奥秘［M］．凌复华，译．上海：上海译文出版社，2013：1-10.

化慢的状态参量和变化快的状态参量，前者决定了整个系统的有序形成，并确定了系统在宏观上的行为特征和变化规律，这是协同理论的支配原理。

罗斯瑙认为，协同治理（collaborative governance）倾向的是协商、互助、合作等正向的关系，而非矛盾、冲突、疏离等负向的关系。协同治理意味着合作的意识形态的出现，不同的主体能够为了实现一致的目标而采取共同的行动。

高职院校协同治理中存在着不同的利益主体，其中包括了政、企、校等各个治理主体，如何使各个主体良性互动，实现不同主体公共利益最大化的目标是混合所有制高职院校协同治理考虑的重中之重。在实践过程中，各主体常常因为契约不完善、信息不对称、利益取向差异性等问题的影响，导致多元主体之间不一定能够实现公共利益最大化选择。因此，在高职院校协同治理过程中，应以利益为纽带，充分发挥政府在宏观调控和市场在资源配置中的作用，积极调动行业、企业等社会力量参与高职院校协同治理的主动性和积极性，打造多方互动平台，提供多方互动载体，激发行业、企业参与的热情和活力，形成交流和互动，构建和培育与协同治理相适应的治理文化，促进各治理主体良好关系的形成，实现各多元主体在办学模式、师资培养、课程建设、队伍配置、基地建设等各方面进行深层次的紧密合作。

（四）耗散结构理论

耗散结构理论最早由俄罗斯的物理化学家伊利亚·普里戈金于1977年提出，该理论主要考察的耗散结构具有可视为热力学稳态的动力学机制。该系统是通过输入—输出特性来描述动态系统的。考虑一个由状态 x（t）、输入 u（t）和输出 y（t）所描述的动态系统，输入—输出的相关关系给出一个供给率 w（u（t））。如果存在连续可微的存储函数 V（x（t）），V（0）=0 且 V（x（t））≥0，此时 V（x（t））≤w（u（t），y（t））。

耗散结构的形成和维持需要四个主要条件的支持，分别是：开放性、远离平衡态、非线性耦合、涨落现象。开放性是指系统是开放的，可以与周围环境进行物质、能量以及信息等的交换。如果系统是封闭的，且在很长一段时间内不与外界进行物质交换，系统各部分就不会发生任何变化，我们将这种状态视为平衡状态。系统与外界进行交换时会产生势能，而产生的势能可以实现远离平衡态。但系统远离平衡状态的程度，则需要通过对系统的各个组成部分的均匀一致性进行研究而得出。系统不同组成部分之间的差异越大，系统离平衡态就越远。非线性耦合通过相互作用，进一步演化可以形成有序的耗散结构系统。而系统是否具有非线性特征，则需要对系统的组成部分进行研究，看其数量和性质是否相互独立，以及其数量和性质之间的差异是否明显。涨落是指微小偏差的发生，这种偏差的发生具有随机性、不可预测性，它同时受到外界环境的刺激以及内部运行产生的契机的影响，而它也是系统形成耗散结构的触发器。因此，只能对涨落出现的阶段和意义进行大致描述。涨落在远离平衡态的区域出现时，它能对系统形成耗散结构起到触发器的作用，反之，则没有作用。①

混合所有制高职院校治理的发生场域即在多元主体不断“博弈—均衡—博弈—均衡……”的动态过程中往复循环。根据耗散结构理论的观点，参与混合所有制高职院校治理的多元主体在数量和性质上相互独立并具有相当的差异，即存在非线性差异，则他们共同参与治理系统处于非平衡态。多元主体利益诉求的差异即为治理系统形成耗散结构的触发器，当这种差异处在近平衡态区域时，对协同治理系统形成耗散结构具有优势，但当这种差异处在远离平衡态区域中时，即会触发博弈与均衡的动态循环过程。

本章小结

本章从当前高等职业教育在经济发展转型升级的大潮流中如何改革开始讲起，从时代诉求、理论追求、实践欲求剖析混合所有制嵌入高职教育的必要性、合理性、可行性。并以此为逻辑起点，对“混合所有制高职院校”“基于博弈的混合所有制高职院校协同治理”“混合所有制协同治理”“高职教育协同治理”分别进行了文献综述与分析，以此从研究趋势、研究主题、研究方法上对混合所有制高职院校协同治理的基础与方向进行梳理与剖析，明确了研究目的与研究问题，初步构建了研究思路与研究框架。同时，本章以产权理论、产权激励理论、博弈均衡理论、治理理论、耗散结构理论为基础，对研究着力点、创新点做了基础归纳与探索。

① 车林杰．协同创新系统耗散结构判定研究［D］．重庆：重庆大学，2016.

第一章 混合所有制高职院校协同治理的意蕴诠释

混合所有制高职院校的治理模式目前尚处于探索与优化阶段，而构建合理有效的协同治理模式必须厘清协同治理基本概念和主要特征，通过对混合所有制高职院校协同治理诉求本质的拆分，探索不同主体的间性关系与博弈过程。本部分主要形成混合所有制高职院校协同治理的基本认识，并立足于研究问题，确立本研究的基本框架。

一、核心概念界定

本研究借助博弈论的分析框架，以“博弈”为价值尺度，致力于探究混合所有制高职院校协同治理理论与实践研究。整个研究以“协同治理”为核心分析概念，混合所有制高职院校协同治理模式构建、保障机制构成了核心的分析模块。基于分析单元，依次界定混合所有制、混合所有制高职院校、治理和协同治理等概念。

（一）混合所有制

党的十八届三中全会《中共中央关于全面深化改革若干重大问题的决定》明确提出，要在未来中国市场经济中以混合所有制为先导，使国有、集体、非公有等各类资本，实现交叉持股、相互融合，这是现代基本经济制度升级的重要表现方式。党的十九大报告中详细说明了，国有企业改革得以深化，要将混合所有制经济作为发展重点，建成拥有全球竞争力的国际企业群。这就是“深化国有企业”改革的重要方向，将“混合所有制”发展作为道路，最终目标就是培育出具有全球竞争力的国际型企业。在经济学领域，混合所有制是重要专业术语，指的是国有经济与其他所有制经济结合后，发展成为新的混合经济模式，能在国有资本投资项目中实现非国有资本参与，企业员工能在混合所有制中参股，实现资本所有者、劳动者间利益共同。本书在总结理顺混合所有制各项研究成果时，认为主要概念涉及“混合所有制经济”“混合经济”“混合所有制企业”等①，对这些概念能否等同使用学界未达成共识。综合来说，混合所有制主要有“微观层次论”“宏观层次论”“两层次论”“多层次论”。“宏观层次论”主要指基本经济制度论，指公有制和私有制的并存。“微观层次论”是指企业的产权结构和资本构成中不仅包括公有资本也包括私有资本或外资资本。②“两层次论”主要是对“微观层次论”和“宏观层次论”的统合，对现代社会各个层面来说，所有制不同，并不意味着相互间毫无渗透，实际呈现的是一种板块式混合关系，企业层面各类产权主体存在并存混合现象。③“多层次论”是在“两层次论”基础上，加之经营方式等层面的统合。鉴于经济领域混合所有制的含义，本研究所定义的混合所有制是从“微观层次论”入手，就是说在高职院校办学过程中，允许政府、企业、行业、社会力量等，根据利益主体来进行多重因素的区分，在高职院校中渗透不同类型知识、技术、资源、管理等，打破以往学校关起门来办教育的模式，混合各方主体和各种因素参与高职教育发展。

具体到混合所有制的运行模式，根据不同所有制结构来设计主体关系，能以持股比重、约束章程、经营方法、准入准出等，实现主体所有制的确定。目前，混合所有制运行模式划分为如下三层：第一，在国有经济中引入民营资本，这是市场上最常见的经济模式，国有控股结合民营资本，证券市场上成熟国企基本都是该模式。第二，民营经济结合国有资本，很多民间金融机构都是这种模式，目的是增强自身社会公信力。第三，不同经济成分共生相融，在机构设立之初，就引进国有经济、民营经济、集体经济，以及各类外资，都可以根据不同持股比例来发挥主要发起人作用，多见于新兴领域，实现机构优势的充分

① 石玉顶．我国混合所有制经济问题研究评析［J］．思想理论教育导刊，2005（10）：61-64.

② 万卫，李德武．混合所有制职业院校：内涵、特征与价值［J］．职教论坛，2016（31）：5-9.

③ 石玉顶．我国混合所有制经济问题研究评析［J］．思想理论教育导刊，2005（10）：61-64.

发挥。总结来说，以上三种模式在现代中国混合所有制中占据主流地位。①

表 1-1 混合所有制经济运行模式分类表

类型	特征	案例
“民混国”模式	国有经济引入民营经济，国有经济仍占据控股地位，民营经济以资产入股等方式持有相应股份，以电力、石油、证券市场上的成熟国有企业为代表	中国银河证券股份有限公司、长城证券股份有限公司等
“国混民”模式	民营经济引入国有经济，通过国有经济的所有权参与、管理权参与，改变民营经济纯粹“民有民营”的经营方式，如一些民间金融机构引入国有经济以增强机构社会信用	中国电子信息产业集团投资入股盛科网络（苏州）有限公司、远致投资（深圳市国资委资本运作的专业平台公司）入股深圳市捷顺科技实业股份有限公司等
多种经济成分融合共生模式	国有经济、民营经济、集体经济，还有各类外资等，都可以根据不同持股比例来发挥主要发起人作用，多见于新兴领域，实现机构优势的充分发挥	中国福能集团与福建省海峡医疗投资集团联合创立福能·海峡口腔医院、浙江太和航运有限公司与国家海洋局第二海洋研究所共建海洋科学综合考察船等

（二）混合所有制高职院校

借鉴经济领域的改革经验，2014 年《国务院关于加快发展现代职业教育的决定》（以下简称《决定》）中指出，对各类办学主体提供多元资本获取途径，以独资、合资、合作等多个类型，积极推进民办职业教育的发展；同时，指出在不同所有制发展阶段，建立新的股份制、混合制职业学院是现代社会教育发展的新途径，通过对资本、知识、技术、管理等要素的综合分析，认为其参与办学应享有合理权利。“混合所有制”这一概念经过上述《决定》提出，职业教育领域开始构建新的职业教育系统，为现代职业教育带来更广阔的发展空间。教育部等六部委发布《现代职业教育体系建设规划（2014—2020 年）》后，混

① 郭光亮．高职院校混合所有制改革路向：困境与出路［J］．国家教育行政学院学报，2017（02）：39-44.

合所有制在进行高职院校发展时，根据改革试点推进民办高职院校发展，这将为在市场中失去活力的公办高职院校注入新动力，有利于带动混合所有制高职院校进入新空间。2019年年初，《国家职业教育改革实施方案》提出要将社会中不同办学力量规范化管理，支持多个职业教育培训模式，对股份制、混合所有制等共同鼓励，将职业院校与社会中各类职业培训机构融合到一起，作为职业教育多元办学的重要版块。

将混合所有制引用到教育领域，不是单纯的生搬硬套，而是有一定的有限条件与外围环境。在混合所有制高职院校改革中，对所谓的混合所有制中的“混合”要素有一定的限制，其本质属性即“院校所有制”，混合所有制高职院校的本质属性应该有两点，这种所有制指的就是“生产资料所有制”，判断标准是生产资料归属问题。“混合所有制高职院校”，指的是一种主体隶属公有或非公有所有制，能以新组织联合所有制形态为主，将国有资本、集体资本、非公有资本等形式，形成法人化新型高职院校，以融合形态在市场中运行。① 以高职院校混合所有制改革形式来看，这是现代职业教育发展的重要外围环境。目前，学术界通过对各项职高院校类型的划分，给出的判断标准并不相同。这主要是因为院校本身特征、类型、实现途径等，都带有一定的特殊性，不同视角下划分的结果差异比较大。但不可否认的是，混合所有制高职院校在社会中已经建立起根基，社会认同度很高，对其基本表现来看，划分类别大致有深度混合、部分混合。综合来说，深度混合模式是将公有资本与社会资本深度融合，高职院校股权结构会出现明显控制权转移现象；而部分混合组建成的项目及机构，需要有法人资格，如果不能达成，就只能作为深层次校企合作或产教融合方式。具体实践来说，这类模式应用并不多。部分混合公有资本与社会资本仅在一定层面融合，高职院校股权结构变化程度并不大，实际中更倾向于这类模式。

混合所有制高职院校的内涵即由股份制企业、私营企业或外商投资企业等为代表的团体或个人通过资本、知识、技术、管理、设备等，将各类资源要素投资到高职院校中，这会对其产权结构造成直接影响，可以说是发生革命性变化。这就是国家单一所有制主体办学模式向多个所有制经济主体转型的过程，由单一投资转变为多元投资，能共同对高职院校进行决策、评估、管理，有利

① 王华兵，孔成．混合所有制高职院校的内涵特征和实现路径［J］．芜湖职业技术学院学报，2017（03）：4-6.

于新型办学主体的升级与进步，对现代产权制度结合现代学校制度来说，有很好的法人治理组织建构能力。此外，由于混合所有制高职院校在“混合”的实践探索中长期处于利益、权力、权利、风险等交错博弈的进程中，其博弈与均衡的达成时刻处于螺旋上升、相互交叠的状态。

因此，本研究中所指的混合所有制高职院校不仅包括已经实现多元所有制主体办学的高职院校，而且外延至院校内某些专业或二级学院，在推进混合所有制载体发展时，体现为公私资本混合投入，不包括职业培训学院、职业生涯教育机构等。此外，本研究中所界定的“混合所有制高职院校”并不简单等同于“高职院校混合所有制”，“混合所有制高职院校”注重混合所有制确立的“结果”，“高职院校混合所有制”注重混合所有制改革的“进程”，“混合所有制高职院校”亦即本研究中所关涉的协同治理研究场域。

（三）治理

对“治理”一词进行“说文解字”，中西方文化对该词的含义有着不同的界定，其中又有相通之处。从我国传统文化视角而言，“治理”一词由“治”与“理”构成，“治”本意为“管理、处理”，如“大禹治水”“治国安邦”；“理”原意为物质本身的纹路、层次，后引申为客观事物本身的次序、事物的规律、是非得失的标准，如“心理”“肌理”“条理”“事理”等。然而，在我国古代的传统文化中，“治”与“理”是分开使用的，“治理”一词尚未被合并使用，直至西文舶来，现代英文中“governance”一词被译为“治理”，该词渐次传播运用开来，但由词源可知，“治理”一词在我国的使用长期与“统治”“管理”等词义相混淆。西方“governance”一词从词源上追溯，源于古拉丁语和古希腊语，其衍生词有“government”等，本义为控制、管理、支配与统治的行动或方式，指的是以统治思想统一条件下，根据等级权利运用的形式，确保内部管理能以垂直指挥关系为主，能实现国家整体关联密切化。① 西方“governance”一词的内涵随着社会发展而发展，20 世纪初，西方学界逐步赋予了“治理”以新的内涵，将其与“统治”彻底区分开来，并逐步形成了西方治理理论。与“统治”相比，“治理”的内涵不再仅局限于政府的强制命令，而是拓展至非政府、非正式的组织、团体为达成某些目标广为公众接受的规则体系，指的是，

① 戈丹．何谓治理［M］．钟震宇，译．北京：社会科学文献出版社，2010：14.

如果有政府失效、市场失灵的现象，治理行为必须将二者的缺失进行有效弥补。随着治理概念的应用，学术界对“治理”的研究也更加深入和广泛，治理一词的内涵也因此得到扩展。“治理”一词内涵的更迭主要经历了四个阶段：第一阶段，1949—1980年学术界对治理这一概念界定为“预防和整修”，这一期间治理这一术语大多数用于研究河流、湖泊、山川、沙漠等具体自然环境的预防、修理与整顿等方面；第二阶段，1981—1995年把治理的概念界定为整顿、统治与管理，主要用于包括社会治安的综合整顿、古代对少数民族地区的统治以及政府管理的研究上；第三阶段，1996—2013年学术界将治理定义为一种国家与社会协调运行的全新模式；第四阶段，2013年至今学术界对治理的概念主要是根据国家治理系统，推进现代化治理能力升级，根据权力、制度、模式、系统等，联合不同政党、政府、非营利组织主体，对实际社会问题中的文化、制度、价值、策略等提供综合评估，以全方位分析研究的形式推进社会整体进步，这一期间整体看来治理这一概念主要用于政府、市场、社会协调有序整合、配置与运作模式的研究。

在本研究中，治理作为一种过程性的管制活动，又作用于高等职业教育的特殊场域，本质表现可分为如下四个方面：第一，治理属于持续性过程。强调的是对教育管理层面实际控制能力，这种管控属于持续性的作用过程。第二，教育管理层面的治理具有公共性。根据治理各项要素可知，治理主体属于公共性存在共同体，治理客体属于公共利益相关公共事务，治理方式以规范共同体行为为主，最终实现利益共同体目标。第三，教育管理层面的治理强调高效性。治理主体和客体因利益而集结，政府、学校、行业、企业或者其他社会组织是利益相关者主体，实现利益最大化，正是现代治理追求的终极目标，在这个过程中主要考虑的就是治理过程如何实现高效率运行。第四，教育管理层面治理本质属于服务，强调以民主为基础，以协同共治的模式来实现公共利益最大化，本质表征属于共同体获取共同利益过程中提供相应服务，教育是对社会经济发展提供的最大贡献。

本研究对治理的界定主要是基于学者们在第四阶段对治理的认识，根据治理外延可知，本书对治理研究涉及的内容更宽泛，超出管控引导的范畴；以治理作用对象可知，主要针对院校中教职工及学生，另外还有对事物或者事务，也可以是对问题的治理；从治理的运用领域来讲，治理是对高职院校教育管理层面的治理。综上所述，本研究的治理主要是教育管理层面的治理，主要是指高职院校为了实现更好地完善办学、培养人才、课程建设、师资建设等目的，通过某些行为途径去达成该目的的行为方式。

（四）协同治理

现代社会形态发展模式日趋多元化，其中涉及的复杂问题、不确定因素等，已经明显超越传统线性、单向度政府统治模式效用范围，这种现象正说明原有治理模式不适合社会需要。所以，新型政府统治过程与社会管理模式等，成为现代社会发展的重要方向。我们对当代社会治理模式分析后，认为其已经突破传统线性模式，以网络化治理形态为发展，这种自组织、多样化的网络发展结构，对社会治理作用发挥需求越发强烈，必须实现多个统治模式共同推进，才能实现行为者互动效果，此即为协同学产生的背景。协同学作为一门新兴的横断学科，对系统中不同要素间相互竞争、协作等关系重新梳理，可以通过对各个理论内容的有机结合，实现分散理论结构的统计收集，将统计学、动力学等作为重点研究方法，利用类比思维，探索社会事件中由无序到有序的本质规律。这就是研究对象能覆盖社会不同系统现象的原因。①

英国学者格里·斯托克教授基于社会各方面实际问题构建视角，采用“策略性—关系性”分析路径，利用正视结构因素来对某种“弹性”关系表达认可，对行动者处于某种结构背景下可选择的策略进行考察。对治理主体权力依赖关系分析时，他认为现代化治理必然是互动形式，主要涉及的伙伴关系有三个类型，根据协同程度高低，可划分为系统协作、谈判协商协作、主导者/职能单位模式。主要区分标准是主导要素、实践方式、保障机制层级递进等。具体解释如下：第一，协同模式是重要主导要素，是利用制度来规约市场主体行为，并对政府引导有积极反馈，可以实现多中心协同治理系统的构建；第二，从实践方式来看，协同模式重点在于后工业社会公共性扩散行为，这是必须认定的既定事实，社会治理社会性是重要出发点，也是最终的发展目标，要求社会各方组织能最大效力发挥职能，通过治理效能的增加，将社会自主治理潜能深层次挖掘出来；第三，保障机制方面强调以微观为基础，构建出符合价值认知的引导机制、利益分配模式，这有利于满足不同社会治理主体对效益的追求，能以自我管理能力充分发挥为契机，实现过程、结果共同增长的长效运行制度构建。

① 冯振伟．体医融合的多元主体协同治理研究［D］．济南：山东大学，2019.

从“协同”的概念和“治理”的理论视角，协同治理是多个主体通过协同的作用方式来达成治理的目标，“协同”不仅代表“治理”的静态效果，而且是“治理”的动态方式与过程。协同治理的特征主要体现在以下方面：第一，治理主体打破了政府或官方管理机构单一、一元的格局，社会发展伴随主体多元化效果，通过协调各类“非政府组织”关系，将公共权力有效规制在社会俗约框架中，从而实现科学治理，并通过多元合作、盈亏共担的风险方式，参与管理公共事务；第二，治理目标以“1+1>2”为向度，治理过程以民主决策、有限权力、共参共享、权利配置为体现，多元主体的间性关系是平等的，不是控制、依附、寄生的，通过充分发掘各要素在各自领域的优势资源，发挥子系统功能最优化、总治理功能最大化；第三，治理过程以多元主体博弈中的均衡与协同为思路，多元主体参与治理必然面临利益诉求差异、治理理念相异、治理目标不同等隔阂与壁垒，协同治理要求各主体的资源、要素、技术、成果、理念等的高效集合，通过在治理过程中各主体的不断博弈、摩擦、协商，逐步实现各主体利益与目标的暂时均衡与协同，如此循环往复、叠加上升，促进治理效率的整体提升。

因此，本研究所指的协同治理关涉政府、高职院校、企业、行业协会、社会组织等多个治理主体，是在利益、权力、权利等博弈进程中，在充分尊重各主体利益诉求的基础上，最大化释放资本、技术、信息等治理资源效能，以达成共识的规约要求，释放自主治理的潜能，减少资源的分散、损耗和重叠，继而发挥最大化的治理效能，在博弈进程中达成最佳均衡点的方式。

二、混合所有制高职院校办学模式的制度变迁

（一）发展阶段

改革开放以来，我国经济社会发展发生了深刻变革。在体制改革上，经历了从计划经济到市场经济的过渡；在发展道路上，经历了以信息化带动工业化，走新型工业化的道路；在人才培养上，实现了由高等教育的精英教育阶段向大众化阶段的过渡。经济社会发展中的这种深刻的历史性转折，势必影响到高等职业教育的发展，也必然要求高等职业教育发展与经济社会进步相适应。然而，一直以来高等职业教育发展存在着这样或那样的问题和矛盾，主要表现出“体量大而不强、产教合而不深、人才培养数量有了但质量不高”等问题，其本质

的核心问题还是“办学体制机制的不畅”。《国务院关于加快发展现代职业教育的决定》条例中，通过对经济性质的混合所有制概念的引入，实现职业教育范畴知识效果的突破与升级，这是推动教育部门探索混合所有制办学模式的重要纲领性文件。全国各地许多高职院校纷纷展开了混合所有制办学尝试，试图通过这种经济领域的发展方式来破除高职院校办学体制机制的制约，打通高职院校办学体制机制的瓶颈，充分调动社会资源，借助社会力量，进一步激发办学活力，进一步提高育人质量，进一步提升办学水平。对高等职业院校混合所有制办学改革模式分析后，我们认为其发展过程主要可划分为三个阶段：一是1979—2000年，浅层次校企合作办学阶段；二是2000—2014年，吸纳社会资本参与办学阶段；三是2014年至今，倡导实践混合所有制办学阶段。

1. 浅层次校企合作办学阶段

党的十一届三中全会，对新中国发展历史来说，是里程碑式的重要标志。中国教育事业随之进入新的阶段。1979—2000年，中国高职院校教育由多路走向联合。2000年以前，尽管一些高等职业院校对校企合作的办学理念有了一定的认识，开始慢慢注重与企业的合作，注重学生的实践教学，但此时是校企合作的初级阶段，高职院校培养学生仍然是以校内教学为主，只有即将毕业时，学生才可以进入“实习”环节，问题是这种实习既没有针对性，也没有实质性。对学校来说，是为了完成相应的教学任务，找一些企业为学生提供实习岗位，甚至有些高职院校让学生自己找实习单位，有些实习单位与学生专业也不对口，学习与实习间无法建立有效关联性。以企业角度来看，对高职院校学生实习态度并不积极，主要是不愿意浪费时间去培养学生，即便是有实习单位，也不会给学生分配有效工作，这是导致毕业后学生必须经过再培训才能上岗的原因，这也大大影响了学生的培养质量，制约了学生的成长通道，提高了学生就业的时间成本。不过，这一阶段是校企合作以及混合所有制改革不可跨越的初级阶段，也正是有这样一个阶段基础、萌芽雏形，才能发展成深层次校企合作和混合所有制办学形式，由此拉开了高等职业院校混合所有制办学的序幕。

2. 吸收社会资本参与办学阶段

2000年，海南省内首家独立的高等职业院校——海南职业技术学院正式成立。该高职院校的建设参与主体包括海南教育厅、海南广播电视大学、罗牛山股份公司（前身为海口农工贸公司）。海南职业技术学院在创办之始，就确立了股份制投资办学体制和董事会领导下校长负责的管理运作机制，标志着吸收社会资本参与办学的开端。21 世纪以来，随着《中华人民共和国职业教育法》颁布实施和教育部《关于全面提高高等职业教育教学质量的若干意见》（教高〔2006〕16 号）的出台，国家改革开放的深入推进，制造业、服务业兴起，社会经济整体呈现高速发展势头，对各类人才的需求不断提升，特别是技术型、服务型、管理型、技能型人才更是需求重点，这为上述人才的教育培养奠定了良好的市场需求环境。同时，我国积极开展教育事业改革工作，以国家示范型高职院校建设工作为抓手，不断提升高职教育发展水平，提高人才培养质量。高等职业院校为提高办学质量，积极与企业合作，引入企业资金、师资、设备、实训基地等，有针对性地培养企业所需的技术技能型人才，让学生在校所学的知识与企业的实践要求结合起来，让高职院校真正与企业在设施、设备、师资、技术等方面实现资源互补、优势互补，实现高职院校与企业互利。高职院校在自身建设发展过程中要根据经济发展需要与企业经营需要对教育内容进行优化和改进，充分保证教学内容与社会需求相一致，为社会输送所需的专业人才，积极推动课程改革，打造特色品牌形象，不断提升办学能力与教学水平。一些企业纷纷向高职院校捐资助学、捐助教学设施设备，在学校建设生产性实训基地，为高职院校学生提供良好的实习机会，在提高学生实践能力和专业技术水平的同时解决部分学生就业问题。这一阶段是对浅层次校企合作的深化，高职院校通过校企合作的方式，不断吸纳一些企业和社会资本投资参与办学，开启了吸收社会资本参与办学的阶段，为下一步实施混合所有制办学探索路径、打牢基础。但是，这个阶段的发展也存在一些问题：一是校企合作积极性不高，高职院校主动，企业被动甚至不动，缺乏合作办学的内在动力；二是学分在互认上还有很大难度，教学计划主要还是由高职院校制定，高职院校的教学与企业的岗位需求仍有较大距离，高职院校实施的职业技能鉴定的标准仍然存在滞后于企业发展需求的现象；三是高职院校在推进深化教育改革的措施上还不够完善，所制定的人才培养方案和教学计划与企业对技术技能人才的需求标准仍存在不小的差距，远远不能满足企业实际需求。

3. 倡导实践混合所有制办学阶段

随着经济社会发展和高等职业院校建设的需要，深化产教融合、校企合作已势在必行，混合所有制办学模式逐渐走上历史的舞台，正在逐步成为我国高等职业教育办学模式发展的新趋势。2014 年 6 月 23 至 24 日，习近平总书记在全国职业教育工作会议上了做出了重要讲话，进一步强调了高职教育对我国社会经济发展的重要意义，要求高等职业教育院校以社会发展与经济建设需要为出发点开展人才培养工作，坚持教育和就业有机融合，加快自身创新改革，以校企合作、产教融合为抓手，促进课程与教学模式改革，不断提升专业人才教育培养水平，打造中国特色的职业教育机制，充分满足社会发展的人才需求。①上述讲话精神为我国高等职业教育的创新发展提供了科学指导，也为今后高等职业的发展指明了方向。同年 2 月 26 日，在国务院常务工作会议上，时任李克强总理重点提出了现代职业教育体系在我国教育制度改革中的重要地位，指出了完全以政府为主导的教育机制可能出现培养目标与社会需求相脱节的问题，必须加快职业教育改革发展速度，高等职业教育的创新发展要跟上社会步伐，强调发展现代职业教育，必须依靠政府、市场和社会三者的力量。在《关于加快发展现代职业教育的决定》（国发〔2014〕19 号）中，国务院对我国民办职业教育事业的创新发展提出了明确要求，积极推动教学模式的创新发展，为各类办学主体的办学工作创造良好的环境，允许形式丰富的办学模式，不断完善我国高等职业教育体系，从法律、政策等层面出发保证高等职业院校办学主体的合法权益。在《高等职业教育创新发展行动计划（2015—2018 年）》中，教育部对高等职业教育的未来发展提出了科学规划，为社会力量参与高等职业教育事业创造有利环境，发挥社会力量在资本、技术、知识及管理等领域的优势，积极参与高等职业教育改革工作，丰富办学模式，提高教学质量。在试点工作中，可具体采取政府购买、委托管理等方式吸收社会力量进入高等职业教育领域，以此补充公办高等职业教育资源不足问题，实现公办教育同民间资本的资源整合，为高等职业教育事业提供更加充足的教学资源，以校企合作为主要创新形式，积极提升高职院校建设发展水平。《关于深化产教融合的若干意见》（国办发〔2017〕95 号）则进一步明确了社会力量在参与高职院校建设工作的权利，鼓励社会力量参与高职教育事业，在条件充分的地区探索社会力量与公办教育合作发展的新模式，不断提升高职教育的整体发展水平。这一系列政策、文件出台后，全国各地的一些高职院校跃跃欲试，纷纷结合各自特点，尝试展开混合所有制办学实践探索，取得了初步的成效。据各省（区、市）高等职业

① 倪光辉．习近平就加快发展职业教育作出重要指示［N］．人民日报，2014-06-24（01）．

教育质量年度报告显示，全国近20个省（区、市）在政府文件中明确提出要积极探索混合所有制职业院校的建设发展模式，确立了若干试点项目，为高职院校的科学创新积累经验，不断提升高职院校办学水平和人才培养能力。近年来，浙江省、江苏省、山东省、广东省、海南省等沿海省份先试先行，涌现出了浙江金融职业学院、苏州工业园区职业学院、海南职业技术学院、山东海事职业学院、广东工程职业学院等一批整体进行混合所有制改革和建立具有混合所有制特征的高职院校，开启了吸纳社会资本参与办学向开展混合所有制办学迈进的新征程。

（二）分类解析

纵观目前全国各地开展混合所有制改革高职院校的办学模式，在国家法律尚未明确的前提下，根据混合程度、混合层次、混合类型的不同进行划分，主要有深度混合（又称“大混合”）及部分混合（又称“小混合”）两种形式，深度混合主要有三种：公办民助、民营公助、混合新建。与之相比，部分混合的高职院校主要有以下形式：二级单位混合、PPP 模式、委托管理。

表 1–2　混合所有制高职院校分类表

层次	分类	举例	资本表现形式	实现形式
深度混合（大混合）	公办民助	齐齐哈尔工程学院	资金、知识、技术、管理、人力资源、设备设施、土地	合作制、股份制、股份合作制、中外合资、联合体
	民营公助	南通理工学院		
	混合新建	海南职业技术学院、苏州工业园区职业学院		
部分混合（小混合）	二级单位混合	重庆青年职业技术学院		
	PPP 模式	杭州职业技术学院		
	委托管理	聊城职业技术学院		

1. 深度混合

深度混合主要指高职院校办学的“混合”层面处于“高位”，即以整个院校为混合场域，涉及面广、融合力度大、混合特征显著等。混合的具体含义是不同资本的共同参与，发挥国有资本、集体资本、私有资本甚至外国资本的优势，以国有资本为核心，联合其他资本形式以合做出资的形式共同开展高等职业院校的建设发展工作，从法人结构层面实现不同资本之间的科学融合。基于以上观点，“全面混合”最核心的特征表现为国有资本同其他资本之间的混合，充分满足高职教育创新发展的资源需求。①

（1）公办民助

在改革创新发展理念的指导下，公办高职院校积极推进自身创新，积极吸纳社会资本参与院校建设，充分发挥社会资本的知识、管理、技术、资源等优势，不断提升高职院校的办学水平和创新发展能力。这种模式主要是以公有制为主体，私有制并存的混合所有制，其优缺点也显而易见。一方面，混合所有制形式虽然会对高职院校传统的教学体系造成一定冲击，但是并不会导致院校公办性质的变化，财政拨款仍将作为高职院校主要资金来源之一，高职院校教师的身份也不会变化，因此不会影响高职院校的稳定发展；另一方面，这种模式会导致产权界定模糊，致使一些公办高职院校的领导担心，如果学院开展混合所有制改革，会不会造成国有资产损失，而改革失败的风险是不是需要自己承担，因此诸多院校都不敢轻举妄动，都不敢大胆尝试。同时，社会资本也会有很多顾虑，因为社会资本进入高职院校后并不是处于主导地位，担心没有过多的话语权，导致社会资本缺乏积极性和主动性，也没有太大的动力。社会资本的进入，会对公办高职院校的经营管理产生一定影响，这种优质资源的引进也将积极提升公办高职院校的办学质量和发展能力，以产权关系的科学混合为契机，从学院整体层面上进行“混合”办学，具体而言，又可细分为两种情况。

①公办高职院校整体改制为混合所有制高职院校。《高等职业教育创新发展行动计划（2015—2018 年）》重点指出了社会力量在补充公办职业教育资源不足方面的积极作用，为自有资源不足、办学能力较弱的公办高职院校指明了一条解困路径。主要就是参照我国国有企业改制的做法，以地方政府为主导力量，在对公办高职院校自有资产进行盘点和清算的基础上，对部分股权进行分配，由学校的管理者、教职工等主体出资购买相应股权，实现双方的利益共享，从而改革高职院校自主办学权，提升创新发展能力并提高办学水平。以苏州工业园区职业技术学院为例，在该高职院校建设发展过程中，其管理制度不断变化和调整，逐渐由最初的公办高职院校转变为混合所有制高职院校，投资主体具

---

① 隋维林．现代大学制度视角下高职教育混合所有制现实困境的研究［J］．中外企业家，2019（23）：174-175.

体由政府职能部门、学校管理团队、民间企业等构成。需要指出的是，办学制度的改革并非改变高职院校的公办性质，也不是某些人认为的把高职院校资产廉价变卖出去。“改制”的真正意义和目的表现为所有权同管理权的科学分离，发挥专业管理力量的优势作用，在不改变所有制的前提下实现管理模式的创新发展，从而积极有效地提升高职院校的办学质量与管理水平。

②公办高职院校接管弱势民办高职院校。对于“办学活力不足”的民办高职院校，此类民办高职院校往往存在经营不善、办学困难或者生源不足等问题，已经出现了“生存危机”。这种情况下，政府相关职能部门将通过资产清查的方式明确民办高职院校的资源状况，并由临近先进高职院校对其进行接管，以合作办学的形式参与院校管理，以自身资源为投资标的进行参股，而公办力量则以自身管理、师资、项目等经第三方评估机构评估折合成股份入股，合并之后的原民办高职院校就变成混合所有制高职院校，需组建新的党委会、董事会、理事会、监事会等领导、管理、决策机构，原民办高职院校的所有权、决策权、管理权、处置权均发生改变。如厦门理工学院（公办）以69%的股份入主厦门软件职业学院（民办），开展混合所有制办学改革。

（2）民营公助

民办高职院校呈现出独特的经营优势，灵活的办学理念将为其发展奠定良好基础，能够对国有资本形成一定的吸引力，从而为混合所有制办学模式的发展创造有利环境。这种混合所有制将以社会资本为核心，以公有资本为重要补充，其优势在于，有清晰的产权结构与相对灵活的办学机制，能够充分发挥社会资本的优势提升其参与热情；其缺点在于此类高职院校办学性质在具体界定方面存在一定困难，融资渠道也不够通畅，难以科学确定财政拨款的标准，也无法为国有资本的保值增值提供有效保障，法律保障机制也不够完善，可持续发展能力稍显不足，等等。民办高职院校也会担心因股比减少而丧失管理权和决策权，导致自身合法权益受损。社会力量在参与高职院校建设时，也普遍存在较大的风险，在缺乏健全完善的管理制度和保障机制的条件下，社会力量参加高职院校建设的投资存在较大的不确定性和风险。主要存在以下两种混合形式。

①国有资本直接注资民办高职院校。主要做法是经双方协商一致后，地方政府或教育主管部门在所辖范围内对地方经济社会发展贡献较大、基础较好、有着很好的发展潜力的特色优质民办高职院校注入国有资本，助其做大做强，

并享有一定的股份和管理权、决策权等。目前，国家及地方财政对民办高职院校支持相对较少，生均拨款、财政补贴和项目支撑政策比公办高职院校要少得多，加之现在生源紧张，高职院校较多，竞争压力巨大，导致一些民办高职院校难以生存。在国家不断提升对民办教育重视程度的同时，也出台了许多激励政策，积极鼓励社会力量参加民办高职教育，为民办高职教育的发展创造有利环境，并积极探索适合民办高职院校发展的科学模式。以紫琅职业技术学院为例，在创新发展的过程中，该院校的办学性质由最初的民办性质转变为混合制性质，在与江苏交易发展投资中心这一事业单位建立合作关系之后，该院校也由职业技术学院升格为普通本科院校，正式更名为南通理工学院，极大提升了该院校的发展水平。

②民办高职院校托管公办高职院校。目前，全国大部分省市高职教育生源呈现逐步萎缩趋势，个别公办高职院校由于专业设置不适合经济社会发展等原因，出现了招生困难、资源短缺等一系列问题，严重影响了高职院校的良性发展。为了解决上述问题，我国教育主管部门积极整顿公办高职院校系统，在适当的时候对其资产进行清算核查，将高职院校的资产以股份的形式转让给区域内优质民办高职院校，改制为混合所有制高职院校。混改后，由民办高职院校组建管理团队管理公办高职院校，建立健全相关管理制度，进一步激发办学活力，提升办学效益，提高办学质量，保持国有资产的保值增值。如山东海事职业学院（民办）托管山东化工职业学院（公办），山东海事职业学院选派管理团队进入山东化工职业学院，并植入先进的管理模式。

（3）混合新建

转变单一的公办性质，构建公办力量、社会资本甚至外资共同参与的混合制高职院校，充分发挥不同主体的优势提升办学质量。具体根据国有资本的出资比例对其办学性质进行界定。这一混合经营管理的优势在于，能够全面提升办学灵活性，根据需求变化与环境变化制定全新的治理结构，充分发挥各方的积极性和能动性，允许不同主体采取多元化的入股参建形式，根据其持股比例共担风险、共享收益。混合制办学模式主要有以下三种不同类型。

①地方政府、高职院校、行业和企业合作混合办学。随着地方经济社会的发展和对人才需求的增大，一些经济发达的市、区、县尚无高职院校，急需在辖区内新办 1~2 所高职院校，为辖区产业发展提供人才支撑。主要做法是根据地方产业发展对人才的需求，由政府下属国有企业出资征地、建好房屋和校园

及周边配套设施，吸引优质高职教育资源和企业参与高职院校建设管理工作，允许不同主体以自身优势资源入股，实现知识、资金、技术等资源的科学整合，使得地方政府、高职院校和行业企业三方充分发挥各自的优势，能够迅速聚集各类优势资源发展混合所有制高职院校，从而实现多方共赢。如苏州工业园区职业学院由苏州工业园区管委会、苏州市教育局、苏州市人力资源和社会保障局、中新苏州工业园区开发有限公司共同持股创办，成为国家示范性高职院校。

②地方本科、高职院校、行业和企业混合办学。当前，随着高校分类发展的推进，一些地方普通本科院校积极响应国家号召，主动谋求向应用型本科转型。为此，一些地方本科院校与高职院校、行业企业开展合作办学，主要做法是根据地方经济社会发展对高技术人才的需求，打造混合所有制教育集团，充分发挥本科院校、高职院校、行业组织、企业等主体的资源优势，打造更加科学的教学体制和办学模式。重点发挥本科院校的理论教学优势、高职院校的实践教学优势、社会力量的实践能力培养优势，为广大高职院校学生提供全方位的培养环境，不断提升高职院校学生的知识水平、技能水平与综合素质，更好地满足社会发展对高素质、专业性技术人才的需求，从而打通高职院校与工作岗位的供需渠道，在全面提升高职院校教学水平的同时为高职院校学生的发展铺平道路。

③高职院校与境外职业教育机构开展混合办学。对高职院校创新发展工作而言，开放办学是重要举措之一。在这一科学理念的指导下，高职院校要准确把握发展机遇，充分利用国家政策，积极参与改革创新事业，积极寻求与“一带一路”国家高职教育机构或相关行业、企业深度合作，一方面，采取“请进来”的方式，引进高水平高职教育机构来华合作办学，以资本、技术、管理等要素参与混合所有制办学。国内高职院校学习借鉴国外高职教育机构的先进技术、教学手段、教育理念、育人模式等，为国内企业培养具有国际化视野的本土人才。另一方面，采取“走出去”的方式，在境外合作办学，不断提升高职院校的办学质量并加快院校国际化发展速度。例如，泸州职业技术学院就积极争取同德累斯顿工业大学（德国）合作办学的机会，尝试跨国混合所有制办学，在泸州成立国际学院；天津渤海职业技术学院与浙江亚龙科技集团合作尝试跨国混合所有制办学，在泰国大城技术学院建立的“鲁班工坊”则是天津渤海职业技术学院、浙江亚龙科技集团、泰国大城技术学院等机构合作办学的成果。

2. 部分混合

基于深度混合办学模式所遭遇的政策法规壁垒、资源投入过多、主体难以协同、改革风险过大等问题，诸多高职院校在开展相关尝试时，先从小处着手、从细处切入，展开部分混合办学的尝试，由此出现了以二级单位混合、PPP 模式、委托管理为代表的部分混合高职院校。“部分混合”是与“全面混合”相对立的一个概念，并不是从院校层面出发开展全面合作管理，而是具体以二级学院的形式，在高职院校内部设立若干合作办学项目，以混合法人的身份、以合作项目的形式开展教学工作。①

（1）二级单位混合

无论是“国资混民资”，还是“民资混国资”，组建二级产业（企业）学院都是最常见、最易实施、最易治理的一种混合形式，即在二级产业（企业）学院层面上进行“混合”办学。据目前大多数开展混合所有制改革的高职院校来看，在二级产业（企业）学院层面进行“混合”的居多。如江西省投入 2000 万元建设了 4 个省级混合所有制二级学院，福建省支持举办混合所有制性质的二级办学机构。《高等职业教育创新发展行动计划（2015—2018 年）》重点肯定了“二级办学机构”这一办学形式的积极意义，鼓励社会力量参与高职院校建设工作，不断丰富高职院校的教育内容，积极提升高职院校的整体办学水平和发展水平。如杭州职院与达利食品集团有限公司、友嘉集团等企业合作共建达利女装学院、友嘉机电学院等 7 个具有混合所有制性质的二级学院，沈阳职院引入社会资本 6000 多万元，共建国家示范性软件学院等。

（2）PPP 模式

PPP 模式是一种比较重要的合作模式，其参与主体为政府、非政府组织、市场主体、个人等。在该模式下，政府一般以土地、师资力量为投资标的，而企业则以学费的形式实现自身投资收益。早在 19 世纪，英国便率先采用了公私合作伙伴关系的 PPP（Public-Private Partnership）模式，我国常译为“政府与社会资本合作”模式，主要指由国家资本与社会资本通力合作，在合理的契约关系与制度安排下共同提供公共服务。PPP 模式相较于传统的公共项目外包于社会资本运营而言，其监管更加得力、运营成本更低、运营效率更高。PPP 模式在

① 隋维林．现代大学制度视角下高职教育混合所有制现实困境的研究［J］．中外企业家，2019（23）：174-175.

实施形式上，演化出许多不同的经营方式，如建设—运营—移交（BOT）、设计—建设—融资—运营（DBFO）、建设—移交—运营（BTO）、设计—建设—运营—维护（DBOM）、建设—拥有—运营—移交（BOOT）、操作—维护（O&M）等①。PPP 原是公共治理理论中的重要内容，现被引入教育治理领域，代表着教育治理新的发展趋向与改革方向。在混合所有制高职院校的治理运行中，"Public" 代指国有资本，"Private" 代指民营资本，指主要在高职院校的项目建设中，公共部门或私人部门基于优化职教公共服务和职教资源配置而引入其他资本机构所形成的两个组织之间相互合作的模式，PPP 模式践行"合作伙伴选择、合作成果呈现、合作风险承担、合作利益共享和合作责任担当"的合作理念②，中高职职业教育的 PPP 改革屡见不鲜。

（3）委托管理

为充分利用社会资本管理、运营的优势，有序盘活存量资产，"根据项目特点和具体情况，可选择科学合理的合作经营模式，实现相关权利在社会资本与公办资本之间的合理分配，为合作管理奠定扎实的基础"③。严格来说，委托管理可算作 PPP 模式的一种特殊方式，一般是好的院校和教育管理公司托管一般院校，但强调的是"伙伴关系"中被委托单位占据绝对主导的管理运营地位，委托方与被委托方依据契约规则各行治理。从法律层面看，委托管理是信托管理的延伸，具体到高职教育领域，其含义可理解为以政府、专业投资管理机构为主体，为高职院校购买并提供相关服务满足其发展需要。④ 如 2017 年洛阳市伊川县人民政府与上海天坤国际教育集团正式签约，伊川县人民政府将该县的职业教育中心以 PPP 概念下的 TOT 模式委托天坤国际教育集团全面管理运营。

---

① 高皓凌．负责任的企业会更容易获得政府与社会资本合作（PPP）项目吗？［D］．南京：南京大学，2019.

② 管连，包雨，梁建花．PPP 模式下公办高职院校校企深度合作机制研究与探索［J］．计算机教育，2019（08）：170.

③ 国家发展和改革委员会．国家发展改革委关于加快运用 PPP 模式盘活基础设施存量资产有关工作的通知［Z］．2017-07-03.

④ 陈衍．委托管理：齐齐哈尔工程学院的实践［J］．职业技术教育，2014（15）：27-43.

（三）典型案例

混合所有制高职院校是一个新生事物，在我国的发展历程较短，数量较少。即便如此，也有一些高职院校在混合所有制发展中展开了大量的实践探索，并取得了可推广的经验。在为数不多的混合所有制高职院校中，发展历程相对较长，取得经验相对较多，协同治理相对完善的更是凤毛麟角。接下来将以苏州工业园区职业技术学院和山东海事职业技术学院为例，梳理总结两者在协同治理模式方面的实践与经验启示。

1. 苏州工业园区职业技术学院的实践探索与启示

苏州工业园区职业技术学院（IVT）设立初衷即是“采取多主体共同参股的股份制管理模式，实现企业化管理制度，以董事会为核心，以院长负责制为体制，探索一种科学的教育产业化发展模式提升我国高等职业教育发展水平”。本部分将系统梳理总结 IVT 在协同治理模式方面的实践与探索，做法与成效，经验与启示，短板与问题。

（1）IVT 的基本概况与发展历程

1997 年 12 月，为满足中新合作苏州工业园区的技能人才需求，时任新加坡总理的吴作栋提出了 IVT 的建设意见，在参考借鉴新加坡南洋理工学院发展经验的基础上打造 IVT 办学模式。IVT 经过 20 来年的发展，因其办学特色突出、优势明显，成为国家示范性高等职业技术院校，并先后荣获全国职业教育先进单位、全国职业院校就业竞争力示范校、全国职业院校魅力校园，江苏省教学工作先进单位、江苏省教育国际合作交流先进高职院校等。IVT 从成立之初即具有了混合所有制的特征，并经历了多次股权变更后形成了股权多元化的混合所有制高职院校。具体发展历程如表 1-3 所示。

表 1-3　IVT 股权变更

序号	时间	所有制形式	注册资本（万元）	股东单位	持股比例（%）	董事代表	备注
1	1997. 12—1999. 12	公办股份制	8000	苏州工业园区管委会	97. 5	董事长：潘云官（管委会副主任）	以年度事业经费拨款、基建投入折算股份
				苏州市教育局	1. 25		出资 100 万元
				苏州市劳动和社会保障局	1. 25		出资 100 万元
				中新苏州工业园区开发有限公司	0	副董事长：吴多琛（新方代表）	新方持股 65%，中方持股 35%；划拨 72 亩工业用地
2	1999. 12—2003. 04	公办股份制（公私合作）	8000	苏州工业园区管委会	32. 5	潘云官（管委会副主任）	
				苏州光华实业集团有限公司	65	副董事长：许华（光华董事长）	以代建三期工程（约 5200 万）受让管委会 65%股份，第一大股东
				苏州市教育局	1. 25		
				苏州市劳动和社会保障局	1. 25		
				中新苏州工业园区开发有限公司	0	副董事长：吴多琛（新方代表）	中方持股 65%，新方持股 35%

续表

序号	时间	所有制形式	注册资本（万元）	股东单位	持股比例（%）	董事代表	备注
3	2003.04—2005.08	公办股份制（一股独大）	8000	苏州光华实业集团有限公司	97.5	副董事长：许华（光华董事长）	管委会以投资价格加上同期银行利息转让所持的学院的32.5%股份
				苏州市教育局	1.25		
				苏州市劳动和社会保障局	1.25		
				中新苏州工业园区开发有限公司	0	副董事长：吴天仁（中新公司总裁）	中方持股65%，新方持股35%
4	2005.08	公办股份制（一股独大）	8000	吉林光华控股集团股份有限公司	32.5	副董事长：许华（光华董事长）	苏州光华集团收购上市公司吉林轻工，将其改名吉林光华，其所持学院32.5%股份转入该上市公司
				苏州光华实业集团有限公司	65		
				苏州市教育局	1.25		
				苏州市劳动和社会保障局	1.25		
				中新苏州工业园区开发有限公司	0	副董事长：吴天仁（中新公司总裁）	中方持股65%，新方持股35%

续表

序号	时间	所有制形式	注册资本（万元）	股东单位	持股比例（%）	董事代表	备注
5	2006.06	股权多元化（管理层持股）	8000	IVT 管理层	10		管理层出资 800 万收购投资方光华集团 10%的股权
				光华集团	87.5	副董事长：许华（光华董事长）	光华投资管理有限公司以原价向学院管理层和骨干教师转让股权
				苏州市教育局	1.25		
				苏州市劳动和社会保障局	1.25		
				中新苏州工业园区开发有限公司	0	副董事长：吴天仁（中新公司总裁）	中方持股 65%，新方持股 35%
6	2007.02	股权多元化（吸收合并）	8791.21	苏州沸点教育咨询管理有限公司	9		吸收合并苏州工业园区育才高职院校，以育才资产折算成 9%股权
				IVT 管理层	9.1		
				光华集团	79.625	副董事长：许华（光华董事长）	
				苏州市教育局	1.25		
				苏州市劳动和社会保障局	1.25		
				中新苏州工业园区开发有限公司	0	副董事长：吴天仁（中新公司总裁）	中方持股 65%，新方持股 35%

续表

序号	时间	所有制形式	注册资本（万元）	股东单位	持股比例（%）	董事代表	备注
7	2007.08	股权多元化（股份转让）	8791.21	上海翔宇教育集团	39.825	董事长：王玉芬（翔宇董事长）	苏州市光华投资管理有限公司向上海翔宇教育集团转让其持有的学院的39.825%股权
				苏州沸点教育咨询管理有限公司	9		
				IVT管理层	9.1		
				光华集团	39.8	副董事长：许华（光华董事长）	吉林光华控股集团股份有限公司占股29.575%，苏州光华投资管理有限公司占股10.225%
				苏州市教育局	1.1375		
				苏州市劳动和社会保障局	1.1375		
				中新苏州工业园区开发有限公司	0	副董事长：吴天仁（中新公司总裁）	中方持股65%，新方持股35%

从表 1-3 可见，IVT 由绝对公有制为主体的公办股份制逐渐发展为政府引导下的以“民营资本占主导、股权结构相对分散、管理层股权激励”的混合所有制高职院校，这是在混合所有制政策不明晰的前提下一条大胆创新的混改路径，反映了混合所有制高职院校在中国经历的曲折路程和渐变历程。

表 1-4 IVT 董事会发展历程

序号	时间	单位索引	董事会构成	单位性质	所属国家或地区
一	1998	1	苏州市教育局	政府机构	中国
		2	苏州市劳动和社会保障局	政府机构	中国
		3	东南大学	高职院校	中国
		4	苏州大学	高职院校	中国
		5	复旦大学	高职院校	中国
		6	清华大学	高职院校	中国
		7	尼亚加拉学院	高职院校	加拿大
		8	悉尼科技大学	高职院校	澳大利亚
		9	中新苏州工业园区开发有限公司	中外合资企业	中国、新加坡
		10	费斯托（中国）有限公司	企业	德国
		11	安特优发动机工程（苏州）有限公司	企业	德国
		12	伟创力（苏州）科技有限公司	企业	美国
		13	艾默生环境优化技术（苏州）有限公司	企业	美国
二	2000	14	苏州光华集团	企业	中国
		15	飞索半导体（中国）有限公司	企业	美国
		16	博世汽车部件（苏州）有限公司	企业	德国
三	2002	17	诺基亚通信（苏州）有限公司	企业	芬兰
		18	威特力（飞利浦）创能科技（苏州）有限公司	企业	荷兰
四	2003	19	明基电通信息技术有限公司	企业	中国台湾

续表

<table>
<tr><th>序号</th><th>时间</th><th>单位索引</th><th>董事会构成</th><th>单位性质</th><th>所属国家或地区</th></tr>
<tr><td>五</td><td>2004</td><td>20</td><td>安德鲁电信器材（中国）有限公司</td><td>企业</td><td>美国</td></tr>
<tr><td>六</td><td>2005</td><td>21</td><td>三星电子（苏州）半导体有限公司</td><td>企业</td><td>韩国</td></tr>
<tr><td>七</td><td>2006</td><td>22</td><td>鲁汶工程联合大学</td><td>高职院校</td><td>比利时</td></tr>
<tr><td rowspan="5">八</td><td rowspan="5">2007</td><td>23</td><td>苏州沸点教育咨询管理有限公司</td><td>企业</td><td>中国</td></tr>
<tr><td>24</td><td>上海翔宇教育集团</td><td>企业</td><td>中国</td></tr>
<tr><td>25</td><td>超威半导体（中国）有限公司</td><td>企业</td><td>美国</td></tr>
<tr><td>26</td><td>梦奇达（苏州）有限公司</td><td>企业</td><td>德国</td></tr>
<tr><td>27</td><td>台湾亚德客公司</td><td>企业</td><td>中国台湾</td></tr>
<tr><td rowspan="2">九</td><td rowspan="2">2010</td><td>28</td><td>力特奥维丝保险丝（中国）有限公司</td><td>企业</td><td>美国</td></tr>
<tr><td>29</td><td>锦海捷亚物流公司</td><td>企业</td><td>中国</td></tr>
</table>

由表 1-4 可见，IVT 自成立之初就参照国外高校模式建立了董事会，截至 2010 年年底吸纳了 29 位董事会成员，并且董事会成员单位涵盖了国内和国外的高校、企业，形成了“企业占多数、外方占多数”的双多董事会格局，成为高职院校高速发展的保障。

（2）IVT 的典型做法与实际成效

①股份制办学。IVT 具有股份制的基因，并且在发展过程中不断吸引投资方的优势资源注入，1999 年 12 月就引入了苏州市第一家集团型民营企业——光华集团，完成了学院三期建设；2003 年 4 月，在管委会与光华集团的协商下，完成了学院股权的民营化；2006 年 6 月，为激励管理层，通过管理层持股（职工持股）的方式，完成了管理层入股；2007 年 2 月，吸收合并了新的校区（育才高职院校），做大了教育资产，引入了新的教育投资方沸点集团；2007 年 8 月，为引入优势教育管理资源，通过股权重组，引入了专业教育投资管理机构——上海鸿翔教育集团，进而实现了股权的相对分散。自 2007 年 8 月，IVT 股东会正式诞生，出资方以自身出资额、持股比例为依据，在平等协商的基础上选定

股东会代表，奠定了学院股权多元化的基本格局，成为维持学院股份制持续发展的压舱石。

②公司化管理。1998 年 12 月，IVT 设立了学院董事会，率先在全国职业院校中形成董事会领导下的院长负责制，并在 2007 年股东会正式成立后，通过修改章程，对股东大会、董事会、院长会议的组成、职责和议事规则等做出制度安排，形成了股东会、董事会、院长会议三足鼎立、相互制衡的现代公司治理管理机制。其中，股东会是最高决策机构，负责办学模式、投资计划的制订；提名董事会董事长并最终选定合适人选；从股东代表中选择合适人选作为监事会成员；对董事会的战略决策进行审批；对监事会的工作报告进行审批；对学校财务预算、决策报告等进行审批；对利益分配方案、亏损补偿方案进行审批；对学校注册资本调整计划进行审批；对股东向非股东主体的股权转让进行审批；对学校管理季度的制定与调整进行审批；对学校管理机构的组建与调整进行审批；对学校重大事项（如合并、分立、清算等）进行审批；对学院管理章程进行修改调整。而董事会的重要职责为：以公开招聘的形式确定学院正副院长人选；对学院工作报告及其他文件进行审议；具体负责股东会决议的落实执行工作；推荐并选聘专业委员会主任、委员；对董事议案、动议、附议等进行审议；对学院基本管理制度进行审议；对学校管理体系的设置与调整进行审议。①

③国际化导向。IVT 由新加坡南洋理工学院时任院长林靖东规划设计、一手创办，多方汲取了新加坡、德国、美国等发达国家先进的职教经验。加之该校身处我国改革开放最活跃、经济发展水平最高的地区，拥有着众多的外资企业，对高技术人才形成了巨大需求，也为学院的发展奠定了良好的市场基础。基于上述先天优势，IVT 自诞生以来就呈现出国际化发展特征。积极开展中外合作办学、开展形式多样的国际合作与交流，走出了一条独特的国际化发展之路，彰显学院国际职教理念的时代气息及不断探索创新的勃勃生机。多年来，学院与各国院校及教育机构建立了紧密的合作关系，具体合作内容有：合作办学、国际专接本、国际顶岗实习、选派培训、考察团互访及承办国际技能比赛等。

④本土化创新。在专业设置和调整过程中充分秉持以市场为主导的科学理念。主要采取以下工作流程：第一，积极开展市场调研工作，对工业园区的产

---

① 单强．高职院校的治理：股东会、董事会与校长：以苏州工业园区职业技术学院为个案［J］．高校教育管理，2012（04）：31-37.

业结构调整趋势进行科学分析和把握，准确把握人力资源需求情况并针对性地制订调整专业设置情况与招生培养计划；第二，以岗位技能、综合技能为依据确定教学方案，并不断完善培养方案提高培养质量；第三，以生产环境、培养目标为基准确定资源配置方案，确保学校教育与生产实践的有机融合；第四，以 ISO 质量管理体系为工具开展教学管理工作，实现良好过程控制与绩效考核；第五，做好信息调研反馈工作，对企业满意度进行测评，对教学效果进行反馈，为教学计划的优化与改进提供科学依据。上述以市场为主导的专业设置理念和人才培养计划，充分保证了学校教育同企业需求的科学统一，实现了人才供需结构的科学匹配。①

⑤合作化发展。校企合作成效的显著，基于股份制办学模式，学院不断完善法人治理结构，以现代企业管理理念开展教学管理工作，发挥 ISO900 的优势作用，积极创新校企合作模式，有效满足工业园区外资企业的人才需求。主要的校企合作模式有：BOSCH（博世）模式，即以学徒制为人才培养方式，以企业订单为依据确定教学内容和培养计划；CHARMILLES（夏米尔）模式，即使用权共享模式，外资企业为学院提供新产品作为教学工具，学院在使用该教学工具的同时实现产品推广并提高学员的使用能力；PHILIPS（飞利浦）模式，即共建实验室，基于各自资源优势基础，由企业、学员合作建设实验室，确定实验室的活动内容并获得所需的专业人才，实验室将作为企业的科研基地与学校的教学基地；SAMSUNG（三星）模式，即培训换设备模式，由企业向学校无偿提供各类技术设备，学院以相关设备为基础开展教学工作为企业提供所需的教育培训服务；依维特模式，即企业进校模式，基于学院专业设置情况，邀请相关企业派遣技术人才进入校园辅助教学，提高学员的技术实践能力；脉特模式，即产教研一体化发展模式，由企业、校方共同投资建设专业，实现教育、生产的高度结合与有机融合，同时提升学员的理论与实践水平。②

（3）IVT 的治理经验与有益启示

①治理主体多元。IVT 引入了多元治理主体，在股东层面既有政府机构，也有教育管理集团。在董事会层面也引入了更多的高校与外企力量，还引入了民

① 王寿斌．依靠体制创新实现共赢［N］．中国教育报．2014-06-16（23）．

② 王寿斌．特色视角下高职人才培养模式创新的探索与思考：以苏州工业园区职业技术学院为［J］．唯实（现代管理），2015（08）：27-31．

营企业，同时还提高了管理层的主体地位，形成了政府、高职院校、企业、社会多元参与的治理主体结构。治理主体多元化是混合所有制高职院校协同治理的基础，有了多元化的治理主体，才能在共谋、共建、共商、共议、共评协同治理上引入多方参与，形成多维视角，进行多层设计，实现多位发展。

②治理结构合理。IVT 设立了股东会、董事会与院长会议以及政府监事为一体的现代公司治理管理的“三会一层”结构，形成了自股东会至院长会议各司其职、各负其责的良好运转秩序。通过这一治理结构，股东会、董事会、院长会议以及政府监事在共谋、共建、共商、共议、共评协同治理上，既充分有效合作，又科学合理分工，积极发挥各个治理层级的功能和作用，健全完善各个治理环节的链接与沟通，保障治理目标、治理效果的实现。

③治理方式科学。IVT 采取了国际化、本土化、合作化的一系列治理方式；在开放性、应用性、民主性方面进行了一系列治理探索；在教学、实训、管理、就业、创新等方面取得了显著的成绩；在教学质量、就业质量、师资质量、设备质量、转化质量上取得了社会的广泛认可。治理方式科学既反映了共谋、共建、共商、共议、共评协同治理的结果，也反映了科学的治理方式促成了共谋、共建、共商、共议、共评协同治理的实现。

④治理机制完善。IVT 通过健全三会一层治理结构，完善三会一层议事规则，施行经营层股权激励和员工持股，在治理过程中引入多方主体参与，在资源共享上实现多方受益等治理机制的完善，将各方的诉求、利益实现有效对接与精准撮合，以帕累托改进代替零和博弈。抛开完善的治理机制，治理结构的合理并不导向治理结果的有效，这在诸多高校的治理实践中是普遍存在的问题。治理结构合理是混合所有制高职院校共谋、共建、共商、共议、共评协同治理的形式要件，而治理机制完善才是混合所有制高职院校共谋、共建、共商、共议、共评协同治理的实质要件。

⑤治理模式创新。IVT 通过治理主体多元、治理结构合理、治理方式科学、治理机制健全构建了一套“外部治理+内部治理”“政府引导+公司管理”“系统治理+协同治理”“有效激励+科学制衡”“合理分工+通力合作”“利益共享+责任互动”创新的混合所有制高职院校治理模式，并将这一治理模式体现在共谋、共建、共商、共议、共评协同治理的设计、施行于效果评估的全过程。

（4）IVT 的治理短板与隐含问题

①初始股权存在瑕疵。以中新苏州工业园区开发有限公司为例，其在 IVT

设立时投入了4.8公顷的工业用地，但并没有认定其价值，导致其在IVT的股本结构中处于虚置的状态，也导致其在股东会中并不占有席位。

②股权流转存在瑕疵。以苏州园区管委会为例，在IVT的股权流转时并没有对投入进行严格评估，也没有公开转让，经友好协商下，即将股权作价予以转让，考虑到当时我国国有资产转让还没有明确的上位法做支撑，是可以理解的，但是这不值得推广。

③治理结构存在瑕疵。在IVT的治理结构中，仅有政府机构作为监事单位，教育局本身即作为监管机构要履行监管职能，由于并没有深入高职院校治理管理，所以对高职院校情况的发展实际情况没有足够的了解，其监事作用的发挥往往会从政府管理的角度而非高职院校发展的角度来考量，有可能会限制高职院校的发展。

④治理机制存在瑕疵。在实施股权激励时，是在大股东资金存在困难抑或是高职院校发展缺乏资金的时候做出的，但这不是实施股权激励的最好时候，存在管理层有被迫入股的嫌疑，而应该是在高职院校的正常发展过程中做好股权激励计划。

2. 山东海事职业技术学院的实践探索与启示

IVT在混合所有制高职院校发展道路上的实践探索虽然存在一定的固有瑕疵，但是也有很多经验可资借鉴，为近年来一些高职院校的发展提供了经验借鉴。尤其是国家相继出台了职校发展规划和职教产教融合政策，对高校混合所有制改革的政策明朗后，一些地区和职业院校进行了更为充分有效的顶层设计，对IVT的模式进行了进一步的改进调试。山东海事职业技术学院（简称SMVC）率先开展混合所有制办学探索，逐渐形成了独具特色的混合所有制办学“山海模式”，对今后混合所有制高职院校协同治理发展的意义更为重大，进一步为混合所有制高职院校的发展提供借鉴。

（1）SMVC的基本概况与发展历程

为发挥潍坊国家职业教育创新发展试验区政策优势，2011年，经山东省政府批准，由潍坊市政府主导、社会力量参与设立举办了山东省首所混合所有制高职院校SMVC。SMVC充分发挥混合所有制办学体制机制优势，以“政府主导、行业参与、产教融合”为特征，构建高职教育服务链与产业链、创新链，全面提升资源整合、人才培养、综合服务质量和能力，成为山东省混合所有制办学试点单位，并得到山东省教育部、省政府研究室、财政厅、教育厅等主管部门的认可。

SMVC 股权结构清晰，潍坊交运集团等三家企业分别持股 67.79%、15.37%和 15.37%，潍坊市国信教育投资有限公司代表市政府掌握 1.47%的公司股权，并选派政府专员作为董事会代表。2015—2017 年，引入北京东方通航教育科技有限公司、京东、招商局集团等各类资本 2.3 亿元，合作共建了“航空学院”和“北京通航北方实训基地”，“京东校园实训中心”和“电商学院”，开展现代学徒制人才培养模式探索。

（2）SMVC 的治理实践与经验提炼

①初始股权更为清晰。相较于 IVT 对原始资产和股权确立的不足，SMVC 成立之初即明确了股权份额与股权归属，使得股权在公司法层面得以保障，企业化办学的特色更突出。而股权变更模式的开放性、动态性特征为资源整合、流动创造了有利条件，极大提升了社会力量参与学校建设的积极性。SMVC 为各类资本进入产教融合领域提供了通道，股权实现了动态变更与有序进出，在程序上更公正，这就弥补了 IVT 初始股权不清晰、股权变更不公开等瑕疵。

②股权结构更为合理。SMVC 掌握了混合所有制办学的精髓，不仅从学院整体层面开展了“大混合”，而且创新二级学院资本、技术、人才等合作模式，采取了多种形式的“小混合”，学院成为各路资本、技术、人才的战略合作平台。SMVC 既有国有资本，也有私有资本，相较于 IVT 私有资本占主导的彻底民营化之路，SMVC 的股权结构更为合理，这种股权结构更能适应职业高校既要保证社会公益性也要实现资本合理利用的要求。尤其是二级学院的产权确立与股权确认，让资本进出更为方便。

③治理方式更为科学。现代公司治理核心之一就是用工人事分配制度的治理变革。SMVC 引入现代公司治理机制，建立了激励约束相容的现代企业制度，激发了各方活力，保障了学院的整体利益，实现了各方主体参与办学的效率效益的最大化。SMVC“员工能进能出、干部能上能下、收入能高能低”的现代公司管理方式更符合职业院校的师资管理。

（3）SMVC 的协同治理与改进调试

①优化高职院校协同治理的组织结构。以章程为基础健全股东会董事会领导下的院长负责制。建立了股东会、董事会、监事会、行政层与专家学术委员会等相互制衡各有分工协调约束的现代公司治理结构和组织体系，并且发挥职代会、学术代表大会、家委会、社会建设委员会等教学主体和关注群体的能动

作用，院长既是操盘手也是执行官，让参与学院治理的主体多元化、包容化与开放化，让参与学院治理的组织结构科学化、有序化和协调化，让决策层、监督层、执行层的关系简单化、明确化和清单化。①

②优化高职院校内部治理的规章制度。章程是学院的最高纲领，在章程约束下建立完善内部治理的各项规章制度，包括议事协调规则与制度、人事制度、用工制度、分配制度、评价考核制度、资本利益分红制度、股权转让退出制度、资产财务管理制度、安全管理制度、社会舆情防范制度、社情民情学情反馈制度等，在此基础上，进一步完善教学制度、师生管理制度、就业制度等。②SMVC 的制度体系进一步上升为学院的企业文化和教学风气。

③优化高职院校内部治理的运行机制。SMVC 已形成内部决策、执行和监督三权制衡的管理体系，决策、执行、监督各司其职，相互制衡又相互协调。按照决策层负责学院“三重一大”事项（重大投资、重大合作、重大变革以及大额资金动用)，执行层负责学院建设、校企合作、日常教学、师生管理等日常管理事务，以家委会、学代会、教代会、社委会为主的各方主体以及监事会等为主的外部和内部主体负责监督。这一现代公司内部治理的运行机制在 SMVC 已是常态化成熟机制。③

三、混合所有制高职院校协同治理的内涵特征

治理是否协同成为衡量混合所有制高职院校办学成效的重要标准。如何实现协同治理，成为混合所有制高职院校不断探索的路径。由此，对混合所有制高职院校协同治理的内涵特征进行分析是解决以上问题的基础与前提。

（一）内涵剖析

混合所有制是产生于政治经济学领域中的一个概念，它的目的是通过改革提升经济的活力程度去实现国有资产的保值与增值。混合所有制高职院校是新时代职业教育改革的热门话题之一，2014 年，教育部等六部在借鉴经济领域的成功改革经验后发布了《现代职业教育体系建设规划（2014—2020 年）》，其

① 周旭．优化学校内部治理，推动学校现代转型［J］．今日教育，2014（06）：11-13.

② 何万一．高职院校内部治理结构改革的路径分析［J］．职教论坛，2013（13）：36-38.

③ 雷世平，卢竹．论我国混合所有制高职院校法人治理结构的完善［J］．河北师范大学学报（教育科学版)，2018，20（06）：64-68.

中明确提出要通过改革试点，发展混合制高职院校，促进民办高职院校的发展，努力为缺乏活力的部分公办高职院校注入新鲜血液。在这种大背景下，混合所有制这一高职院校的创新发展模式受到了社会各界的广泛关注，成为现阶段高职院校改革创新的重要尝试。但由于之前对于混合所有制职业教育理论研究比较少，导致了学者们对其特征、类型和实践路径有着不同的见解。相信随着研究的进一步深入，混合所有制职业教育的相关理论必然越发清晰，必将为指导实践提供更好的理论支撑。

1. 混合所有制高职院校的内涵剖析

在定义混合所有制高职院校之前，我们首先需要了解混合所有制的内涵。所有制即生产资料所有制，主要是指生产资料归谁所有的问题。根据我国相关法律规定，我国的所有制形式是基于生产资料公有制的根本前提，允许多种所有制共同发展。这一发展模式表明了混合所有制经济已经成为我国最基本的经济制度的重要实现形式。从宏观的层面来看，混合所有制经济是现阶段经济发展模式的基本内容，是公有制、私有制的协调发展。其中，公有制表现为劳动者将共同拥有生产资料；而私有制则以生产资料的个人所有为基本特征。从微观的层面看，混合所有制又体现为企业所有制的多元化发展，允许公有制、私有制等不同形式并存。以公有资本、私有资本、外资资本等构成的企业资本将表现出多元化特征，股份制也将作为企业基本管理体制。需要指出的是，混合所有制并不完全等同于股份制。混合所有制是与企业的所有权相互联系的，是指企业资本来自公有制和私有制，而股份制是与企业的经营权相互联系的，是指企业资本的实现方式。在股份制企业中，由于资本来源分散和复杂，随之而来的是委托权与经营权上的分离带来的难题，因此，混合所有制的发展在我国还有很长一段路要走。

在混合所有制高职院校建设发展的过程中，首先需要明确混合所有制的科学内涵。公有制、私有制是混合所有制的构成要素。基于宏观层面，混合所有制高职院校具体由公立院校和私立院校等构成，前者指劳动者共同拥有资本的院校发展模式，后者也称为民办院校，是资本个人所有的办学模式。根据《中国教育统计年鉴 2022》，我们可以发现，目前我国高职院校已经不再局限于公办院校发展模式，民办院校已经成为高职教育体系的重要补充，极大提升了我国高职院校的办学水平。因此，从这个意义说来，在宏观层面上，我国的职业院校是有混合所有制性质的；从微观来看，混合所有制职业院校的资本构成也应该包括公有资本、私有资本或外资资本。若是只具备其中一个条件，是不能够将之称为混合所有制职业院校的。一般来说，混合所有制职业院校都比较适合采用股份制，股份制有利于资本的自由流动，可以将经营权与所有权进行分离，对于学校治理现代化和校长职业化都是非常有利的，不过在这个过程中，混合所有制职业院校本身也需要完善其治理结构，促进解决委托代理的问题。

综上所述，我们对混合所有制职业院校的内涵有了一个大致的了解：学校的举办者应该是不同所有制主体，从宏观上看包括公有制和私有制；从微观上看包括公有、私有、外资资本，资本构成多元。

2. “协同治理”的内涵

随着多年来对“治理”研究的深入，逐渐形成了一套完整的理论体系，拥有了比较完善的理论框架和严密的逻辑框架，成为现阶段社会、政治、经济等不同领域最基本的一种研究方法。罗茨为“治理”所下的定义是：统治含义的改变，新的统治过程；规则制定中的改变；社会统治中新的方法。他列举了治理的六种概念，包括：作为最小国家的治理、作为公司经营的治理、作为社会控制系统的治理、作为新公共管理的治理、作为善治的治理、作为社会—控制系统的治理。①詹姆斯·N·罗西瑙（James N. Rosenau）则认为治理是一种以效用最大化为目标的管理机制，能够针对不同领域进行调整与改进。治理不同于统治，前者强调管理活动呈现出共同的目标与不同主体之间的协作，这种活动没有获得正式授权，主体也不一定是政府，不需要通过国家强制力量实现。②因而“更少的统治，更多的治理”逐渐成为各国政府管理改革与发展的口号。在1995年，全球治理委员会对“治理”给出了比较权威的界定：治理是一个过程，是一个持续互动的过程，这一过程的基础便是协调，它既可以是公共部分的治理也可以是私人部门的治理，这个过程能够使相互冲突的或不同的利益得以调和并且能够采用联合行动。③在国内，也有许多学者对治理进行了广泛研究。对于治理的内涵，具有代表性的是学者俞可平教授给出的含义，以满足公众需

---

① RHODES R A W. The New Governance: Governing without Government [J]. Political Studies, 1996 (04): 652-667.

② 詹姆斯·N. 罗西瑙. 没有政府的治理 [M]. 南昌：江西人民出版社，2001：5.

③ 冉德睿. 我国治理体系的建构与变迁：基于国家与社会关系角度 [J]. 学理论，2015 (1)：49-50.

求为目标，借助权威对特定领域的秩序进行有效维护。① 作为一种公共管理的活动与过程，治理是以权力为基础，对不同制度关系下各主体的行为进行科学引导与约束，实现各主体行为的规范性并实现公共利益的最佳效果。② 通过这个定义我们可以看出，俞可平教授关于治理的定义中非常注重治理的过程，并强调通过治理过程去满足对公众利益的需求。

随着治理理论的发展与健全，协同治理概念也进一步被提出，但如何从学理角度对其进行界定，学术界目前并没有统一的答案。为了从更加全面的角度对协同治理有一个清晰的认识，我们必须从多维度出发对其进行考察。首先，是对于“协同”的认识。从词源上看，协同可译为“collaborative”，名词形式为“collaboration”，意思为“为了生产和创造某一事物，与他人一起工作”。这里的“协同”是指不同的主体为了实现共同的目标而一起努力，强调的是在公共领域中治理主体的关系，如“共同行动”“共同治理”。虽然“collaboration”与“coordination”“ cooperation”有相近的意思，但“coordination”主要强调参与者之间正式的组织关系，“ cooperation”强调参与者之间非正式的组织关系。国内学者汪锦军认为，“coordination”“cooperation”与“collaboration”的层次是逐渐递增的。“协同”（collaboration）属于一类特殊的相互关系，以持续性、深入性为主要特征，基于共同目标实现了不同主体的有机管理并分别履行各自职责构建一种更加广泛的组织结构。③ 上述观点得到了姬兆亮等学者的认同，他们同样肯定了协同的特殊性，认为协同属于一种更加全面、更深层次的合作与协调，是基于共同目标的一种集体行为关系。④ 基于以上研究观点，我们得出协同的几个特征：目标一致、资源共享、互惠互利、责任共担、深度交互等。这为我们更好地理解“协同治理”提供了强大的理论基础。

因此，本文认为“协同治理”是一种新型的公共管理方法，是以公众需求得到满足为目标，由不同主体共同参与公共事务管理，经集体决策形成共识和合力执行等去促进公平和提高效率，它的核心是处理好政府与多方利益相关者

① 俞可平．全球治理引论［J］．马克思主义与现实，2002（01）：20-32.
② 俞可平．全球治理引论［J］．马克思主义与现实，2002（01）：20-32.
③ 汪锦军．走向合作治理：政府与非营利组织合作的条件、模式和路径［M］．杭州：浙江大学出版社，2012：185.
④ 姬兆亮，戴永祥，胡伟．政府协同治理：中国区域协调发展协同治理的实现路径［J］．西北大学学报（哲学社会科学版），2013，43（02）：122-126.

之间的关系，强调制度设计和权力协同。

3. 混合所有制高职院校协同治理的内涵

对于混合所有制高职院校的治理研究实质上就是在职业教育框架之下对具有职业教育特殊性的治理体系进行考察。这种特殊性是指，虽然职业院校的治理体系与普通学校的治理体系在一定层面上有许多相似之处，但毫无疑问的是职业教育与地方经济、区域产业升级结合更为紧密。因此，在其治理上更应该考虑到多个利益主体的需求，满足经济社会发展的需要。

国外关于职业院校的治理研究主要集中在国家职业教育整体层面和对某一些大学的治理进行专门探讨。总体来看，国外在职业教育治理中的参与主体比较多，不仅包括政府、学校，还包括对职业教育院校进行治理的专门机构。在各个治理主体之间权责分明，这正是我国在混合所有制职业院校治理中需要借鉴学习并使之具有本土化特色的地方。而国内，关于高职院校治理的研究主要是从宏观和微观两个层面出发进行研究的。从宏观层面上看，相关学者认为高职院校治理是指在所有权与经营权分离的前提下，协调高职院校内部不同主体利益关系的制度体系。具体以组织的运行管理为途径实现不同主体利益的科学均衡，从而实现组织的稳定运行与科学发展。①从微观层面上看，相关学者认为高职院校治理其实是一种关于以其经营管理者为代表的行政人员、教师和学生等内部利益相关者如何行使控制权的制度性安排。②

学校治理作为教育治理的组成部分，是推动教育治理和教育体系现代化的重要载体，当然教育治理和教育体系现代化也必须通过学校治理去实现。结合以往学者的研究，我们可以把混合所有制高职院校协同治理的内涵归纳为：在混合所有制高职院校治理中，应包括不同的所有制治理主体，而为了协调好这些不同治理主体之间的利益诉求，我们应该推崇“协同治理”——通过不同治理主体间的共同参与、相互配合、形成共识、集体决策和合力执行等去促进公平和提高效率，以达到满足公众和促进高职院校发展的需要。

（二）本质特征

协同治理作为一种新颖的现代治理理论，更多运用在政治经济领域，在教

① 胡玲丽，张继恒．高职院校治理结构研究［J］．职教论坛，2012（19）：19.

② 崔清源，傅伟．内涵发展观视野中的高职院校内部治理结构研究［J］．职教论坛，2014（18）：18-19.

育公共领域尚未有成熟的模式，但从前文对混合所有制高职院校内涵的梳理来看，协同治理并非一种主观选择，而是现代职业教育发展的必然结果。在笔者看来，“混合所有制高职院校”与“协同治理”结合之后具有以下特征。

1. 治理主体具有多元性

无论是公办还是民办，传统的高职院校治理主体都较为单一，学院行政管理中政府主管部门占据了绝对的主导地位，而合作企业、当地社区、校内师生等利益群体往往没有直接管理权限，一般情况下仅发挥着监督作用，实际参与治理程度不高。在单一主体治理下高职院校呈现出封闭、低效、僵化的生态环境，产生的后果就是校企合作流于形式、人才培养供需脱节，所以当前有一种观念甚为流行，即“纯粹公办活不起来，纯粹民办大不起来”。

而混合所有制高职院校从根本上来说是在产权结构上实现多种主体混合办学，从特点上来说是一个典型的利益相关者组织，而对利益相关者需求的满足能力就将成为组织存续的决定性因素①，因此必须尊重各利益相关方的主体地位，必须赋予其直接参与学校治理的权利来保障其不同的价值追求、利益诉求、权力机制的充分实现。可以说，混合所有制高职院校在产权结构上的多元化决定了其治理主体不可能是单一的，“多方共同参与”成为混合所有制高职院校协同治理的前提性要求。

必须明晰的是，混合所有制高职院校协同治理在主体上的多元化不能理解为数量上简单增加，否则容易掉入所谓的“多元陷阱”，导致治理过程中权责分散、定位不明、组织无序甚至彼此冲突。治理主体多元化强调的并非各治理主体的“分权”，而是各治理主体根据自身特点匹配权责、各司其职、共担风险，通过相互沟通、合作和制约来实现不同价值、利益和权力平衡。此外，治理主体的多元化体现的是民主地位，政府作为宏观主体需要处在协同治理的中心位置，发挥好“主导者”与“平衡器”的作用。

2. 治理目标具有一致性

在混合所有制高职院校治理结构中，政府、行业企业、院校等多元主体各具特色和优势，各自的利益诉求存在差异，尤其体现于高职院校的公益性与行业企业的营利性两者之间的矛盾，这往往导致各个主体对于高职院校治理的意图互有出入，对于总体目标仅有模糊的认可，最终导致办学定位、合作热情与

① 严文清．中国大学治理结构研究［M］．北京：人民出版社，2011：255.

治理效率受影响。因此，协同治理强调必须以共同目标为主要纽带，通过共同目标把不同参与者凝聚起来，才能在参与主体间构建良善关系，进行协调合作。如果说“共同参与”是混合所有制高职院校协同治理的前提，那“目标一致”则是协同治理的基础。

治理目标的“一致性”源于多元主体对高职院校合作办学的共同认识，源于对彼此之间互惠共赢的共同愿景。协同治理不同于传统的治理模式，不是由上层决策者综合下层的信息来确定方案，也异于决策者从不同专家方案中进行选择的专家咨询制。协同治理的目标首先是要在不同利益相关者之间依靠充分协商来达成共识，在达成共识的基础上才能调动起各方的积极性，才能在治理中有效利用资源、相互积极配合、协调一致行动，充分发挥多方优势，最终实现互惠共赢。可以说，混合所有制高职院校协同治理目标的“一致性”追求的正是多元主体共同利益上的最大化，就是要尊重彼此的利益相关者地位，寻找到各自目标实现的共通点、平衡点，在此基础上努力构建起共同接受的治理结构和治理规则。正如宣勇教授提出的：善治是治理的根本目标，实现公共利益的最大化结果。对我国高等教育体系而言，善治也将作为其最理想的发展状态。①

3. 治理方式具有互动性

在混合所有制高职院校协同治理中，多元主体为了实现共同的治理目标会产生积极的多维度的互动。互动，意味着政府、高职院校、企业、社会等是相互作用、相互依赖、相互变化的，在良性的互动关系构建中任何一方的发展都以其他方的发展为目的，互为发展条件。具体来说，互动性直接表现在信息、知识和技术的共享上，各主体排除私利的诱惑和影响，互相信任地共享自身掌握的优势资源，信息资源并非进行单向的流动而是集中起来进行再优化和重新配置，促进高职院校非营利性育人活动的有效开展。

此外，大学治理的关键是决策，混合所有制高职协同治理的“互动性”体现在与决策相关的全过程。一方面在治理议题的提出、目标的确定、解决方案的优选上各主体以协商的形式进行充分互动，协调多方利益，化解矛盾和冲突，依此制定出高质量的公共决策，破除传统治理方式因互动性不足而导致的民主

① 宣勇．治理视野中的我国大学校长管理专业化［J］．中国高教研究，2015（01）：26-28.

化程度偏低、科学合理性欠缺和行政化色彩过浓等弊病；另一方面在决策方案的实施和评价反馈环节也要通过分工合作、相互配合来提升质量、保障公平。尽管在决策过程中主体间的互动无疑会伴随着权力博弈和利益博弈，由此带来时间成本的增加，可一旦在互动中达成共识，建立起公利性目标，那么治理行为将是快速而顺利的。总而言之，协同治理方式的“互动性”特征是与民主性、高效性、科学性紧密联系的，并在此基础上建立起“决策—执行—监督”的权利制衡结构，实现混合所有制高职院校办学的多元主体间的有序合作。

4. 治理过程具有持续性

持续性反映的是一个动态的不间断的作用过程，将其与混合所有制高职院校协同治理联系起来，它至少具有以下两方面的内涵：第一，协同治理的过程不同于“突击解决—迅速见效”的“运动型”治理，它强调的是各主体之间协商合作共同建立一套长效机制来实现稳定的、常态化的、制度化的管理，持续的治理过程带来持续的治理效果，要避免如后者一样常常陷入问题反弹的恶性循环之中；第二，政府、高校、企业和社会等主体并没有一个固定刻板的运作模式，而是根据治理内容的不同而呈现出动态的变化，所扮演的角色地位、发挥的作用大小会随之改变。因此，持续性还意味着根据具体情况各主体不断调整自身以相互适应，始终保持整体治理过程处在动态的持续中。

此外，保障治理过程的持续性需要多元主体具备长远的眼光和整体的视角，进行充分互动和科学规划，使治理过程有制度、有规则、有程序可循。高等职业教育是培养高技能应用型人才的活动，混合所有制高职院校协同治理要在整个过程中始终将立德树人、求真强技作为根本目的，尤其在制定和执行决策时应当充分考虑其是否符合长远利益，将治理过程的持续性与育人活动的长期性结合起来，从“头痛医头、脚痛医脚”的表层治理、个别治理转变为对高职教育问题的标本兼治，同时各主体相互协作、相互监督，避免治理过程走向随意和混乱。

5. 治理内容具有选择性

现代大学治理内容涉及办学理念、教育教学质量、组织运行、科研管理、资源配置、人事师资管理等方方面面，但混合所有制高职院校协同治理的内容并非完全覆盖。从本质上讲，协同治理的目的是破解那些仅凭单一主体无法解决或者无法有效解决的复杂公共难题，所以协同治理内容是有针对性的。在混合所有制高职院校办学中会遇到影响正常发展的各种障碍和挑战，尽管大部分问题都需要联系政府、企业或者社会多个主体来共同治理，但仍有一些内容是不适合这一模式的，否则可能会导致权力的越界、责任的混乱，对治理效果有害无利。

由此可见，协同治理要求混合所有制办学的多元主体共同参与、共同协商，扩宽、加深彼此协作的领域，但在具体的治理内容上仍是具有选择性的，哪些问题需要进行协同治理必须经过多元主体的共同商榷，在综合考量下做出符合公共利益的选择。例如，在人才的创新培养上，高职院校培养技能型人才的办学目标使其必须跨越学习与工作的界限，贯通学校与企业、社区、社会的界域，因此其治理活动必然要多元主体全面参与教学质量治理，真正体现"全员育人"的思想。

四、混合所有制高职院校协同治理的价值诉求

价值协同是协同治理的灵魂与核心。面对共治主体不同的价值观念与利益诉求，价值理念的统一是混合所有制高职院校的发展基础，其协同治理的价值诉求是多元主体沟通与协商、博弈与均衡的基本理念支撑。

（一）形成包容开放的核心价值理念

混合所有制高职院校办学存在产权结构多元化、治理结构多样、运行机制灵活等特点，目前混合所有制高职院校办学中的决策权属存在冲突、利润分配不明等问题。同时，我国高职院校治理存在办学自主权难以落实、行政权力压制学术权力、行业企业参与治理机制未形成等问题。① 好的价值与理念是学校治理的灵魂和根本精神所在。因此学校治理需要根据混合所有制高职院校的办学特点、办学中具体制约性条件，对高职院校的混合所有制改革内容和方向进行探讨分析，明确开放、包容的重要意义，为协同治理奠定良好基础。其中的包容开放主要包括相互尊重、相互信任、相互协调。

1. 治理主体间的相互尊重是协同治理的基础

混合所有制高职院校协同治理是治理主体在充分尊重各自利益诉求的基础上共同解决学校治理问题的群体性活动，其治理主体包括政府、高职院校、企业、行业协会、社会组织等。为了避免混合所有制高职院校办学中的决策权属

---

① 雷世平．我国高职院校治理结构存在的问题及其优化研究［J］．职教通讯，2013（10）：33-37，59.

存在冲突、办学自主权难以落实等问题致使院校治理中的主体间或利益相关者间产生合作“缝隙”，各治理主体间或相关利益者间需彼此尊重、认同，这是高职院校协同善治的前提。如高职院校尊重与服从政府组织的相关政策法规，不以一己私利违背或践踏；政府从宏观上对高职院校进行指导，尊重高职院校的办学自主权。高职院校尊重企业对学校人才培养的要求与建议，合理采用相关建议，但并不是一味地迎合或是“讨好”，更不是对企业提出的要求或建议置之不理，使校企合作流于表面形式。企业与高职院校的相互合作表现在承担起高职院校治理中应尽的责任，尊重其他治理主体的行为，尊重学校的办学方式和人才培养方式。高职院校与其他治理主体间秉持相互尊重的原则，各方都摆脱“讨要者”的角色，同时也起到了监督制约的作用，使多元主体间的合作到位而不越位，这有利于多方利益的协调整合，有利于多方治理主体的进一步深化合作，从而实现真正的协同治理。

2. 治理主体间的相互信任是协同治理的保障

混合所有制高职院校办学资本来源多元化，办学主体多元化，同时，相关利益者多元。在现实实践中，为了自身利益最大化，利益相关者间会对彼此的决策产生一种疑虑，从而产生隔阂，使深度合作难以进行。治理主体间的关系会影响治理的效果。对混合所有制高职院校而言，协同治理类似于利益博弈，只有保证不同主体之间的信任和合作才能够避免双败的惨局，从而产生 1+1>2 的效应。混合所有制高职院校相关主体必须形成良好的互助、合作、信任关系才能确保协同治理的科学性与有效性，其治理目标的实现需以治理主体间或相关利益者间的相互信任为前提。与此同时，学校整体利益最大化的实现也是治理主体间或相关利益者间的相互信任的产物。

3. 治理主体间的相互协调是协同治理的关键

我国现代职业教育在整体上呈现出各行其是的混乱“无序”状态，各治理主体之间连接纽带不强、角色定位不明、权责关系不清。① 因此缺少相互协调的治理是无序的无法达到集体行动的治理，治理主体间的相互协调是解决这种无序状态的有效途径。此外，不同主体往往呈现出不同的利益诉求与行为模式。因此，若想保证协同治理效果最优化，则需要将高职院校利益者间的相互协调

① 肖凤翔．史洪波．从无序到有序：我国现代职业教育协同共治之理［J］．教育发展研究，2015，35（Z1）：67-72.

贯穿学校治理的全过程，从而促进高职院校利益相关方形成命运共同体，以此实现高职院校治理共赢共生的目标。

（二）建立多方参与的开放治理体系

传统的高职院校在内部治理上主要依赖于行政班底，从而呈现出单行政化、科层制特点。这在一定程度上影响了治理效率，并且对高职院校体制改革造成了不利影响。多种所有制主体共同参与的混合所有制高职院校必然会受到不同利益主体的影响。因此，需要推动多元主体以不同程度、不同频次的形式参与行动，形成有序衔接，从分散治理转向协同治理。基于此，混合所有制高职院校协同治理需要建立多方参与的开放治理体系，构建全社会积极参与高职院校发展的机制。混合所有制高职院校建立的多方参与的开放治理体系包含治理主体多元化、治理方式民主化。

1. 治理主体多元化是混合所有制高职院校协同治理的基本前提

我国传统的高职院校治理是行政性主导的管理体制。基于这一背景，高职院校对政府具有强烈的依附作用，从而使深化校企合作、产教融合难以真正落地生根，高职院校内部治理结构中的教师、学生群体共同参与的自我治理动机和意识被忽略。同时，高职教育作为一种教育类型，其具有教育性和职业性双重特性，需要学校教育和企业密切联系。且混合所有制高职院校办学资本来源多元化，因而，混合所有制高职院校治理中的“外部性”色彩更为明显。混合所有制高职院校的治理不仅需要发挥政府的作用，还需要行业、企业等作为治理主体积极参与。由此，要突破高职院校传统的管理模式，建构混合所有制高职院校协同治理模式，需摒弃以权力依托为主要特点的管理思维，转而寻求以多元化主体为基础的协同治理模式。该治理模式能够有效发挥不同主体的优势，促进学校良性、稳步发展。混合所有制高职院校的治理工作并非运营管理主体的职责，而是需要不同主体发挥自身职能作用，共同努力实现最佳治理效果。

2. 治理方式民主化是混合所有制高职院校协同治理的重要方式

目前我国高职院校治理民主参与监督权严重缺失，高职院校行政化的管理模式使得校内机关只对上级负责，缺乏由师生、社会、社区、企业或第三方组成的利益群体的监督。同时，大数据技术的创新发展对我国社会经济的各个领域产生了巨大影响，也对高职院校运营管理模式的改革提出了新的要求，加大了高职院校管理层的工作压力。由此，落实民主管理、民主监督，开辟听取广大教职工意见或建议的渠道是混合所有制高职院校协同治理的重要内容。治理方式民主化下的治理主体或利益相关者间的关系是民主的，即高职院校并非唯一治理主体，政府、社会组织、行业企业之间应当在平等的地位上参与协商。混合所有制高职院校治理民主化表现在：一方面，尊重且支持民主参与，同时，切实保障师生在治理中的主体地位；另一方面，还要发挥社会相关组织及利益群体的监督职能，从外部监督、履职考察的角度落实民主管理监督。

（三）建构联动高效的现代治理机制

高职院校作为一个利益相关者共同治理的社会组织，在实现高职院校的协同治理即可持续发展中发挥着重要的作用。然而现实之中，多方利益相关者参与高职院校治理并未落到实处，表现为：一是行业企业参与高职院校办学的方式还主要局限在提供专业设置、课程教学改革咨询和校外实践岗位等方面，而作为高职院校协同治理结构中核心利益者的身份并未真正体现在高职院校的决策、管理甚至是课程教学的改革之中。因此，行业企业在高职院校治理中依然没有话语权；二是学生和家长参与高职院校治理的范围与地位受限，理论上，高职院校应尽可能确保学生全面、全员、全方位地参与到学校治理的各项工作。但实际上，学生能够参与的范围一般局限在教育教学事务、条件保障事务等方面，而事关学校发展的核心问题则很少让他们插足；三是高职院校专业管理人员缺失、管理者自身能力素质不强以及校内优秀人才的流失等都导致了高职院校治理机制缺位。因此，为实现高等职业院校的最佳协同治理效果，必须确保各主体的积极参与，在良好协商、信息交互、职责明确的基础上发挥各自优势作用，共同提升运营管理水平。

1. 多元高效的协商机制是混合所有制高职院校协同治理的主要运行机制

高职院校多方利益者之间的互动交流因为协商机制的缺失而流于形式，缺乏实质性效果，自然难以形成有效协商的链条。因此，当前高职院校构建多元高效的治理协商机制可以通过政府、社会和高校协商平台以及教师、学生和高校的协商平台来实现。第一个协商平台可以采用董事会、理事会等形式，为来自政府、社会和学校的各方代表提供在决策咨询以及合作办学方面进行协商交流的平台，并将董事会的决策意见作为高校治理的重要参考依据。第二个协商平台可以通过师生党支部、工会、学生会等组织机构做好师生群体的利益诉求征集、利益协调等工作，确保师生权益得到良好维护，师生参与学校事务的管理渠道畅通。

2. 动态完善的信息机制是混合所有制高职院校协同治理的重要导向机制

高职院校协同治理需要兼顾不同利益主体的利益需求，这也是我国高职院校体制改革的基本任务和要求之一。基于大数据时代的宏观环境，不同主体将呈现出更加显著的利益差异，从而对协同治理的整体水平提出了更高要求，也对信息分析工作水平提出了更高要求。第三方评价机构可以在一定程度上保障高等职业教育中的信息安全，避免信息失真和泄露的风险，为建立动态完善的信息机制和公开机制保驾护航。同时，先进信息技术的发展也应在注重信息安全技术研发的同时，建立健全信息的内外监管机制，确保信息真实、安全、有效。

3. 权责一致的责任机制是混合所有制高职院校协同治理的重要保障机制

责任作为高等职业院校协同治理的基本要素之一，对实现良好的治理具有举足轻重的作用。宪法和法律赋予人们的核心利益就是在其许可的范围内行使权利并承担义务。因此，高等职业院校的管理权、办学权和评价权与其相应的责任应该一致并达到高度匹配。然而现实中有责无权、有权无责、权重责轻等权责不一致的情况比比皆是。为保障混合所有制高职院校协同治理的健康运行，就要避免此类情况的发生，推行绩效评估、绩效诊断和绩效问责，对混合所有制高职院校协同治理的一致性、协调性和整合性进行评估，并针对绩效目标寻找差距提出整改意见，最后结合绩效评估结果，向政府教育部门、学校以及社会反馈，充分认识到在混合所有制高职院校中的成就和不足，开展问责行动。

（四）创建工学结合人才培养体系

高职院校工学结合的人才培养模式需要政府、企业行业以及学校等多元系统的参与支持。然而，目前我国高职院校工学结合的人才培养模式还存在一定的困境，致使最终实施时它的价值没有得到充分体现。第一，工学结合人才培养的支持体系尚未真正确立。高等职业教育作为一种全新开放的教育类型，在发展过程中不可避免地要受到政府的统筹、行业的指导以及企业的参与在人才培养方面的影响，并要提高职业院校在人才培养的“目标设定、课程设置、过程监管、结果测评”等重要环节的针对性和有效性。第二，工学结合人才培养的主要瓶颈是体制机制不健全。一方面学校缺乏与企事业单位合作的组织构建和合作制度，导致绝大部分企业只着眼于眼前利益，将接纳学生实习作为弥补企业员工短缺的简单劳动力需求，缺乏长期的合作计划；另一方面学校自身的组织结构不适应职业教育实践性、开放性的需求。第三，工学结合人才培养的主要症结是课程层面的系统设计缺失。无论是内容的选择还是课程实施的方法、手段，传统的课程模式都不再适应工学结合的需求；课程改革缺乏系统设计，仅在内容的整合、形式的调整上做一些形似而神不似的课程改革；实践学时的增长与学生操作技能的提升不成正比，难以符合工学结合的人才培养模式的要求。因此，以协同治理理论为指导，构建混合所有制高职院校的人才培养质量保证体系意义非凡。①

1. 以培养目标为核心，切实保障人才培养的质量标准

无论是政府、企事业单位、高校自身甚至家长都一直在关注着高等职业院校人才培养的质量，这也从不同角度诠释了高等职业院校人才培养质量的重要性。因此，学校不仅要紧密结合社会发展的需求实时修订人才培养方案，在确保学生理论知识水平的同时也保证其良好的应用能力和实践能力，不断提升学生的综合素质。课堂教学作为实施人才培养方案的基础，学校应该根据不同专业、不同课程以及不同学生的实际制定培养方案的实施标准和考核目标，在人才培养的全过程中追求质量理念，更好地服务于高素质实用型人才的培养。

2. 提升课堂教学质量，切实发挥人才培养主渠道的作用

课堂作为人才培养的主渠道，是高质量人才培养的重要保障。高等职业院校要建立课程教学质量监控机制，狠抓课堂教学，同时抓好学风建设与教风建设。前者以学生为对象，引导其端正学习态度与保持学习热情，充分保证教学质量；后者则以教师为对象，要求其不断提升创新能力与教学水平，推动课程改革、教学模式改革发展。课堂教学质量保证体系的构建，对教学督导组、教学管理干部、学生教学信息员的工作职责进行了明确界定，并在相互之间建立起有效的信息共享和关联机制，这对于学校学风建设、教师教风改进和教学学术水平的改善与提升具有重要作用。

3. 打造“抓基础、重实践、求不同”的人才培养模式

科学合理的人才培养模式是教学质量的重要保证。对高职院校而言，人才培养的目标是为社会提供高素质、专业化、实用型的人才。这一培养模式有效促进了学校人才培养活动与地方社会发展的协同，更加贴近地方社会现

① 姚金叶．工学结合人才培养模式的实践探索［D］．武汉：华中科技大学，2008.

实需要。因此，高职院校应当树立科学的发展理念，打造特色人才培养体系，充分体现其专业优势和发展特色，实现专业教育与素质教育的科学结合，实现专业课程的科学开发与合理设置，根据社会需求确定人才培养计划，实现学生在学校学习与社会实践的无缝对接，全面提升学生的创新能力与适应能力，在满足企业用人需求的同时实现自身科学发展，全面提升学生的文化素质与专业素质。

五、多元博弈：分析框架构建

问题是一切分析框架的出发点，基本问题是所有研究的基本前提和纲领性文件。本研究基于混合所有制高职院校治理主体之间失调、在协同治理过程中功能性差距拉大、治理内容结合度不够高等问题出发，建构分析框架，厘清逻辑基础。

（一）关键问题及其审思

基于多元博弈的协同治理问题，主要是指协同治理过程中间性关系的冲突与调和、博弈与均衡的关系问题。

1. 协同治理主体之间的冲突与调和问题

各主体社会角色与分工、功能与作用发挥、立场观点与诉求均存在差异，高职院校协同治理主体之间存在着文化主体价值冲突问题，问题的表征、问题的解决、问题的归因等，均是探讨、分析问题的基础。协同治理主体的价值冲突主要体现在价值理念冲突、思维方式冲突和行为模式冲突三个方面。不同的价值观念与诉求又使得各方利益主体在面对利己与利他的抉择中形成冲突。另外，由于各主体的思维方式不同，协同治理发展统筹在主体思维方式和行为模式上均产生矛盾。在治理主体统筹发展过程中，各个治理主体之间由于受不同文化理念的影响，各自在外在形态上往往出现竞争或排他的行为，而这与职业教育与经济社会和谐发展的目标大相径庭，导致价值理念与文化塑造无法与各主体之间的发展相融合。而以上问题的核心在于博弈主体的间性关系问题，即协同治理主体之间的独立及依存问题，核心体现在以下两方面：首先，各治理主体之间在关系层面上是彼此独立的，但是在一定的价值观和规则的统领下，有一定的交叉和融合，独立存在的形式如何以最有效的力量与其他子团体进行融合，体现出一定的秩序性和主导性，是需要思考的问题。其次，协同治理主体之间的依存关系存在一定的规则边缘化和责任界限不清，主要表现在主体过分依赖或者绝对独立，在权责方面划分存在等级的不明确，如何在把握宏观的治理主体之间的彼此独立性前提下更加充分地发挥依存合作的力量是一个亟待解决的问题。

2. 协同治理过程中“博弈”与“均衡”问题

协同治理主体之间的合作是有序有效进行教育统筹的关键。而在协同治理过程中却出现各个利益主体之间的共赢性合作与利益性竞争问题，这同时出现在宏观统筹与微观协同过程中，在追求利益过程中忽略了秩序规范问题。高职院校各治理主体之间因利益需求不同，各自秉持着自身利益最大化的原则而忽视他方利益，往往是在“冲突”中寻求形式化的“和谐”。各个治理主体之间在协调统筹过程中顾此失彼，相互之间在一种缺乏合作的意识中艰难前行，以致在相互协调统筹过程中出现发展失序问题。对此类“失序”问题进行归因分析，其核心原因在于协同治理主体之间的整体性割裂和持续性不足，突出表现在以下两方面：首先，协同治理过程中不同主体之间仍然存在比较突出的整体割裂性问题，尚未形成科学、稳定的协同关系，因此无法有效协调不同主体利益与资源要素，导致不同主体之间的行为缺乏联动性与合作性。① 各要素均处于无序与孤立运行的状态，缺乏从“纵向与横向”相结合的视角全景式看待问题。其次，协同治理统筹发展过程中的持存性断层问题主要体现在各治理主体没有从职业教育系统整体以及各组成部分的关系来考量持存性的问题，对系统的发展缺乏全面的设计以及长远的考量，从而致使协同治理效果面临短期效应与短期发展的危害。对高职院校混合所有制改革事业而言，不同主体的良性关系是协同治理目标实现的重要前提。然而，在协同治理统筹发展的实践中出现了治理主体之间关系共生失衡的问题，而治理主体之间的失衡，势必会导致职业教育在统筹发展中问题丛生与效率低下。各个治理主体之间处于适宜的生态位才能更好地实现统筹发展。然而在协同治理过程中，各个治理主体之间往往处于不适宜的极端的生态位关系中，主要表现在彼此之间的关系失衡或者认识偏差，在需求关系上存在依存或者寄生的倾向。

---

① 金本能，李柱梁．新发展理念引领下职业教育的发展路径［J］．河南科技学院学报，2018，38（06）：1-5.

3. 协同治理模式的构建与优化问题

在研究分析高职院校混合所有制改革及协同治理问题的基础上，构建协同治理模式的基本板块。一是完善政府主导、社会参与的统筹机制。作为外部治理的主体，政府与社会在打造混合所有制高职院校治理生态、营造治理文化、建构法治基础中发挥着最为核心的作用，政府主导、社会参与的统筹机制在协同治理中的行为力度与协同效应呈现规律性关系。真正发挥政府的主导、协调作用，能够最大程度挖掘社会参与的核心意愿，为多元主体营造良好的外部治理生态。二是深化多元主体诉求博弈的认同机制。通过问卷调查、数据分析发现，多元主体由于社会角色与分工的不同、利益诉求的不同，致使其在治理过程中博弈不断，适度的博弈能够充分整合多元主体的不同意愿，在试探各主体诉求的边界与极限中实现静态均衡，但多元主体的博弈需在共同的目标指引与理念引领下才能达成目标协同的最大化。因此，应充分深化多元主体诉求博弈的协同机制，激励、引导多元主体在博弈中形成理念认同，进而促进理念对行为的引领作用。三是明晰多元主体权责关系的协调机制。混合所有制高职院校关涉多元参与主体，在协同治理生态下，建立治理主体权责明晰与协调的推进机制，能够有效助推混合所有制高职院校协同治理权责新秩序的建立。①

（二）分析框架构建的逻辑基础

协同治理过程中必然会涉及各主体之间的利益协调问题，而博弈理论是一种在特定条件下研究多人谋略和决策的理论。博弈理论在各个领域的应用中主要体现出三个基本特征：冲突、优化、均衡。在本研究中，主要表现在博弈参与者也是学校治理结构中的利益相关者间存在利益冲突；博弈理论的任务是解决博弈参与者间存在的利益冲突问题，从而达到优化；在博弈中，博弈各方均认可最后呈现结果的利益分配方式，最终实现结果是一个有“约束力的妥协”，从而达到均衡。在博弈模型的框架建构过程中，应遵循如下逻辑基础。

1. 教育学理论视野下的高职教育的价值与功能

高职教育的价值与功能问题是厘清所有本质性问题的前提和参照标准。首先，高职教育在发展过程中，由于受到工具理性的影响，过多强调效益功能的作用，对人性的关怀显得较为薄弱，没有充分体现以人为本的教育理念，这同

---

① 雷世平．我国高职院校治理结构存在的问题及其优化研究［J］．职教通讯，2013（10）：33-37，59.

教育与人的发展理论中强调的一切以人为中心的理念有一定的偏差，而教育与人的发展理论正好为解决高职教育中被忽视的人文关怀缺失问题奠定了一定的人文基础。其次，高职教育的社会功能并没有充分发挥出来，主要体现在高职教育的发展过程中存在明显的功能弱化或者意识偏差，在隐形的意识形态以及显性的实践行为过程中功能失调，教育与社会发展理论注重通过教育功能促进教育与社会发展之间的和谐互利发展，因此要解决高职教育的社会功能失调问题，教育与社会发展理论不仅指明了方向，也奠定了相应的理论基础。

2. 经济学理论视野下的高职教育治理主体之间的竞争与合作

首先，在高职院校中治理主体之间的非理性博弈问题，主要体现在协同治理过程中各利益主体之间存在的非理性竞争与博弈，而这样所造成的后果就是在协调配给方面存在各类资源浪费，这对利益主体来说是一种不良的关系，对整体的治理发展也存在一定的阻碍和抑制。共赢性博弈理论，其宗旨和目的是实现各个利益主体之间的“共赢”，达到利益最大化，其本质是一种理性的博弈，通过系统分析博弈规则，对博弈规则进行完善和强化，摆脱和消除非合作的无序竞争，最终实现“共赢”甚至“多赢”性的利益格局。为各利益主体之间的非理性博弈提供一种新的价值判断和利益导向。其次，治理主体之间的责任模糊分化问题主要表现在各个主体之间在协同治理过程中，在相互认同的规则框架下，对各自责任表达、承接以及在落实过程中出现的责任意识边缘化现象，在一定的责任边界表现得较为被动和消极。多中心治理理论认为强化层级节制、权责界限清晰、同一件事情必须交由一个部门完成的单中心统治未必能够保证或提高效率，只有多个中心在各自权限中系统开展，积极配合其他责任部门的规划落实，才能为高职院校各利益主体之间的协同治理提供一种责任明确的思路和方向。

3. 社会学理论视野下的治理主体之间的独立与依存

混合所有制高职院校的协同治理过程中存在的各自为政，主要表现在治理主体之间的无效或者弱效合作，不能成为统一的力量进行最优化最正向的发展。治理主体之间的行政单位以独立存在的形式在子团体中发挥作用，但并没有进行有效整合与统整。而社会学中的结构功能主义强调的是，由价值观和规范构成治理系统的基本结构，而治理系统的维持和存在，必须满足四种功能条件：“一是适应，确保治理系统所拥有的资源能够再次分配；二是目标达成，制定系统的目标和确定各目标的主次关系，并能调动资源和引导各治理主体去实现目标；三是整合，使治理系统各部分主体协调为一个起作用的整体；四是潜在模式维系，维持共同利益价值观的基本模式，并使其在系统内保持制度化，结构功能理论为弥补治理主体提供了价值导向，在一定程度上对冲突进行了淡化，同时加强独立治理主体之间的依存性。"①

4. 生态学理论视野中的要素之间的均衡发展

自由与共生失衡问题实际上反映的是高职院校的某些治理主体过度依赖某些客观影响因素，协同治理关涉政府、高职院校、企业、行业协会、社会组织等多个治理主体，过度依赖主要表现在，高职院校过度依附企业或者社会组织，几者间并没有形成和谐共生的存在发展。共生协同理论强调生物与其他生物走向联合，共同适应复杂多变的环境，互相依赖，各自获取一定利益，而这种共生式发展理念为混合所有制高职院校的协同治理发展奠定了理论基础，从而说明协同治理主体之间只有相互扶助相互联结，才能使得两者之间实现共生共荣式发展。以生态学理论为视域对高职院校的协同治理模式进行研究分析，可以将混合所有制高职院校的利益关系抽象理解为有机体同内外部环境之间的交互关系，在合作竞争的基础上实现稳定的协同关系从而实现共生共荣。基于生态学的协同治理问题研究就是探究政府、高职院校、企业、行业协会、社会组织等多个治理主体在各自发展中相互作用的机理，不同的治理主体通过正式及非正式的发展，将其关系抽象划分为若干"生态圈"，从不同层次、维度、角度出发对互动关系进行研究分析，从而明确不同主体各自不同的科学关联，为协同治理奠定良好认知基础②，在不同主体科学互动的基础上完成各项建设任务。

5. 文化学视野理论下的混合制高职院校协同治理的价值理念与特色

首先，文化主体的价值冲突问题主要反映了价值主体之间因追求各自利益最大化的需求而在价值理念、思维方式和行为模式中表现出彼此脱离并发生冲突的情况，而正是价值主体各方不能形成一致意见并采取一致行为，使得协同治理过程的协调困难重重。其次，人才规格的导向冲突问题主要因文化主体各自秉持的价值理念不同，以致在人才培养规格上和人才培养质量上产生背离和冲突。最后，特色理念的引领冲突问题实际上反映的是在协同治理过程中，不

① 杜楠．功能主义视角下的达斡尔族萨满民间仪式：以莫力达瓦达斡尔族自治旗为例［J］．四川民族学院学报，2018（06）：40-45.

② 杨小微．从课程再造到诗意生长：见证松山湖中心小学在变革中成长［J］．中国教师，2016（04）：23-26.

同的治理主体由于受不同文化理念的影响，治理主体在协调和统筹发展过程中的外在形态上往往出现竞争或排他行为。

理念往往代表着事物发展的方向，理念不适应必然导致发展走上弯路，使事物发展困难重重。文化适应理论强调在一定的时空条件下，主体的行为要与特定的自然生态环境和文化环境相适应，以求在相互作用、动态平衡中追求共同发展。高职院校的协同治理发展势必要与不同区域、不同领域的文化在长期的接触交往中，通过互相影响、互相协调，在追求动态平衡中实现共同整合。另外，文化整合理论强调文化在由简至繁的每一个层次上都应当按照一定的秩序在结构上相互联系、在功能上相互协调，从而使不同的文化要素、文化系统相互适应、吸取、协调而趋于和谐或统一为整体。协同治理的主体在统筹中，无论是文化主体的价值冲突、文化规格的导向冲突，抑或特色理念的引领冲突，说到底均是治理主体在统筹中，各文化主体、文化要素和文化系统之间没有按照一定的秩序进行相互适应并趋于和谐统一，从而导致的文化冲突问题。

6. 系统科学理论视野下的职业教育统筹发展的整体性和持续性问题

系统科学视野下自组织与他组织理论重在研究自组织系统的形成和发展机制问题以及其他系统对其的作用问题。首先，自组织理论强调系统作为一个整体，其内部各要素相互协作而推动系统的发展。然而在现实中却存在着协同治理主体之间的整体割裂问题，自组织理论的整体发展观则正好对解决协同治理主体之间的整体性割裂问题起到了方向引领作用。其次，自组织与他组织理论强调系统自身能够从无序走向有序，并从低级有序走向高级有序。而在高职院校治理主体协同治理统筹发展实践中却存在着各个治理主体系统内部以及与其他系统之间出现有序性缺失问题。诚然，自组织理论强调系统自身只有不断地从无序走向有序才能有持续发展演变的动力，因而从无序到有序、从低级有序到高级有序的发展模式为解决协同治理发展统筹中存在的有序性缺失性问题提供了理论依据。最后，自组织与他组织理论强调系统自身作为一个自组织，其他系统相对于其为组织系统，并重在阐释自组织系统与他组织系统之间的相互作用原理以及两者和谐共处以便更好地发展。在协同治理统筹发展中，若将单个的治理主体作为一个自组织系统，其他各层面作为他组织系统，单个治理主体系统却与其他系统之间没有形成发展的持续性，自组织与他组织理论正好为单个治理主体系统与其他系统之间实现和谐共处，并走向可持续发展提供了学理支撑。

本章小结

本章界定了混合所有制高职院校协同治理的相关概念，运用制度经济学的方法分析了混合所有制高职院校办学模式的历史变迁，总结提炼了混合所有制高职院校办学模式的主要类型，并对两个典型案例进行了深入剖析。基于对混合所有制高职院校的基本研究，抽离出协同治理的内涵与本质特征，进而挖掘出混合所有制高职院校协同治理的价值诉求，并提出了多元博弈分析框架的构建，为后续研究奠定了扎实的分析基础。

第二章　混合所有制高职院校协同治理的现实扫描

本章将在总结混合所有制高职院校发展过程以及现存模式的基础上，借鉴运用社会学研究方法中的社会调查研究方法，严格遵循“设计问卷、展开调查、分析数据，得出结论”的研究范式和程序，对各主体参与混合所有制高职院校的改革意愿、治理结构、治理规则、治理关系以及治理参与展开多维度的实证分析，着重深入剖析混合所有制高职院校协同治理中存在的问题以及产生这些问题的具体原因。

一、混合所有制高职院校协同治理调查问卷的设计

（一）问卷设计

在调查问卷的设计上，本研究主要借鉴了德尔菲法完成对初始问卷的拟定。根据研究需要，本次问卷调查的对象分别选择了职业教育领域的教授（3 名）、博士后（1 名）、博士生（3 名）、在校教师（3 名）及 3 位参与高职院校混合所有制的企业负责人共同组成了 13 人的专家小组，对参与意愿、治理结构、治理规则、治理关系、治理参与等进行具体征询，在精细拟定、筛选的基础上，初步确立了高职院校和企业的初始问卷条目（见表 2-1 和表 2-2）。为了对高职院校进行混合所有制改革意愿、改革参与情况进行调查分析，本研究将对 20 个混合所有制高校展开调查，发放问卷 300 份，收回有效问卷 276 份。为了进一步调查了解企业参与高职院校混合所有制建设的意愿和行为动机、参与程度、政策需求等，我们选择了 30 个企业展开调查，发放问卷 210 份，收回有效问卷 193 份，并对企业参与的相关方面进行了分析。

表 2-1 混合所有制高职院校治理情况初始问卷条目（院校版）

问卷名称	初拟维度	编号	原始项目
混合所有制高职院校治理情况初始问卷条目（院校版）	参与意愿	Q01	参与混合所有制改革的意义
		Q02	最关心混合所有制方面的政策
	治理结构	Q03	混合所有制办学类型
		Q04	我校混合所有制学校法人登记类型
		Q05	学校治理机构设立情况
		Q06	公有资本比例
		Q07	公有资本举办者出资方式
		Q08	私有资本举办者出资方式
	治理规则	Q09	混合所有制办学政策法规完善度
		Q10	学校重大决策权问题
		Q11	学校的财务管理权归属情况
		Q12	学校实行学生代表大会制度情况
		Q13	学校实行教师代表大会制度情况
		Q14	学校教师享受公办教师相同待遇情况
	治理关系	Q15	贵校混合所有制办学党组织设立情况
		Q16	学校设立的监督机构情况
		Q17	监督机构的产生办法
		Q18	学校教职工编制归属情况
	治理参与	Q19	与公办学校的同等待遇落实情况
		Q20	党组织班子成员进入学校决策机构的程序写进学校章程情况
		Q21	混合所有制办学董事会（理事会）成员的遴选办法
		Q22	董事会（理事会）的构成
		Q23	我校混合所有制办学的举办者个数
	运行绩效	Q24	与公办高校相比，您认为混合所有制的办学优势
		Q25	与公办高校相比，混合所有制的办学局限性
		Q26	混合所有制运行绩效问题
		Q27	学校各办学主体之间合作的顺畅度

表 2-2 混合所有制高职院校治理情况初始问卷条目（企业版）

问卷名称	初拟维度	编号	原始项目
混合所有制高职院校治理情况初始问卷条目（企业版）	基本情况	Q28	企业产权类型
		Q29	企业业务类型或经营领域
		Q30	企业对高职院校学生的需求情况
		Q31	高职院校学生对企业需求满意度
	参与意愿	Q32	对混合所有制的认知程度
		Q33	参与混合所有制高职院校改革试点意愿
		Q34	参与混合所有制高职院校治理的顾虑
		Q35	不想与其他资本合作的主要顾虑
		Q36	参与混合所有制改革对于企业的发展意义
		Q37	参与高职院校混合所有制改革对企业的主要作用
	参与方式	Q38	了解混合所有制高职院校的具体分类情况
		Q39	如参与混合所有制高职院校改革，希望以何种方式参与高职院校合作
		Q40	推进企业参与混合所有制高职院校改革应从哪些方面着手
	政策支持	Q41	最关心混合所有制哪方面的政策
		Q42	混合所有制改革面临的最严峻法律挑战
		Q43	了解相关法律规则的渠道来源
		Q44	是否设有专门的法律相关部门或聘请法律顾问

（二）问卷信效度检验

初始问卷编制完成后，本研究在小范围内对院校版和企业版的初始问卷进行了预测，而这一阶段的工作主要包括对问卷的项目分析，以及对问卷的信效度检验，分析主要采用 SPSS20.0 为分析工具。

在项目分析中，本研究采用了每个项目的临界比值（Critical Ratio 也称 CR 值），并以此判断各题项的区分水平。具体操作流程为：根据测验总分，分出高分组和低分组，在分组情况下求高低两组在每个题项上平均数差异的显著性，项目分析后将未达到显著性水平的题项删除，增强量表有效性。经过分析发现，所有题项均达到指标的显著性水平，能够有效鉴别不同被试者的反应程度，从而得到正式的混合所有制高职院校协同治理调查问卷（高职院校）（见附录 A）、混合所有制高职院校协同治理调查问卷（企业）（见附录 B）。

问卷试测后，本研究对问卷的信效度进行了检验。在信度检验方面，本研究采用 Cronbach Alpha 系数来进行检验。通过 SPSS20.0 统计软件对问卷的信度进行检测，院校版问卷总项目的内部一致性 Alpha 系数为 0.812，企业版问卷总项目的内部一致性 Alpha 系数为 0.796。在行为及社会科学领域，信度指标要在 0.6 以上，若低于 0.5 则信度指标欠佳①。由此，以上两问卷的信度达到要求，足以反映所得数据的可信度。效度主要是指有效性，即为度量方式或工具对测量对象度量的准确度。本研究通过 KMO 和 Bartlett 的检验分析测度问卷效度，其中，院校版问卷 KMO 值为 0.879，并且 SIG 值为 0.000；企业版问卷 KMO 值为 0.903，并且 SIG 值为 0.000，说明差异显著，效度较高。

二、混合所有制高职院校协同治理调查问卷的分析

本章具体以混合所有制改革关联主体为研究对象，研究分析混合所有制改革对高职院校的影响作用和院校发展状况。从政府的角度来看，混合所有制仅是高职院校的一种特殊类型。此类院校的出现和发展，不仅能够有效缓解政府财政资金压力，也能够显著提升社会资源整合利用水平。而实现混合所有制改革的科学与稳健发展，将成为政府改革发展的重要举措之一。② 因此，本部分在探讨高职院校混合所有制改革情况时，主要从高职院校和企业两个主体来进行分析。

（一）高职院校的实证分析

为了对高职院校进行混合所有制改革意愿、改革参与情况进行调查分析，本研究调查了相关混合所有制高职院校。从调查对象的身份与职位来看，其中院系领导、普通教师占比较大（图 2-1），样本涉及的高职院校参与人较为全

---

① 吴明隆．问卷统计分析实务：SPSS 操作与运用［M］．重庆：重庆大学出版社，2018：248.

② 张啸宇．高职院校混合所有制改革动力机制研究：基于行动者网络理论的视角［J］．教育发展研究，2018，38（11）：55-60.

面，能够从教学、管理各方面反映实际问题。

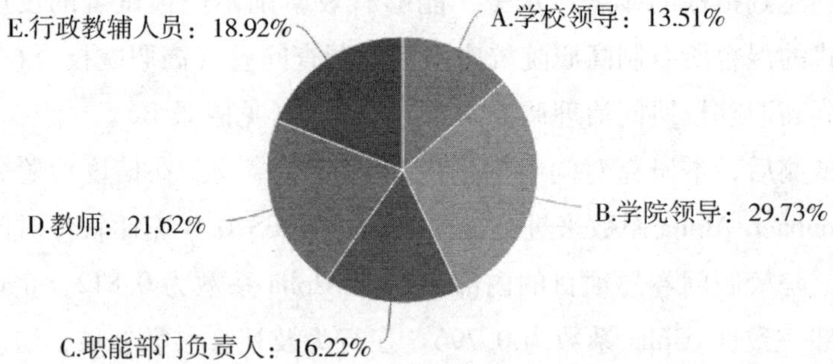

图 2-1 混合所有制高职院校调查（院校版）对象来源

1. 改革意愿情况调查

从我们对调查院校走访来看，混合所有制高职院校改革大多处于起步阶段，大多高职院校表示院企双方达成合作后，能够从与企业的合作中实现办学资金、人才培养以及就业方面的提升。我们进一步通过问卷调查方式考察了高职院校对混合所有制改革意义的认识，通过设置问题“从贵校的发展角度来看，您认为贵校进行混合所有制改革意义如何？”来回答这一问题。图 2-2 的结果显示，认为混合所有制改革意义非常大和比较大的分别占比 38. 89%和 30. 55%，说明大部分高职院校都赞同混合所有制改革带来的利好，认可混合所有制改革的积极影响，也有很大的意愿进一步推动混合所有制改革建设。

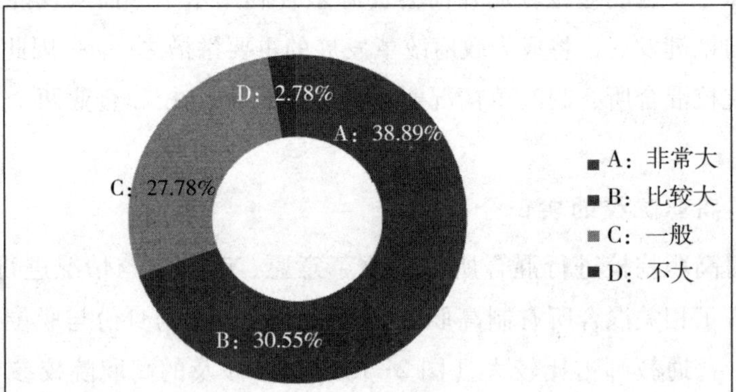

图 2-2 混合所有制高职院校对改革的认同度

2. 治理结构情况调查

从我们的受访对象来看，由于我们调查的高职院校公办性质的占据多数，因此我们调查的混合所有制改革高校中有41.04%的属于公办院校引入社会资本。同时，对高职院校而言，既盼望与企业的深度合作，又担心混合所有制的合作形式会削弱校方的控制权，甚至发生国有资产流失的风险，因此院校更倾向于进行小规模的、项目化的或者是举办二级学院层面的混合所有制（通常的小混合），在我们调查的高校中有一半的高职院校混合所有制改革主要体现为混合举办的学校二级学院（图2-3）。

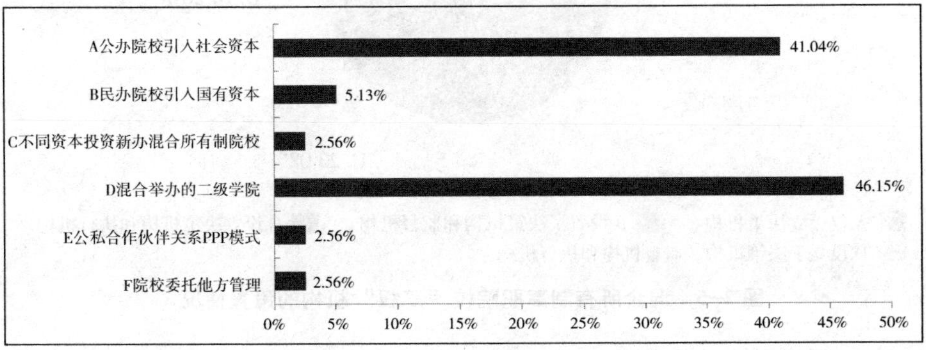

图2-3 混合所有制高职院校（院校版）的混合形式

法人登记是法律规定的取得法人资格的程序之一，也是国家对法人进行统计、监督的重要手段。对混合所有制高职院校而言，法人登记的类型是对院校身份的“官方”认可。然而在实际调查中，有近1/3的院校并未登记（图2-4），这不仅暴露了院校对法人资格获取不够重视，而且说明相关政策监管存在漏洞。

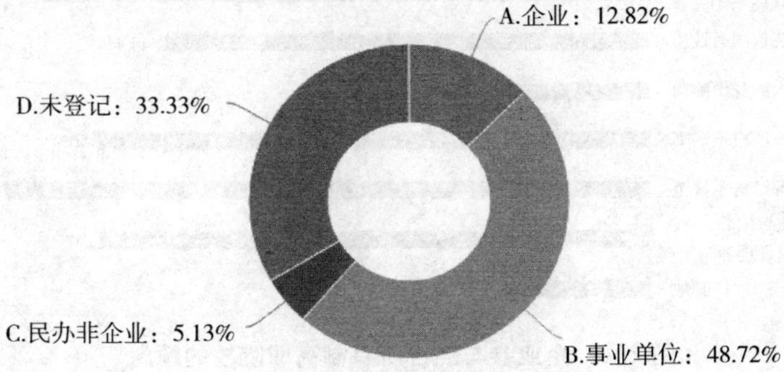

图2-4 混合所有制高职院校法人登记类型

决策、执行与监督是相互制衡与牵制的三大机构，然而在混合所有制高职院校治理中，三权机构的设置中46.15%为全部设置、23.08%仅设置了决策机构和执行机构，未设置监督机构（图2-5）。由此可知，在机构设置的谋划上，存在重决策执行轻监督评价的现象。

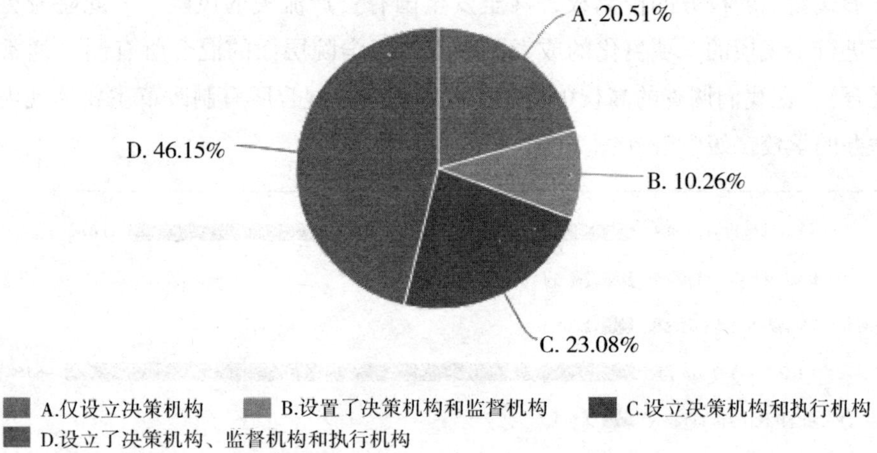

图2-5 混合所有制高职院校“三权”机构的设置情况

3. 治理规则情况调查

如图2-6所示，虽然《国务院关于加快发展现代职业教育的决定》明确提出了探索发展股份制、混合所有制职业院校，允许以资本、知识、技术、管理等要素参与办学并享有相应权利，但仍有超过一半的企业领导认为存在法律法规制度与配套政策措施体系不完善以及治理结构方面的不规范，导致其在参与混合所有制高职院校建设方面存在顾虑。

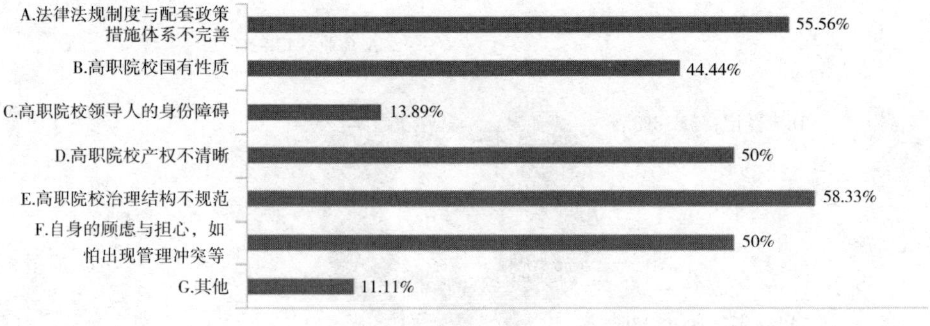

图2-6 企业参与混合所有制高职院校的顾虑

在我们的问卷中关注了调查对象“您现在最关心哪方面的政策”，图 2-7 的调查结果显示，财政投入和扶持政策、学生资助政策、教师待遇政策、分类收费政策、奖励补偿政策、融资政策、土地与税收优惠政策等方面都受到了混合所有制高职院校领导和教师的普遍关注。这显示了目前在混合所有制改革过程中，政府很多时候存在失位和缺位的问题。

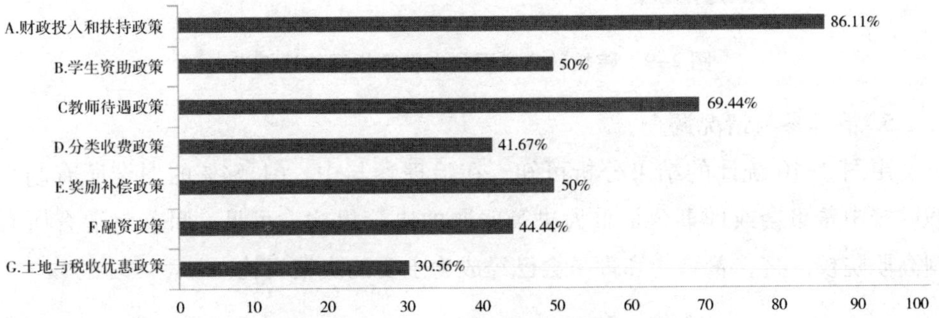

图 2-7 混合所有制高职院校关注的政策

4. 治理关系情况调查

如图 2-8 所示，本研究设置了混合所有制院校教师编制归属情况调查，由统计分析可知，有 56.41%的教师仅属于事业编制，这与“公办院校引入社会资本”占比较大的治理结构相吻合。将其与“院校教师享受公办教师相同待遇情况”（图 2-9）进行对比分析可知，仅有 35.9%的混合所有制高职院校教师可以完全享受公办教师相同待遇。由此可见，参与混合所有制办学的各主体间关系仍存在难以逾越的鸿沟与障碍。

图 2-8 院校教师编制归属情况

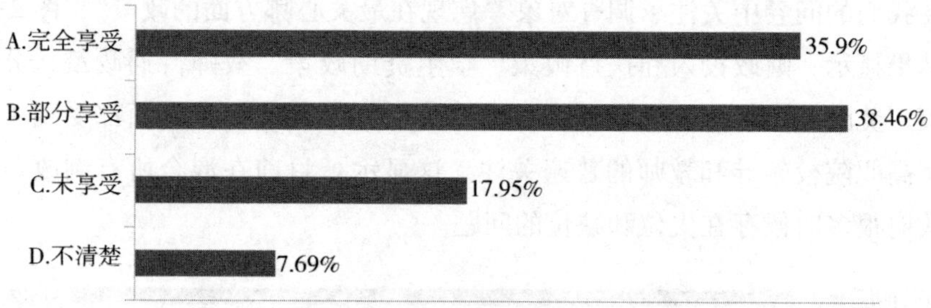

图 2-9　院校教师享受公办教师相同待遇情况

5. 治理参与情况调查

由图 2-10 统计的结果分析可知，在治理参与中，61.54%的混合所有制高职院校中董事会或理事会是重大决策问题的决策机构。可见，目前对混合所有制高职院校而言，董事会和理事会已经成为主要的决策机构。

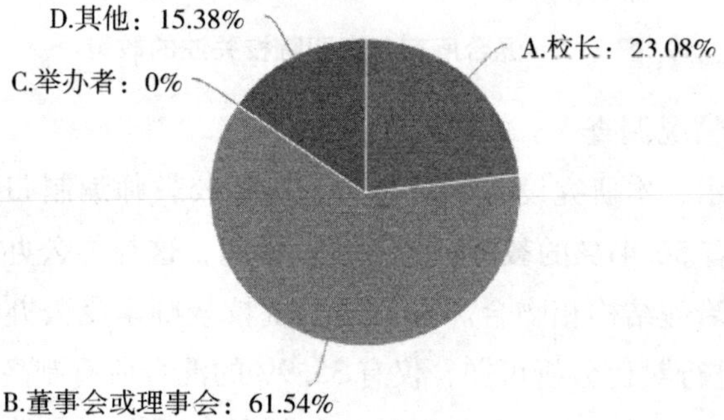

图 2-10　"院校重大决策问题通常由谁决定"调查结果

6. 运行绩效影响因素的实证分析

本研究将尝试考察影响混合所有制高职院校运行绩效的主要因素。对于混合所有制高职院校的运行绩效，基于问卷设计，以问题"推行混合所有制改革以来，贵校的运行绩效如何?"得到的答案来构建运行绩效变量 Y，当调查对象回答"非常差""比较差"则赋值为 1，回答"一般"则赋值为 2，回答"比较好"以及"很好"时则赋值为 3。由于运行绩效变量属于有序因变量，本研究采用有序 Logistic 模型来估计影响混合所有制高职院校运行绩效的因素。

在设计影响混合所有制高职院校改革绩效的具体因素时，纳入了 5 个因素变量。首先，研究纳入了"您认为目前混合所有制办学政策法规是否完善?"来衡量法律完善程度 law，当调查对象认为不完善时赋值为 0，认为完善时则赋值为1。其次，本研究把混合所有制高职院校的政策扶持情况纳入模型，以问题“与公办学校的同等待遇是否得到落实?”作为衡量政策扶持情况的变量 policy，回答为“否”则记为0，回答为“是”则记为1。随后，本研究控制了国有资本持股比例变量 rate，问题为“学校公有资本比例是多少?”当受访者回答“公有资本占比30%以下”“公有资本占比30%~50%”“公有资本占比51%~80%”以及“公有资本占比80%以上”时分别赋值为1、2、3和4。进一步，本研究还控制了混合所有制高职院校的内部治理情况变量 inner，问题为“学校治理结构设立情况属于?”如果学校仅设立决策机构则赋值为1，学校设置了决策机构和监督机构或执行机构则赋值为2，如果学校同时设立了决策机构、监督机构和执行机构则赋值为3。最后，本研究还纳入了学生权益保护情况，以问题“学校是否实行学生代表大会制度?”来刻度变量 student，如果回答为“没有”则赋值为0，回答为“有”则赋值为1。

根据有序 Probit 模型的估计方法，我们一般需要对因变量进行正态化处理，重新划分区间：

$$Y^{+}=\begin{cases}1 & y' \leqslant \lambda_1 \\ 2 & \lambda_1 \leqslant y' < \lambda_2 \\ 3 & y' \geqslant \lambda_2\end{cases} \tag{2-1}$$

正态化处理之后，我们便可以利用最大似然法进行参数估计，表2-3报告了相应的参数估计结果。

表2-3　混合所有制高职院校运行绩效影响因素检验

	OLS 模型		Probit 模型	
	系数	t 值	系数	t 值
law	0.1055	1.18	0.1325	1.00
policy	0.2317**	2.16	0.3011*	1.72
rate	0.0865	1.03	0.1076	1.05
inner	0.2410*	1.72	0.2477**	2.20
student	0.1254	1.55	0.1471	1.63
常数项	0.6825***	2.86	0.4526***	3.14
R^2	0.3054		0.1849	

注：*、**、***分别表示在10%、5%和1%水平上显著。

表 2-3 报告了混合所有制高职院校运行绩效影响因素的实证检验，为提高实证结果的可靠性，我们分别基于 OLS 模型和 Logistic 模型进行估计。表 2-3 的估计结果显示，law 变量估计系数不显著，这并不符合我们的预期。这主要是由于混合所有制高职院校建设还处于探索阶段，尚有很多法律制度不够完善，很多地方的混合所有制建设都存在法律规章方面的障碍，因此大部分受访者都认为法律制度不完善，导致该变量的估计系数不显著。policy 变量估计系数显著为正，说明政府扶持力度的增加，特别是赋予公办院校同等的政府支持必然能够显著提升混合所有制高职院校的办学绩效。另外，表 2-3 中，无论是采用 OLS 模型抑或 Logistic 模型，inner 变量的估计系数都显著为正，这符合我们的预期。内部治理结构的完善，特别是设立监督机构来保证各主体能够有效履行自己的职责职权，并在各参与主体之间形成合力，能推动混合所有制高职院校绩效的提升。表 2-3 中，rate 变量的估计系数不显著，说明国有资本所占比例不是影响混合所有制高职院校运行绩效的关键因素。student 变量的估计系数也不显著，这可能是由于目前在高等学校的治理结构体系中，学生群体仍然处于弱势地位，因此即便设立学生代表大会制度，也难以充分发挥作用。

本研究的实证结果表明，在混合所有制高职院校的探索阶段，对于混合所有制高职院校建设给予相应的政府支持特别重要，不平等的政策待遇已经成为制约混合所有制高职院校运行绩效的重要因素。当然，混合所有制高职院校涉及多方主体，由于自身利益追求的不一致，还需要搭建合适的内部治理体系才能保证其高效有序运行。另外，我们的实证结果还在一定程度上揭示出目前混合所有制办学法律制度上的不完备，而这恰恰是进一步推动混合所有制高职院校发展的基础。

（二）行业企业的实证分析

基于社会责任理念，企业与高职院校合作办学的发展模式不仅能够为高职院校的创新发展注入新的活力提供新的资源，对参与企业而言也是一种难得的机遇。混合所有制办学模式的发展，会进一步提升企业的社会影响力与品牌知名度，从而为企业发展奠定更好的基础，显著提升企业的经营发展水平。对企业而言，其经济组织的主体特征使得利益成为其经营管理的根本目标，利润最大化也将成为其发展的动力。现行的发展政策也着重强调了企业参与高职院校建设的重要意义，鼓励企业通过资本投资、技术入股、受托管理等形式参与高职院校建设管理，与高职院校共担风险、共享收益。① 但是，在企业参与高职院校混合所有制办学中，客观上存在企业的逐利性与学校的公益性之间的背离，可能会影响混合所有制改革的发展。作为我国高等教育大众化发展的特殊产物之一，高职院校的出现填补了我国高素质、技术型人才培养的空白，其最初公办教育的特征决定了其公益性办学本质。这就表明了高职院校的基本定位仍属于人才培养、文化传承与科学研究。这种公益性的办学特征使得高职院校应当以非营利性的经营模式进行管理，高职教育也应当作为一种特殊的准公共服务，填补私人服务与纯公共服务之间的空白。但作为企业而言，特别是民营企业，其核心要求是在市场经济条件下获得合理的资本回报。为了进一步调查了解企业参与高职院校混合所有制建设的意愿和行为动机、参与程度、政策倾向等，我们选择了 30 家企业展开调查，发放问卷 210 份，收回有效问卷 193 份，并对企业参与的相关方面进行了分析。

1. 参与意义情况调查

从图 2-11 可知，当问及“参与混合所有制改革对于企业的发展意义大吗”问题时，有约 80%的调查对象认为参与改革意义较大，由此可知调查对象对混合所有制改革的认同度非常高。具体分析混合所有制改革对企业的主要作用可知（图 2-12），“培养所需要的人才”“获取利润”“增强竞争力”是认同度最高的。

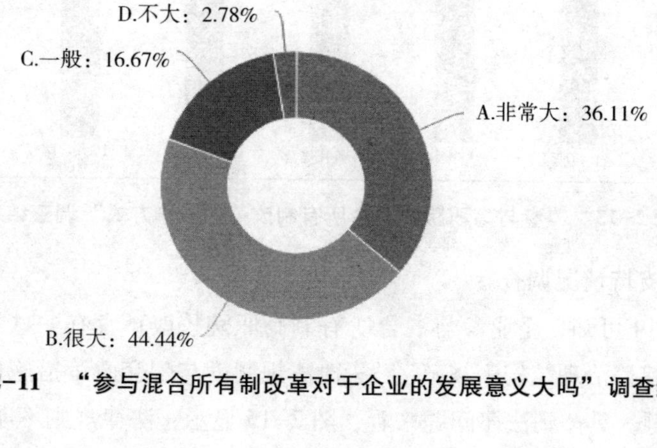

图 2-11 “参与混合所有制改革对于企业的发展意义大吗”调查结果

① 侯晓华．高职院校混合所有制改革现实困境与破解路径研究［J］．教育现代化，2019（40）：218-221.

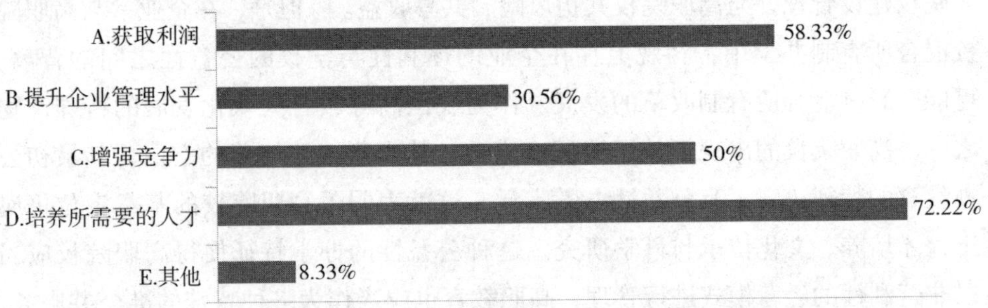

图 2-12 "参与高职院校混合所有制改革对企业的主要作用"调查结果

2. 参与方式情况调查

由图 2-13 可知，通过对"参与高职院校混合所有制改革的合作方式"的调查，其中 41.67%的企业支持共同投资新办院校，38.89%的企业支持参股方式，27.78%的院校支持其他方式，25%的院校支持委托经营。

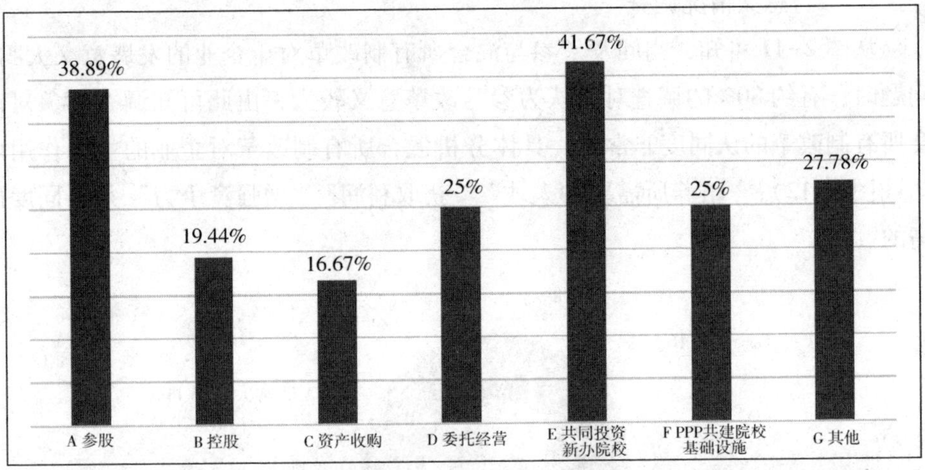

图 2-13 "参与高职院校混合所有制改革的合作方式"调查结果

3. 政策支持情况调查

由图 2-14 可知，企业参与混合所有制高职院校改革存在一些顾虑或障碍，其中"高职院校治理结构不规范""法律法规制度与配套政策措施体系不完善"是主要的问题。具体到法律问题来看，图 2-15 显示，法律规则不明确、法律缺失是比较严重的问题。

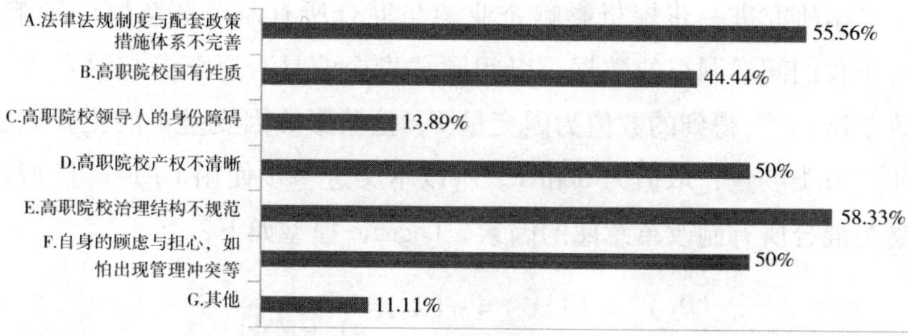

图 2-14 “参与混合所有制高职院校改革的主要顾虑或障碍”调查结果

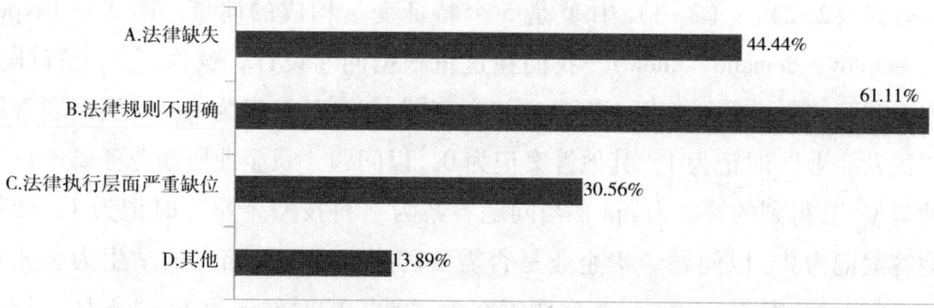

图 2-15 “混合所有制改革面临的最严峻法律挑战”调查结果

4. 参与意愿情况调查

在我们的问卷中，我们设计了问题“贵企业是否愿意参与混合所有制高职院校改革试点?”从受访者对这一问题的回答结果来看，80.56%的企业高层领导表示愿意参加混合所有制高校试点（图 2-16），说明在国家支持推动下，企业结合自身需要，对参与高职院校混合所有制改革持积极态度。

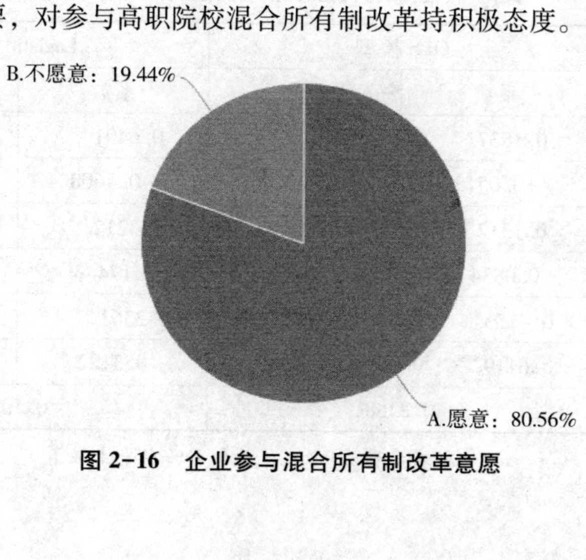

图 2-16 企业参与混合所有制改革意愿

接下来本研究进一步探析影响企业参与混合所有制改革意愿的影响因素。我们将基于我们问卷调查的数据，以问题“贵企业是否愿意参与混合所有制高职院校改革试点?”得到的数值为因变量 Y，检验影响因变量 Y 的主要因素。由于 Y 属于二分类变量，取值为 0 和 1。所以本文进一步使用 Logistic 模型估计影响企业参与混合所有制改革意愿的因素。Logistic 模型如下：

$$P(Y_{ij}=1 \mid X_j)=\pi(X_j)=\frac{1}{1+e^{g(X_j)}} \tag{2-2}$$

$$g(X_j)=w_0+w_1x_{1j}+w_2x_{2j}+w_3x_{3j}+w_4x_{4j}+w_5x_{5j}+\gamma_j \tag{2-3}$$

公式（2-2）、（2-3）中 X 是 5 个特征变量构成的向量，即 $X=$（type，ope，employ，demand，know）。我们在这里根据问卷设计，选择了 5 个特征变量。以问题“贵企业属于以下哪种产权类型?”得到的答案为 type，当问题答案为“民营企业”时记为 1，其他答案记为 0。以问题“贵企业所涉业务属于以下哪种类型?”得到的答案为 ope，当问题答案为“科技型企业”时记为 1，回答其他答案记为 0。以问题“贵企业是否需要聘用高职院校培养的学生为企业员工?”得到的答案为 employ，当问题答案为“是”的时候记为 1，“不是”记为 0。以问题“贵企业认为目前高职院校培养的学生是否满足企业需求?”得到的答案为 demand，当问题答案为“是”的时候记为 1，“不是”记为 0。以问题“您是否了解混合所有制?”得到的问题为 know，当问题答案为“是”的时候记为 1，“不是”记为 0。

表 2-4　企业参与意愿影响因素的实证检验

	OLS 模型		Logistic 模型	
	系数	t 值	系数	t 值
type	0.1837**	2.58	0.6491**	2.47
ope	-0.0513	-0.66	-0.4608	-0.72
employ	0.1312**	2.01	0.3212**	2.10
demand	0.0834*	1.78	0.1744*	1.86
know	0.4153***	5.60	0.2361***	3.50
常数项	0.6119***	4.79	0.3122	0.37
R^2	0.2388		0.1083	

注：*、**、***分别表示在 10%、5%和 1%水平上显著。

表 2-4 报告了企业参与混合所有制改革意愿影响因素的实证检验，为保证分析结果的稳健性，我们同时报告了 OLS 模型和 Logistic 模型的检验结果。从表 2-4 的估计结果来看，type 变量估计系数显著为正，说明民营企业相较其他企业有更大的参与意愿，这可能是由于民营企业大多为中小企业，在转型升级背景下有着巨大的人力资源队伍调整压力与缺口，更愿意参与通过组织混合所有制高职院校为企业发展输送专业人才。ope 变量估计系数不显著，说明企业经营业务类型并不会影响到企业参与意愿。employ 变量估计系数为正，且在 5%的水平上显著，说明当企业需要聘用高职院校学生作为职工时，企业有着更大的意愿与动力参与混合所有制高校建设。表 2-4 中 demand 变量估计系数也显著为正，这符合我们的预期，只有当企业认为高职院校培养的学生能够满足自己的需求时，高职院校才会有更大的动力去深化合作、组建混合所有制高职院校。最后，我们观察 know 变量的估计系数，无论是采用 OLS 模型抑或 Logistic 模型，估计系数都显著为正，说明对混合所有制模式有了解的企业，有更大意愿参与混合所有制改革试点，这也符合我们的预期。只有在企业了解参与高职院校混合所有制改革能够给自身带来的利好时，才会有自身的内在驱动力参与其中。

三、混合所有制高职院校协同治理调查研究的结论

（一）参与混改的意愿不足

根据问卷调查研究发现，虽然高职院校与企业参与混合所有制办学的意愿较强，且多元主体对混合所有制改革的意义认知较为一致，大部分认为混合所有制改革对机构自身管理与运转大有裨益，但从另一个层面上，又有很多调查对象表示从没听过“混合所有制”，对“混合所有制”不甚了解。由此可知，当前很多多元主体对混合所有制的认识仍处在较为浅薄的层次上，对混合所有制的深层机理、运作模式、客观评价等仍难以摆脱“人云亦云”的限制。

多元主体参与高职院校混合所有制改革的意愿较强，但是受到制度与理念不一致的影响，使得我国教育工作在办学理念环节存在僵硬的划分方法，形成了公办、民办两种相对立的办学模式，这一观念的存在对混合所有制改革造成了不利影响，加大了职业教育创新发展的难度。而高职教育改革的实践结果表明，不少学者、高职院校管理者及师生都存在较大顾虑，担心混合所有制改革可能对高职院校发展造成不利影响。例如，学校管理者会担心改革导致国有资

产流失，从而“引火上身”；学校教职员工则担心自身事业编制会因混合所有制改革而丧失。受以上问题的影响，混合所有制改革将面临前所未有的困难，关联主体的抵触甚至是反对，严重影响了改革效果，导致混合所有制改革的发展缓慢。①

（二）参与治理的动机不同

混合所有制作为一种新的办学模式，从合作机制上尚在探索阶段，发展过程中也不可避免地会受到多元治理主体各个方面的影响，从而大大制约混合所有制高职院校的高质量发展。从调查中可知，多元主体参与混合所有制高职院校改革与治理的动机与诉求较为多元，但是又各有侧重，整体呈现出“和而不同”的态势。总体而言，高职院校作为高等教育的重要组成，以人才培养、社会服务、科学研究、文化传承为基本职能，因此其参与改革的终极目的亦即更好地完成以上四个职能，以“公益”为主要追求。与此对比，企业在参与混合所有制改革的诉求可从获取利润、提升企业管理水平、增强竞争力、培养所需人才等几个方面来分析，实际上以“盈利”为主要目的。这种动机的不同与异质如果控制在合理范围内，则具有可调和性，但若动机之前的差异形成壁垒，则极易将“1+1>2”变成“1+1=0”。

（三）参与治理的制度不清

根据问卷调研结果可知，不论是高职院校还是企业，大部分多元主体认为混合所有制相关配套制度目前仍不完善，且已成为影响他们参与混合所有制改革的重要顾虑之一。由于政策制度支持不够，边界不清晰，政府及教育主管部门对混合所有制高职院校的发展又采用观望的态度致使对混合所有制办学的高职院校缺少行政督导及社会监督，甚至还会产生国有资产流失和教育腐败的现象，这就导致混合所有制高职院校出现管理混乱的现象，具体表现为办学管理和教学管理分不清楚的现象。

制度不清一方面造成有意愿参与改革的高职院校和企业纷纷采取“安全”的观望态度，另一方面导致已经处在混合所有制改革进程之中的高职院校和企业难以在制度框架内梳理清晰权责关系，行政监督和社会监督难以发挥作用。

---

① 王坤．职业教育混合所有制改革中制度阻力研究［J］．职教论坛，2015（28）：12-15.

（四）参与治理的权责不明

鉴于多元主体参与混合所有制高职院校治理的制度不清，加之高职院校与企业的制度设计逻辑起点本身就有较大差异，在此基础上他们参与治理的权责很难厘清。根据问卷调研结果可知，多元主体对混合所有制高职院校治理结构、机制存在疑虑。实际上，混合所有制办学是高职院校办学的一种革新，法人治理结构则是在混合所有制办学创新基础上进行新的尝试。在新型的高职院校办学模式中实行企业化的管理，院校与企业必然会出现不可调和的矛盾。混合所有制高职院校参与办学的多元主体中，高职院校与企业作为“跨界融合”的主体，其本身的治理结构、治理方式、治理文化均有较大的差异，在其共同参与混合所有制高职院校的治理中，院校治理方式和企业治理方式在融合中碰撞，在这种交锋中极易出现治理主体的权责不明，尤其是办学主体与治理主体之间的权责难以分配与调和。而当前诸多混合所有制高职院校采用的法人治理结构意味着在新型的高职院校办学模式中实行企业化的管理，院校与企业必然存在不可调和的矛盾与问题，这种权责不明的境况会阻碍混合所有制高职院校的治理。

从以上关于混合所有制高职院校治理的院校版和企业版问卷结论中可以看出，虽然大部分院校和企业参与混合所有制改革的意愿较高，对混合所有制改革的正向意义较为认同，且有些职业院校已然迈出了混合所有制改革的步伐，且期望通过这种改革解决当前现实存在的问题，但实际上，混合所有制高职院校存在诸多治理困境与问题，其中夹杂着很多矛盾与冲突。

四、混合所有制高职院校协同治理的深层问题透视

通过前文的调查问卷可知，混合所有制作为一种新的办学模式，在合作机制上尚在探索完善，发展中也不可避免地会受到多元治理主体诸多影响，从而也会大大制约混合所有制高职院校的高质量发展。针对问卷调查中反映的问题，本研究将以混合所有制改革的过程为主线，剖析多元主体参与其中的深层问题。

（一）参与混改的动能不足

1. 基于政府的角度

从政府层面来看，国务院积极倡导和支持有条件的公办高职院校探索和发展混合所有制办学改革，部分省级政府如山东省在尝试推进试点改革，从省级

层面出台相关政策制度，提出一些指导性意见，有些地级市政府如潍坊市政府在具体操作层面出台了一系列配套政策和改革举措。就地方政府而言，混合所有制高职院校改革是个新鲜事物，是对原有高职教育管理体制的一种积极革新。该改革措施也成为政府引导社会资本进入高职教育领域的一种积极尝试，以此丰富高职教育的资源，拓展其融资渠道，可以大大降低地方政府的财政负担，这算得上是一件好事。但是，地方政府也不得不担忧社会资本进入高职院校后，削弱高等职业教育的公益性，导致高职院校国有资产保值增值受到影响，甚至会导致国有资产的瓜分和流失；更有地方政府或教育行政主管部门认为，混合所有制改革会丧失政府对公办高职院校的掌控力，从思想上不认同这类改革。国家虽然鼓励发展混合所有制职业院校，但法律制定并未跟上。现行的法律法规没有明确论述和界定高职院校混合所有制的性质，因此导致这一改革措施先天性缺乏科学、可靠的依据，限制和制约了改革发展速度。此外，《中华人民共和国公司法》现行法律法规对混合所有制高职院校实施程序性方面的问题也没有相关表述和说明。纵观现有法律条文不但对高职院校混合所有制改革没有明确规定，还有一些法律条文与混合所有制改革的要求相违背，导致混合所有制高职院校处在既不属于公办又不属于民办的尴尬地位。调查发现，财政投入和扶持政策、学生资助政策、教师待遇政策、分类收费政策、奖励补偿政策、融资政策、土地与税收优惠政策等方面都受到了混合所有制高职院校领导和教师的普遍关注。这显示了目前在混合所有制改革过程中，政府存在失位和缺位的问题。

2. 基于高职院校的角度

目前，公办高职院校管理体制多偏于行政化，混合所有制高职院校短期内难以确定和完善内部治理结构，难以确保国有资产的保值增值。从产权确定上来看，公办高职院校因其庞大的产权结构、复杂的产权类型和长久的管理松散，使得公办高职院校并不具备科学完善的资产评估机制，产权模糊的问题比较突出，导致公办高职院校评估非常困难。此外，混合所有制改革的发展将极大丰富高职院校的办学资源，但也会导致高职院校关联主体的增加，从而导致资产评估难度显著上升。从产权流通上来看，混合所有制高职院校会有不同属性的资本进入，必然将出现产权流通这一新问题，但在市场发展不完善，缺乏良好交易、竞争环境，缺乏必要进入与退出机制的情况下，我国高职教育领域尚未形成较为完善的制度，这势必会影响混合所有制高职院校各类资本进出的自由度，从而也会加大各类资本充分融合的难度。从学院管理上来看，在目前外部环境不确定的情况下，很多公办高职院校害怕混合所有制改革后学院性质会发生改变，普遍担心混合所有制改革后丧失财政拨款、项目申报、教职工福利待遇以及管理和领导层行政待遇等方面的优势，因此对发展混合所有制改革的动力不足、兴趣不浓，现有试点公办高职院校也多集中于二级学院或具体办学项目，少有实质性的学校层面的混合所有制改革。而民办高职院校很乐意通过混合所有制改革的途径来引进国有资本，从而改善办学环境，增加政府投入，获得财政支持等，但也担心与国有资本合作之后，会被强大的国有资产套牢，丧失管理权、决策权、话语权等，合法权益得不到应有的保障，因此也不敢“轻举妄动”。

3. 基于企业的角度

企业参与混合所有制改革院校或者发展民办教育，本质上是要获得相应的利益回报的。如果企业在办学过程中没办法获得预期的利润和资本回报，则可能会退出这一领域。目前《中华人民共和国职业教育法》虽然提出多渠道筹集教育资金的发展思路，但对于如何维护投资人权益、保障投资获得合理的利益回报并没有给出明确交代。虽然《中华人民共和国民办教育促进法》对此做了一些说明，规定营利性民办学校的举办者可以取得办学收益，但对于混合所有制高职院校这一独特形式如何保障投资者回报没有具体说明。在这种情况下，出于对自身利益的担心，往往会影响到企业参与混合所有制高职院校改革的积极性。针对企业的问卷调查也显示，虽然《国务院关于加快发展现代职业教育的决定》明确提出探索发展股份制、混合所有制职业院校，允许以资本、知识、技术、管理等要素参与办学并享有相应权利，但仍有超过一半的企业领导认为存在法律法规制度与配套政策措施体系不完善以及治理结构方面的不规范，导致其在参与混合所有制高职院校建设方面存在顾虑。

4. 基于教师的角度

教师是人类灵魂的工程师，是人类文明的传承者，承载着传播知识、传播思想、传播真理，塑造灵魂、塑造生命、塑造新人的时代重任，担负着培养德智体美劳全面发展的社会主义建设者和接班人的光荣使命。同时，教师也是一个学校建设和发展的生力军和主心骨，是高职院校混合所有制办学改革的重要实践者和推动者，事关改革成败，作用至关重要。据调查，目前公办高职院校有些教师担心进入混合所有制院校后会改变自身事业单位工作人员性质，取消事业单位编制，丢了“铁饭碗”，所以不支持混合所有制改革，不想打破现有状况，表现出一种“安于现状、小富即安”的怠慢思想。有些教师表现出随大流、无所谓的心态，保持一种观望、等待的态度，既不主观上反对，也不客观上同意，静观其变，无动于衷。而有些教师积极拥护混合所有制办学改革，期盼通过混合所有制办学改革，打破某些体制机制的束缚，改变“人浮于事”的现状，激发教师们的斗志，引进更多的项目，申报更多的课题，建立“多劳多得”的绩效考核评价体系，促进个人的快速成长。因此，公办高职院校教师对探索混合所有制改革持有不同的看法和态度，对改革的拥护、支持程度有所差异，在地域上表现为沿海经济发达地区教师的积极性和主动性明显高于内地经济欠发达地区，对不同高职院校探索混合所有制改革的影响程度也不一样。

（二）参与混改的路径不顺

高职院校是非营利性公共组织，其利益诉求与企业追求利润最大化的诉求存在巨大差异。对高职院校而言，其基本任务是培养全面发展的现代人才，为国家和社会输送技术技能型人才，而企业是追求利益最大化的经济组织，在投资过程中虽然也看重社会效益，但是更主要的是看重经济效益。从实践来看，两种有不同利益诉求的办学主体之间，存在着利益的博弈和机制的排挤，协同治理的水平和能力还有待提升。

1. 协同治理的制度体系还不完善

目前大多数混合所有制办学的管理模式在企业管理模式的基础上创新发展，实行院长负责制，接受董事会（理事会）的直接管理，校企双方共同选派人员参与管理，企业方人员担任执行院长（或产业副院长）。校企合作办学模式将发挥企业与学校各自的资源及管理优势，基于风险共担、利益共享的基本原则，积极提升高职院校的运营管理水平和人才培养能力，进而提高混合所有制高职院校的办学质量，最终达到合作共赢的目的。围绕如何促进高职院校混合所有制模式发展，尽管国家和地方出台了很多指导意见与方法，但是落实到实践层面缺乏具体的实施细则，这使得混合所有制高职院校在组织模式和办学过程中缺乏实际而又明确的政策法规做后盾。在缺乏科学指引与有效保障的情况下，企业、学校在开展合作的过程中在处理一些实际问题时缺乏依据，无法保证各项工作的质量水平。尚处于探索发展阶段的混合所有制改革也缺乏科学有效的参考和借鉴，本身就存在较大的创新风险，加之缺乏科学完善的评估机制，无法对所有制改革的成效进行科学评价，因此无法为改革事业的优化和改进提供有力支持。

2. 协同治理的组织架构还不健全

据调查，目前采取“大混合”方式的高职院校基本建立了法人治理结构，参考企业管理模式建立健全组织结构。但是这种组织结构与企业之间仍存在较大差距。调研发现，有 2 所“大混合”高职院校董事会成员没有教职工代表。“小混合”方式的高职院校二级学院没有法人资格，理事会组织机构人员一般 3~5 人且构成单一，而且缺少了监督机制和内部治理机制，无法发挥教职工的监督作用，无法确保二级学院的科学发展。以上两种形式的组织架构设置还没有完全脱离“行政化”色彩，在二级单位设置上仍然采取“××处、××科”，对企业化的运作模式缺少借鉴。在党组织的设置和建设上，仍有很多方面需要根据当前全面从严治党和党委领导下的高校校长负责制的相关规定和要求加以改进和加强。在群团组织设置和建设上，需要进一步探索校企融合的群团改革路径，使得群团组织在混合所有制办学过程中充分发挥积极的作用，充分保障教师、学生的合法权益。我们在问卷设计中，调查了混合所有制高校主要领导“与公办高校相比，您认为混合所有制的办学局限在于”，对于这一问题的回答，接近 70%的调查对象认为存在利益主体难以协调的组织结构问题。

3. 协同治理的产权界定还不清晰

混合所有制改革的核心问题之一就是产权问题。对校企合作办学而言，首要工作就是明确产权关系，确保科学合理的出资形式与比重。通过调研发现，绝大多数混合所有制高职院校产权界定不清，确认产权比重的方式方法单一，确定产权关系的难度较大，学校及企业的一些无形资产价值评估较难，往往采取“第三方评估+协商谈判”的方式确定。一些公办高职院校的混合所有制二级学院更是无法界定校企双方产权，通常情况下企业以投入资金和购买设备的方式参与办学，学校提供场地等，双方通过协商确定合作方式和成本分担比例，没有进行实质性的产权界定，因此并不具备混合所有制办学的本质特征，仅可将其认定为一种包含混合所有制特征的二级产业（企业）学院办学模式。

4. 协同治理的人事关系还不顺畅

混合所有制办学由于涉及国有资本和非国有资本，这会导致学校里既有企业职工也有学校职工的情形出现。从而导致了人事管理的双标问题，并且彼此相互影响不利于科学管理。内部的人事关系不顺畅，不仅容易激化矛盾给组织管理带来挑战，而且导致人才的归属感不强，流动性大。我们的问卷调查显示，有72%的调查对象指出，学校在人事编制上存在事业编制和企业编制两种标准。图2-9的问卷调查结果进一步显示，仅有35.9%的调查对象认为自己完全享受了公办院校的教师待遇，甚至有近17.95%的调查对象认为自己完全没有享受公办院校教师的待遇，可见混合所有制高职院校目前的人事关系还需要进一步理顺。此外，股权激励也成为一些混合所有制高职院校的激励措施之一，通过购买股权的形式吸纳部分教职员工参与学校投资，以股东的身份开展各项工作从而提升其工作积极性。但是也存在覆盖面较小的问题，大多数的教职员工无法享受股权激励政策，从而使得教职员工出现两极分化，因待遇不平衡导致恶性竞争。

（三）参与混改的机制不善

高职院校推行混合所有制改革后，由于涉及多元主体，目标的不一致决定了必须通过一系列的体制机制建设促进协同治理。但是，从现实来看，目前在推进高职院校发展混合所有制过程中，各种制度之间的不协调甚至相互掣肘现象体现在很多方面。

1. 正式制度之间矛盾冲突，未成体系

正式制度是指相关主体基于某一目标，通过相应的机构确认而建立起来的各项规章制度，一般我们所说的法律法规、规章制度就是正式制度。从现阶段看，为了鼓励发展混合所有制高职院校，国家已经出台了《中华人民共和国民办教育促进法》，但其中仍然有很多需要完善的地方。例如，《中华人民共和国职业教育法》第二十六条规定“对企业和其他社会力量依法举办的职业学校和职业培训机构予以扶持”，但是《中华人民共和国民办教育促进法》第十九条又将民办学校分为营利性和非营利性的，可营利性民办学校却是按公司法规定处理收益的。再比如，从法律地位上来看，根据《中华人民共和国民法典》，法人主要包括三种类型：营利法人、非营利法人和特别法人，但民办高职院校究竟属于哪种类别，目前并没有明确的说法。再比如，1995年颁布的《行政事业单位国有资产管理办法》中对用非经营性资产对外投资、入股、合资、联营给予了一些说明，但随后出台的《事业单位国有资产管理暂行办法》，并没有对“非经营性转经营性”给予详细的说明，以致在改革过程中不少人钻政策的漏洞，极易造成国有资产流失。

2. 正式制度与非正式制度相冲突，形成梗阻

与正式制度不同，非正式制度更多是一种约定俗成的习惯，它是人们在生活和交往过程中有意或无意形成的，可以作为非正式规则指导人们的行为，包括意识形态、文化传统、价值理念、风俗习惯等。很明显，非正式制度特别是人们形成的价值理念也会影响到高职院校混合所有制改革的发展以及效果。在改革过程中，不少主体认为公办高职院校依靠国家财政拨款，不应该吸纳民间资本进入，这样反而造成办学效果与教学理念背道而驰。而对民办院校而言，根据北京市政协发布的《民办教育调查问卷分析报告》① 显示，大家更多将其和营利性放在一起，认为私人资本出资举办民办教育获得相应盈利无可厚非。因此，一旦我们联合民营资本和国有资本举办混合所有制高职院校，普遍会考虑其中可能存在的矛盾和协调。因此，虽然国家尝试为混合所有制改革提供正式的法律制度支撑，但非正式的价值理念束缚制约了改革推进。

3. 混合所有制改革制度与社会的其他制度之间相冲突

对高职院校而言，无论是民办院校还是公办院校，一旦推行混合所有制改革，必然会对教师权益造成影响，而能够最大程度上争取到每位教职工的支持成为改革推进成功与否的关键。而混合所有制整合了私有资本和国有资本，这样的混合所有制很大程度建立在产权混合的基础上，而在进行混改后，教职员工的身份问题成了大家普遍关注的话题。因为在中国目前的管理体制下，身份问题直接与职称评定、社会养老保险、公积金等挂钩。而目前，这种身份问题还没有得到很好的化解，至少很多学校对于推动混改持观望态度。只有推动这些配套制度的相应改革，才能保证混合所有制改革后，高职院校能够产生内在的合力，确保高职院校办学质量和办学效果能够稳步提升。

五、混合所有制高职院校协同治理问题的归因分析

基于目前的混合所有制改革进展情况，协同治理问题仍然比较突出，尚未形成科学、完善的协同治理机制，从而导致不同主体的监督管理效力有所区别，难以确保内部治理效果。究其原因，主要存在以下几方面。

① 北京市政协社会力量办学课题组．民办教育调查问卷分析报告［J］．北京宣武红旗业余大学学报，2000（02）：6-11.

（一）目标的差异性

虽然协同治理机制能够有效保证不同主体的监督管理权力，但是由于不同主体在治理目标、利益诉求等环节存在客观差异，使得协同治理机制缺乏普遍认同，实施效果也得不到有效保障。以政府、高职院校之间的关系为例，传统关系表现为显著的行政管理关系，高职院校往往需要接受政府的领导和监督。但是在我国体制改革不断深化的过程中，高职院校“去行政化”的特征日益显著，办学自主权不断加大的同时也将面临一系列的改革问题。政府及主管部门与高职院校之间的关联性逐渐减弱，逐渐形成了两种不同的治理模式，使得其组织目标、利益目标出现了比较显著的差异，从而使得其目标和利益发生冲突，不利于高职院校的良性发展。企业投资参与高职院校的建设发展工作，必然要求获得一定的预期收益或合理回报，但是我国高等教育是公益性的，高职院校属于非营利性公共组织，是以立德树人为根本任务的。因此，多元主体间参与协同治理的目标和意图不同，导致混合所有制高职院校这个组织的目标存在差异性，缺乏一致性，从而使得混合所有制高职院校在办学定位、人才培养、社会服务、文化传承等方面与经济社会需求产生不同程度的“脱节”。

（二）权责的离散性

多元主体参与混合所有制高职院校协同治理权责的不稳定性，不同主体之间利益目标、参与水平的差异，必然导致个别主体出现参与程度过高和其他主体参与不足的问题。最典型的表现为高职院校与其他治理主体在权限界定上严重缺位。在治理过程中，各多元主体之间职责划分不明晰，特别是高职院校作为办学治校的主体，在一定程度上没有明确的职权界定。从利益诉求来看，企业与高职院校利益诉求存在巨大差异。在共同开展院校经营管理的过程中，企业以利益为最根本的目标，而高职院校则以人才培养为核心归属。这种目标的差异必然导致利益冲突，单凭简单的非正式制度难以对上述矛盾进行协调。而不同主体权力和实力的差距也将导致其话语权不同，可能会出现强势主体侵犯弱势主体利益的情况。调查研究结果表明，在我国现行的高职院校所有制改革事业中，大多数的改革项目均存在合作方地位不对等、影响力不均衡的问题。双方的职责只是写在纸上、贴在墙上，并没有落实到行动上。从某种意义上来说，这种现象的长期存在甚至可能会导致部分主体缺乏治理权力，从而导致协同治理机制形式化，不利于混合所有制改革的科学发展。

（三）资源的零散性

混合所有制高职院校在协同治理过程中并没有充分统筹、整合和利用各方资源，而是基于双方的“一亩三分地”建场地、搭平台、搞教学，如有的学校实习实训基地的机器设备破旧、规章制度陈旧、技术标准和技术要求落后；有的学校建起高大上的实习实训基地，但是没有充分利用于教学，没有让学生进入实训基地实践操作，主要用来作为“门面工程”，目的是迎接检查、参观、评估等，实践教学效果并没有达到。再比如，有些治理主体成员在利用各方资源过程中有自利化现象，从而弱化了人才培养的受益面；有些混合所有制高职院校自身的治理能力相对偏弱，对人才资源的吸引力不够，对人才资源重视也不够，导致一些优秀人才资源的流失。另外，多元治理主体在整合利用资源上没有形成有效的监督机制，对具有较大管控权的治理主体在资源使用过程中缺乏有效的监督，导致有些资源的浪费。

（四）政策的缺失性

虽然国家积极推动高职院校混合所有制改革工作，但由于缺乏健全完善的管理制度和保障机制，导致混合所有制改革面临较大的改革风险。在法律政策不完善的情况下，长期形成的“非公即私”的固有观念，抑制着混合所有制高职院校的改革，也阻碍着混合所有制高职院校办学体制和管理运行机制的变革。从公办院校的角度来看，由于没有明确的政策及保障措施出台，院校普遍担心会丧失财政拨款、项目申报、教职工福利待遇以及管理和领导层行政待遇等方面的优势，因而存在排斥和对抗心理。而从民间资本的立场考虑，在参与混合所有制高职院校建设过程中，投资风险与收益是社会力量参与改革的关键问题，在缺乏相关保障制度的情况下，较高的投资风险将无法对社会力量形成有效吸引。在具体的政策法规出台之前，国有资本和非国有资本之间更多是相互试探和博弈，这必然会对混合所有制高职院校的协同治理形成冲击与挑战。

（五）机制的机械性

混合所有制的理念从经济学“舶来”，尤其在我国“公有制为主体、多种所有制经济共同发展”的改革方向下，企业在混合所有制改革实践中积累了丰富的经验和做法，无论是混合方式、产权结构，还是治理机制、运行规章等，均有诸多值得混合所有制高职院校借鉴之处。然而，学校教育作为一种特殊的“公共治理”行为，同时又是一种培养人、锻造人的特殊行为，具有显著的特性。这就意味着，混合所有制高职院校的治理与混合所有制企业的治理相比，具有显著差异：混合所有制企业多元参与主体以利润最大化为核心目标，目标趋向性较为一致；混合所有制高职院校面临教育公益性与经营营利性的矛盾，主体间的目标趋向性较弱较散，因此造成混合所有制高职院校民营资本的参与意愿大打折扣、治理目标协同困难、治理文化差异较大、投入时长较长、投入回报率较低。在此差异下，简单将混合所有制企业的治理方式与机制移植到高职院校，难以收获理想的治理效果，同时易造成政策的简单化、机械化。

本章小结

本章通过问卷调查的方式，对混合所有制高职院校协同治理进行了现实扫描，重点考察了高职院校、企业两类调查对象。调查结果显示，当前，多元主体参与高职院校混合所有制改革的意愿不足，参与治理的动机不同、制度不清和权责不明等现象表现突出，这些实际上反映的是多元主体参与高职院校混改的动能不足、路径不顺、机制不善等高职院校协同治理的深层次问题。归因分析表明，问题的根源在于多元主体参与高职院校协同治理的目标差异、权责离散、资源零散、政策缺失、机制固化等。

第三章　混合所有制高职院校协同治理的博弈机理

混合所有制高职院校的调研结果表明，多元主体之间存在治理困境。本章通过对多元主体治理关系的分解，运用博弈论方法，对混合所有制高职院校治理主体间的博弈关系进行解构，进一步对治理主体间的博弈机理进行完整解析。

一、混合所有制高职院校协同治理的博弈主体

在混合所有制高职院校协同治理过程中，政府、高职院校、企业、行业协会、社会组织等多个治理主体，在利益、权力、权利等博弈进程中，发挥最大化的治理效能，以达到满足公众和促进高职院校发展的需要。基于对混合所有制高职院校协同治理的内涵解读，本研究将从治理的内外结构和治理主体构成着手，探究治理主体间性关系，进而厘清混合所有制高职院校协同治理的关系。

（一）协同治理的内外结构

“协同治理”是一种新型的公共管理方法，强调在公共事务管理过程中，公共机构与利益相关者为满足公众的需要，通过共同参与、相互支持、形成共识、集体决策和合力执行等行为去促进公平和提高效率。结构是指物质系统比较稳定的功能，混合所有制高职院校属于社会组织，有着适应外界环境、自我复制、自我生长、自我进化的功能。① 混合所有制高职院校是一个复杂的系统，有其稳定的结构，需要对高职院校结构进行系统分析，才能更加准确地厘清混合所有制高职院校协同治理的问题。混合所有制高职院校治理结构是此类高职院校为了实现公正与效率契合的状态，对各利益相关者的权力进行配置，然后根据制

① 陈发军．复杂性理论视角下高职院校治理结构改革策略［J］．中国职业技术教育，2018（21）：17-21.

度安排，所形成的一种能够实现分权制衡的制度化结构。① 通过对比，发现高职院校的运行机制和其治理对象是不同的，以此为依据，可以从两个层面对混合所有制高职院校的治理结构进行划分，分别为：内部治理结构和外部治理结构。

1. 混合所有制高职院校协同的内部治理结构

学校内部的治理结构是混合所有制高职院校治理架构的第一个层面。混合所有制高职院校是一种新的组织所有制形态，它是一种新型的法人化高职院校，隶属于公有或非公有所有制主体，是国有资本、集体资本、非公有资本等交叉与融合之后形成的。② 混合所有制职业院校的基本组织形式是股份制，基于股份制所有权和经营权分离的基本特征，此类职业院校也会出现委托代理方面的问题。③ 因而，此类高职院校应该按照委托代理方面的情况制定协同治理的内部结构。混合所有制高职院校协同治理的内部结构通常会参照公司治理。目前，一些混合所有制高职院校成立了董事会、理事会、股东会、监事会等相关职能部门。此类高职院校进行内部治理可体现出的作用在于，有效确定不同部门应该承担的责任、权利等，学校内部的权力在不同利益相关者之间的分配与协调就是混合所有制高职院校内部治理的结构。混合所有制职业院校将校长负责制与董事会制相结合，形成一种新的治理模式，党委直接领导，校长负责学校的日常教学工作，而董事会则对这些教学活动进行监督。④ 混合所有制高职院校协同治理的内部结构框架主要分为两类：机构和组织。机构是指董事会、理事会、股东会、监事会等；组织是指党政组织、职能行政处室、院系、学术委员会、工会、团委、学生会等。

2. 混合所有制高职院校协同治理的外部结构

混合所有制高职院校与普通高职院校具有显著差异，从外部结构来看，混合所有制高职院校与政府、企业行业及市场存在一定关系。混合所有制高职院校的治理架构包含第二个层面，学校与政府、区域经济、社会及其他外部利益

---

① 雷世平．我国高职院校治理结构存在的问题及其优化研究［J］．职教通讯，2013（10）：33-37.

② 雷世平，卢竹．论我国混合所有制高职院校法人治理结构的完善［J］．河北师范大学学报（教育科学版），2018，20（06）：64-68.

③ 万卫．混合所有制职业院校的性质与功能［J］．职业技术教育，2016（30）：28-30.

④ 童卫军，任占营．发展混合所有制职业院校的问题对策与实现形式［J］．高等工程教育研究，2016（05）：183-188.

相关者的关系。对高职院校外部治理结构的认识主要从宏观和微观层面展开。宏观层面，高职院校外部结构可体现出学校与政府、地区经济、社会和其他方之间的关联性，采用配置机制可确保各个利益方都能赢得收益。微观层面，高职院校外部结构可展现出学校、社会、其他院校之间的关系。本书研究高职院校外部治理结构时，从微观的角度出发。可见，高职院校外部治理结构包含高职院校与政府、社会和其他高职院校之间的关系，以及为了确保外部利益相关方协同开展各项工作，必须提前制订有效的协调方案。其主要表现为高职院校的办学体制、投资体制和管理体制等，组织框架主要由政府、行业（企业）、学生家长、校友、社区等利益相关体构成。

（二）协同治理的主体构成

混合所有制高职院校在产权结构上的多元化决定了其治理主体不可能是单一的，“多方共同参与”成为混合所有制高职院校协同治理的前提性要求。根据混合所有制高职院校协同治理的内涵，混合所有制高职院校协同治理强调在治理过程中多个治理主体共同参与，从而发挥最大化的治理效能。结合混合所有制高职院校在产权结构上实现多种主体混合办学的特点，可将混合所有制高职院校看成一个具有多个利益相关者的组织，不同利益相关者对要求回应的质量的高低，决定了该组织的生存发展状态。① 为了保障其不同的价值追求、利益诉求、权力机制的充分实现，需尊重各利益相关者的主体地位，赋予利益相关者直接参与学校治理的权利。基于混合所有制高职院校治理运行机制和治理对象，将其治理结构分为内部治理结构和外部治理结构。学校的权力在不同的利益相关者之间的协调就是内部治理结构，学校与除学校以外的利益相关者之间的关系则是外部治理结构。

根据以上分析，对混合所有制高职院校协同治理的主体可以划分成两方面：一是“大协同治理主体”，针对外部治理结构当中的利益相关者，它强调具有不同性质的治理主体参与合作，协同治理；二是“小协同治理主体”，即具有同一性质的治理主体，在内部进行协调，共同治理，这主要针对内部治理结构中的利益相关者。

---

① 严文清．中国大学治理结构研究［M］．北京：人民出版社，2011：255.

1. 混合所有制高职院校“大协同治理主体”

混合所有制高职院校的外部治理主体应该包括学校外的政府主管部门、行业组织、用人单位及同类职业院校等。当前，由政府单向提供教育资源的模式难以为继。另外，由于高职教育作为大学的一种特殊类型，其具有职业性的特点，职业教育需面向市场需求。职业教育必须在遵循市场机制的前提下发展，高职教育的发展需充分调动行业、企业等社会利益主体参与办学的积极性。较之普通大学，混合所有制高职院校更加强调产教融合和校企合作。混合所有制高职教育协同治理不仅需要发挥政府的指导作用，还需要行业、企业等社会力量作为治理主体紧密参与。

首先，政府加入高校外部治理活动时可体现出的作用在于制定规则。① 政府应该是把握大学发展的主导方，应该承担的职责如下：其一，让高等职业院校按照各项政策来聚焦办学重点，制订办学目标以及学生培养计划；其二，为了确保教育工作有效开展，政府需要制定出相关政策、法规，同时，也要确定各个利益方的权利和责任，以保证各主体相互协调合作发挥最大化的治理效能；其三，真正实现“管办评”分离，打破政府管理、政府办学、政府评价的一体化模式，从而达到评估监督。②

其次，行业在参与高职教育外部治理活动过程中，主要担任中观指导的角色。行业是人们根据职业、性质、具体事物所形成的对社会各个领域的称呼。它具有解释行业本身所处的发展阶段，预测、引导未来行业的发展趋势以及人才需求的作用。高等职业教育面向市场，高职院校的专业设置需要随着市场的变化而不断调整，专业与产业之间的对接是其发展的重要途径，而行业可帮助职业院校和产业当中的企业进行有效合作。行业体现出的真正作用在于，指导高等职业院校按照产业情况设定教育专业，具体表现在：一是汇总分析本地区不同行业的人才状况，采用有效分析的方式观察每个行业人才足够还是缺乏的状态，同时还可以预测出各行业对相关岗位人才的要求。而这些数据、信息对于高职院校专业结构设置具有引导作用。二是行业作为“中间人”，可以将企业与高职院校联系起来，促进两者之间的合作和交流，在这个过程中发挥资源共

① 陈佳明．利益相关者理论视角下大学外部治理结构研究［J］．浙江树人大学学报，2016，16（02）：95-99.

② 梁丹．利益相关者视角下高职院校外部治理结构探析［J］．辽宁高职学报，2018，20（01）：23-27.

享的组织者的作用。三是行业可以发挥人才培养的参与指导的作用，行业参与高职院校的专业设置、课程开发、评估督查以引导学校的办学。每个行业都有相应的专家，业内专家能够有效评估我国行业未来的发展状态，只有行业内的专家和高校共同分析专业设计问题，才能够更加准确地确定各专业的课程重点、知识点、技能点等内容。

最后，企业在参与高等教育外部治理过程中，主要担任参与者的角色。高职教育与企业发展是密不可分的共荣体，企业与高职院校间的联系也是最为频繁的。高职教育可为相关企业提供人才和技术，同时，企业的发展给公司带来更多空缺的岗位，促进人才的吸收，从而进一步促进高职教育事业的发展。企业具有技术、资金、人员、设备等优势，其作为人才培养的参与者，具体表现在：一是将企业文化、精神植根于人才培养始终，潜移默化地培养学生的职业精神。二是作为协同育人的参与者，参与到单独招生的过程中，参与到学生教学、实践中等。

2. 混合所有制高职院校“小协同治理主体”

“我国大学内部治理主体与相应的治理权力，主要包括党委领导行使的政治权力、校长负责行使的行政权力、教授治学行使的学术权力和师生参与行使的民主权力。”① 混合所有制高职院校具备高等教育的性质，其治理方式与普通大学有共同之处。混合所有制高职院校是具有法人性质的新型高职院校，它隶属公有或非公有所有制的主体，是国有资本、集体资本、非公有资本等交叉与融合形成的。考虑到三方面因素：其一，混合所有制高职院校作为人才培养的实施机构，必须坚持党的领导。其二，混合所有制高职院校是国有资本、集体资本、非公有资本等融合形成的，它的产权具有“混合性”的特点。其三，混合所有制高职院校是教育组织，它具备一切教育组织所应该具有的教育属性，因此在日常活动中需要遵循高等教育规律。混合所有制高职院校法人治理结构设计为“党委领导、董事会决策、校长负责、专家治学”②。基于此，混合所有制高职院校在内部治理过程中的主体主要包括校内各级党组织、学校行政负责人、董事会、理事会、股东会、监事会、学术委员、教师和学生等。

① 刘尧．大学内部治理亟待突破的八大困境［J］．高校教育管理，2017，11（01）：21-26.

② 雷世平，卢竹．论我国混合所有制高职院校法人治理结构的完善［J］．河北师范大学学报（教育科学版），2018，20（06）：64-68.

首先，混合所有制高职院校的各级党组织是学校内部治理的思想引导者。混合所有制职业院校的资本包括公有资本、私有资本或外资资本。党委领导主要从事的是学校的思想政治以及德育等工作，在教学过程中要坚定执行中国共产党的路线、方针以及政策，坚持社会主义办学方向①，以确保学校公共利益的充分实现。

其次，董事会、理事会和以校长为首的行政管理者是学校内部治理的重要决策者。混合所有制高职院校是法人化的新型高职院校，隶属公有或非公有所有制的主体，其资本除了公有资本，还包括私有资本或外资资本。混合所有制职业院校一般设有股东大会、董事会或理事会、监事会和校长。股东会是最高权力机关，由全体股东的代表组成，对学校有重大事项进行决策，对学校的管理有广泛的决定权。“董事会或理事会在股东大会上选举产生，他们负责处理遇到的重大问题，但是需要受到监事会的监督。董事会强调的是共同研究学院改革与发展中的重大问题，就学校发展面临的重要事项做出决策。”② 理事会是协商、咨询、评议和讨论的会议，或行使行政、管理、司法和协商等功能的组织。校长由董事会进行聘任，“校长的工作除了进行教学活动和科学研究之外，还需要制定学校具体的规章制度，每一年度都要制定工作计划，以确保活动实施”③，对学生进行学籍管理并实施奖励或者处分等。

最后，监事会、学术委员、教师和学生是学校内部治理的权力监督或民主管理主体。监事会由股东大会选举产生，监事会可由一定比例的政府或者企业代表以及教职工或者学生代表组成，对校委会、理事会负责，有效监督学院财务状况和管理情况，并定时对其进行检查和评价，进而维护学院教职工的合法权益。学术委员会是以（技术）专家、学者、教授为核心的学术评议和审核机构，它是高等学校所属的科研机构设立的。学术委员会的工作职责在于研究学术方面的问题，分析问题出现的原因，并高效解决问题，确保学校的学术活动有效开展，从而促进整个学校的良性发展。“保证高等职业教育的科学发展、学

---

① 陈宏图．现代大学制度建设背景下高职院校内部治理结构优化研究［J］．中外企业家，2018（27）：176-177.

② 雷世平，卢竹．论我国混合所有制高职院校法人治理结构的完善［J］．河北师范大学学报（教育科学版），2018，20（06）：64-68.

③ 兰军瑞．论我国现代大学组织制度及其改革方向［J］．信阳师范学院学报（哲学社会科学版），2012，32（03）：54-57.

术标准的贯彻以及学术人员基本权益的实现。教师虽然不是学校的所有权者，但是在学校内部治理中是不可或缺的有机组成部分。”① 以教师为主的教代会或工会是教师参与学校民主管理与监督的基本形式，也是参与高校内部治理的基本途径。学生是高职教育直接的消费者和直接服务的对象，是高职院校权力主体的重要组成部分，要注重发挥学生在高职院校内部治理中的作用，学生参与到学校内部的治理中主要依托学生会。学生参与到学校的治理中有助于调动学生学习积极性，培养学生主人翁意识和集体荣誉感。教师和学生参与到学校内部的治理中主要发挥权力监督和民主管理的作用。

（三）协同治理的间性关系

混合所有制高职院校在内部治理过程中存在众多的相关利益者，同时，其治理主体也呈多元化。混合所有制高职院校在“混合”的实践探索中长期处于利益、权力、权利、风险等交错博弈的进程中，其主体间关系也复杂多变。

1. 合作与冲突关系

“两个或两个以上主体，为了实现共同的目标，各自发挥自己的优势，彼此之间建立一种长期的合作伙伴关系，借助工具和手段，使整体功效放大的过程就是协同治理的过程。”② 由此可见，合作主体之间形成的合作关系是协同治理的重点，形成一种深度合作关系，才能在治理目标上保持高度的一致性。由于治理主体在治理目标上或多或少都会有一致性，因此，所有治理主体之间都存在合作的关系。此外，竞争也是混合所有制高职院校协同治理主体存在的关系。在协同治理过程中，由于治理主体多元，各个利益主体之间难免会出现利益性竞争问题，高职院校各治理主体之间因利益需求不同，各自秉持着自身利益最大化的原则而忽视他方利益，会有“冲突”出现，构成一种竞争关系。如学校与企业这两个主体间存在合作与竞争关系，一方面，校企“双主体”办学模式，双方主体治理目标一致，希望学校最后培养出高质量人才。企业希望学校培育出更多人才，特别是技术能力强、操作能力强的人才，这有助于企业储备更多专业性更强的人才，也能确保学校招收到更多高素质学生，进而促进学校的发展。另一方面，职业院校与企业分别属于不同类型的组织，职业教育属于一种

① 雷世平．我国高职院校治理结构存在的问题及其优化研究［J］．职教通讯，2013（10）：33-37，59.

② 赖先进．论政府跨部门协同治理［M］．北京：北京大学出版社，2015：26.

准公共产品，具有公益性；企业作为经济组织，具有典型的营利性。① 也由此，这两类主体的异质属性决定了各自在治理主体价值取向、利益诉求上存在一定的落差。再加上在职业教育校企合作过程中，学校与企业投入的资源存在着不对称性，职业院校对企业实践教育资源的需求多于企业对职业院校资源的需求。治理价值取向的差异、企业的“消极应付”以及资源投入的不对等性可能会引发双方“冲突”。

2. 独立与依存关系

各治理主体之间在客观上是彼此独立的，但各治理主体在一定的价值观和规则的统领下，有一定的交叉和融合，致使各主体之间又存在一定的依存关系。如行政权力与学术权力都有其存在的合理性，不可互相取代，但是两者又有一定的关联。行政权力与学术权力对应的学校行政负责人和学术委员这对治理主体间是相对独立的关系。行政管理者主要负责学校改革发展稳定、规划与制度的决策以及学校定位、教学管理、科学研究与技术推广等事务。学术委员会是高职院校的最高学术事务决策机构，学校内的各项学术事务都由它负责，例如，建设专业、教材，招聘、培养教师，设置课程、推广技术，以及教学的评价和教师考评等。② 行政权力与学术权力对应的学校行政负责人和学术委员这对治理主体间又相互依存。“在确保学术权力有效的基础上才能确保行政权力有效，而行政权力能使学术权力的发挥得到有效保障。”③ 进入管理层的专家、学者，能在学术事务的决策中提出更专业的意见，有利于管理层做出合理决策。同理，政府与高职院校这对治理主体间，也是相对独立和依存的关系。一方面，“政府进行宏观把控，确定高职院校的质量标准以及发展方向”④，同时，高职院校具备充分的办学自主权，两者具有相对独立性。另一方面，两者又相互依存，政府从宏观上对高职院校进行指导，学校需尊重与服从政府组织的相关政策法规；政府在指导中得尊重高职院校的办学自主权，学校在自主办学中不以一己私利

① 孔珊．职业教育校企合作的多维度博弈、冲突与治理［J］．职业技术教育，2018，39（24）：39-44.

② 雷世平．我国高职院校治理结构存在的问题及其优化研究［J］．职教通讯，2013（10）：33-37，59.

③ 雷世平．我国高职院校治理结构存在的问题及其优化研究［J］．职教通讯，2013（10）：33-37，59.

④ 雷世平．我国高职院校治理结构存在的问题及其优化研究［J］．职教通讯，2013（10）：33-37，59.

违背或践踏相关政策法规。

二、混合所有制高职院校协同治理的博弈内容

大学共同治理强调利益相关者的参与决策，不同利益主体通过创造、维持批判思维与学术自由的实时反馈，从而与大学紧密地联系在一起。混合所有制的高职院校由于产权主体的利益诉求大不相同，因此他们之间存在着多种复杂的博弈内容。博弈的根本在于做出有利于自身发展的决策行为，由于博弈的过程中多个决策主体所掌握的信息以及对自我能力的认知，会使他们在决策中产生一定的相互作用。

（一）利益博弈

人类在进行活动时，基本上都是将利益的最大化作为目标。高等职业教育体系中的多元主体同样也不例外，他们的行为动向也完全取决于自身利益需求满足与否。政府、学校和企业行业等多元主体的投入与合作，在为高等职业教育注入新活力的同时，他们之间根据自身利益所做出的理性博弈同样异彩纷呈。在多元主体博弈的过程中，存在多方面忧虑：一方面，由于改革和社会资本的介入使得政府对公办高职院校的领导权和国有资本的侵蚀、流失产生深深的担忧；另一方面，混合所有制高职院校的改革不免会让公办高职院校担心会丧失自身原有的行政级别、财政拨款、福利待遇，以及项目申报等天然的优势。同理，个人与企业在高职教育改革中的博弈与忧虑也不例外。①②

1. 上级政府与高职院校的利益博弈

作为公共产品的高等职业教育在其发展过程中会不断产出巨大的外部社会效益，而作为国家利益代表的政府部门，是这种社会效益的最大获益方，而且它的利益始终是与国家、民族的利益联系在一起的。因此，为了追求更大的公共社会利益，政府会通过多种途径来增加高等职业教育的供给水平，同样，政府的这种行为对于促进社会经济增长、改进先进科技水平、提高生产效率、改善国民素质，以及缓解就业压力也会有所裨益。此外，抛开社会公共利益的政

① 张爱勤．论高职教育供求主体的利益博弈与整合对策［J］．华东经济管理，2011，25（12）：126-128.

② 胡辉平．高职教育多元主体办学的实践困境与改革突破［J］．安徽职业技术学院学报，2018，17（02）：70-73.

府也是一个权力部门，也会有其部门自身的利益。如何在追求公共利益的同时也兼顾部门自身的利益，对政府来说存在着维持与让渡部门利益和公共社会利益的博弈。如何在维护公共利益的同时提高效率的公共选择，对作为供给主体和改革主导者的政府来说存在着巩固原有垄断和促进社会产出最大化的“诺思悖论”。

2. 高职院校与企业行业的利益博弈

《中华人民共和国高等教育法》对高等学校的组织属性进行了明确的界定。高等学校的非营利性特点决定了它所追求的利益都必须基于自身生存、发展壮大、做优做强这几大前提。而参与混合所有制高职院校协同治理的企业与行业会有一定的区别，他们既然是一种营利性组织，那么他们就会将一切以营利为前提作为自身的核心宗旨，常听到的一句话“不想营利的企业绝对不是好企业”。在是否营利方面，高职院校与企业之间存在着很大的差别。高职院校肩负着为社会培养和输送高素质技术技能型人才的使命，而企业行业运行的规则在于实现投入资本产出利益的最大化。从根本上来看，参与多元办学主体的高等职业院校与社会营利组织两者在实践中很难融合，他们之间存在着一道被称为“教育的公益性与企业的逐利性”的鸿沟，高职院校办学的公益性与企业追求效益的核心理念始终相互矛盾。此外，“只用人、不育人”的思想深植于企业人的内心，这也导致企业投入高等职业教育改革的热情不高、主动性不足。

3. 高职院校与受教育者的利益博弈

高等职业院校追求经济效益的行为活动同样是把利益作为行动需要价值判断的基础，这一点与其他经济实体并无不同，都是在利益的驱使下做出一系列行为指向，即不能排除高职院校对物质利益的计算和考量。高等职业院校的改革发展、扩大招生、服务育人等无一不源于其对利益的追求，试想如果不允许高等职业教育进行经营获得收益，那么又如何为高等职业院校扩大教育提供足够的动力。受教育者通过进入高职院校接受专业教育来增长知识、提升能力并提高素质，最终成为社会需要的高素质技术技能型人才，而且可以在学习结束后通过招聘进入自己理想的企业工作，同时收获一定的薪资待遇作为投资高等教育的回报。因此，受教育者缴纳的高等教育费用可以为高职院校带来可观的经济收益，收益的获得促使高职院校在人才培养、社会服务等方面注入更多动力，从而为受教育者提高自身人力资本、增强就业竞争力提供保障。

4. 企业行业与受教育者的利益博弈

“世间一切事物中，人是第一可宝贵的。”企业组织对这句话更是深信不疑。对人力资本的占有与开发，是企业创造利润、获得收益的根本所在。人力资源支撑着整个企业的发展，而这些能够给企业带来超值回报和丰厚利润的高素质技术技能型人才无一不经过高职院校的专业教育和训练。同样，是人完成和推动了经济社会的发展。因此，要想持续有竞争性的发展，就必须提高个体素质、重视个体发展，而并非本末倒置地一门心思追求经济发展。否则，即使发展了也只能是暂时的、间断性的。

（二）权利博弈

混合所有制高职院校的办学模式是一种区别于传统办学的新型模式，在传统的办学模式中，高等职业院校的治理体现出教育权力的高度集中化，但是这种权力的高度集中在一定程度上阻碍了参与混合所有制办学的多元主体行为的主动性和积极性，导致政府、高校和企业在办学、管理及经营多个方面的权责不明晰。新时代背景下，职业教育的发展开辟出混合所有制办学的新模式，这种全新的办学模式将更加有利于多元主体办学作用的发挥，各主体的权责也将更加明确，同时对于完善社会主义市场经济体制下的教育体制具有深远意义。①②

1. 上级政府与合作企业的权利博弈

当前，在混合所有制高职院校的办学过程中，上级政府部门对于企业行业参与职业院校合作办学应该承担的义务往往较为关注，但对于其理应享受的权利少有提及。因此，整体来看企业参与混合所有制办学的激励机制及制度体系的构建尚不完备。政府及高校在混合所有制的办学过程中过多地强调企业应尽的义务及责任，但对企业效益及营利性不够重视，致使企业在合作办学中的资本投入大于效益产出，因此合作办学动力严重缺乏。此外，制约企业参与混合所有制合作办学积极性的关键因素还在于制度体系不健全。多元主体均意识到合作办学对于各自的益处，多方不同的利益诉求也在一定程度上得到了满足，

① 王雅婷．高等教育分类管理的瓶颈：政府统筹与大学自治的权利博弈［J］．云南开放大学学报，2015，17（02）：19-23.

② 牛彦飞，郭会灿．混合所有制办学背景下高职院校治理结构研究［J］．石家庄职业技术学院学报，2018，30（05）：17-20.

企业生产发展所需的技术技能型人才需要高等职业院校为其提供人员教育培训以及技术研发服务，同时职业院校也需要企业投入资金、场地和专家参与合作办学的项目。但就目前来看，企业参与职业院校合作办学的政策法规尚不成型，这也就导致两者的合作没办法深入，企业无法真正参与到高职院校的管理决策、人才培养及课程设置当中。

2. 上级政府与高职院校的权利博弈

在高等教育的实施过程中，政府作为教育活动的组织者需要学校根据其规划来承担并完成教育的使命，而学校作为教育活动的承担者需要依靠政府来获得办学基础并维护其合法地位。随着混合所有制高职院校的改革，政府的外部管理权和学校的办学自主权存在着一定程度的博弈：一方面，政府教育职能的直接体现是对大学管理权的行使，但是目前来看，这种政府管理权的行使有扩大的趋势，干扰了高职院校正常的教育活动，损害了高职院校的自由性、开放性与灵活性。因此，政府参与职业院校的教育管理应该是综合运用多种手段的间接管理。另一方面，大学自治随着教育独立意识的发展以及高等教育的进步应运而生，再加上高职院校的组织机构在教育的发展与改革过程中不断完善，帮助高职院校逐步拥有了独立自主的能力，摆脱了对政府的依赖。同时，大学自治相关法律基础的构建与完备，同样使高职院校的自主办学权得到法律保障。

3. 上级政府与社会参与的权利博弈

社会参与在政府与大学的权利竞争中扮演着调停者与监督者的角色，这种角色的作用主要表现在社会力量对政府权力的控制平衡以及学校自治的扶持。因此，社会力量的广泛积极参与，可以使政府、高校和企业三者之间达到分权制衡的效果。政府可以通过校企合作、第三方评估及私人办学等途径，不断拓宽社会参与办学的渠道，激发办学灵活性，为混合所有制高职院校的发展注入新鲜血液。但就目前情况来看，由于政府的过多干预，社会力量参与高职院校办学的方式及途径较为单一，办学效果难以突显。社会力量要想摆脱政府代理人的身份，拥有更多机会深入高等职业教育的内部，就要求政府专门建立有助于社会力量参与办学的平台，建立健全社会参与高等职业教育的体系，保障社会力量参与高等职业教育活动的机会平等，并充分赋予其在办学目标定位、课程设置结构、教学评估标准、人才培养计划等方面的话语权，力图维护好其作为高校治理参与者和权利博弈监督者的双重身份。

4. 高职院校与社会参与的权利博弈

高职院校办学动力的增强需要依靠社会力量的引入。但就目前来看，高职院校通过吸纳社会力量投入办学的模式相对比较老套，大多高职院校都是采用校企合作、订单式培养以及引资入校等方式办学。而这些社会参与办学的方式，难以真正为高职院校办学增添动力，多是摆摆样子、走走过场、流于形式，甚至阻碍了高职院校自治的实现。因此，高职院校在社会动员力方面应该多加反思，首先，社会力量的吸引可以通过扩大学校的社会声誉来实现，并通过签署协议来保障双方的合法权益；其次，社会力量的吸引还可以通过成立校董会的方法，吸纳企业捐资者、社会影响人士、普通公众等多元社会成员共同参与；最后，社会力量的吸引也可以通过组建社会监督委员会的方式，对高职院校的内部治理、教学改革、教育质量、人才培养、技术研发等方面进行有效监督，并及时获取反馈意见。

（三）权力博弈

政府、市场、学校间的权力关系如何运转，对提高教育管理质量有着至关重要的作用。政府主导教育管理权力易于使学校发展受限，市场主导教育管理权力易于导致学校发展错位，学校主导教育管理权力又碍于学校欠缺自主办学能力。教育管办评分离这一新型教育管理范式的出现，是符合教育管理的现实发展需求的，其主张将管理权留给政府、办学权还给学校、评价权交给第三方社会组织，以此谋求教育管理各方权力的相对制衡。①②

1. 上级政府与高职院校的权力博弈

在教育管理中，我们所说的上级政府通常是指举办高校的上一级行政主管部门。在计划经济体制中教育管理的管理权完全由政府掌控，随着社会主义市场经济体制的发展，学校的自主办学权逐渐得到实现，但是这种自主办学的权力仍然非常受限，各类教育资源的供给、各项工作任务的监管依然由政府管控。对政府来说，最希望看到的是能同时兼顾高职院校以及投资方的利益，并且不损害双方在合作中的积极性。这一点对上级政府和高职院校来说，在一定程度

---

① 雷振香，卢朝佑．教育管理范式转换：政府、市场、学校间的权力博弈［J］．教育探索，2016（09）：16-19.

② 王榕国，兰石财．独立学院内部管理体制多种权力博弈关系的共存性研究［J］．福建教育学院学报，2016，17（10）：24-27.

上具有利益的契合性，高职院校的教育经费不仅可以通过上级政府的拨款来获得，而且还可以通过混合所有制的新型办学模式从合作企业中争取，这对上级政府和高职院校来说可以达到双赢的效果。此外，高职院校同样也承担着来自政府方面的压力，高职院校具有教学管理和人才培养的职能，政府也因此会对此进行监督和管理，如有纰漏，上级政府自然是要唯高职院校是问了。

2. 高职院校与合作企业的权力博弈

高职院校和合作企业从自身利益最大化的角度出发，重点围绕管理费用和合理回报的比例问题进行博弈。这种博弈主要体现在校董事会人选的争夺上，因为人员的比例直接决定了决策时话语权由谁掌握。此外，地方政府的强力扶持和积极参与对高职院校和企业行业的合作大有裨益。当然，高职院校和合作企业权力博弈的另一主要原因是双方的思维起点不同，长期行政化的管理模式使得职业院校在做出制度安排时对行政管理模式的路径具有很强的依赖性，而合作企业则更多考虑的是工作效率，更倾向于使用市场经济的思维。这种思维起点上的巨大差异难免会使高职院校和合作企业在日后的教育管理和人才培养等方面发生摩擦。因此，混合所有制模式下的合作企业不可能都具有投资办学的高尚境界，高职院校和合作企业间类似状况的发生也不足为怪。

3. 高职院校内部权力的博弈

高等学校内部权力的博弈主要是包括高等教育场域中的行政权力与学术权力之间的博弈。① 协调大学内部各部门之间的相互关系是行政权力的作用所在，而确保高职院校科研与教学的基本属性则是学术权力的使命。高职院校内部管理活动中的行政权力与学术权力并非相互排斥、截然对立，这表现在高职院校内部拥有行政权力的人员或机构，也可能同时拥有一定的学术权力。个体或者机构都可以成为高职院校学术权力的主体，团体可以是学校行政管理机构或行政管理人员，甚至是高等教育管理部门等。而行政权力的主体构成则主要源于职业院校上层机构的行政管理人员。因此，我们可以得出行政权力主体的范围相对较窄，而且通过赋予行政主体参与学术事务管理的权限时，也就同时拥有了学术权力。通常情况下，在学术管理和行政管理的过程中更易发生行政权力和学术权力的冲突，这种冲突的发生大多是因为行政人员在参与学术管理事务

① 汤建．基于博弈论的高校场域中的权力博弈研究［J］．鄂州大学学报，2015，22（09）：73-76.

的过程中过度使用行政权力，从而导致学术权力行使受限。在高职院校的管理体系下，行政权力与学术权力通过相互作用和补充的方式帮助学校实现有效运行目标，确保高职院校整体利益的最大化。然而，就目前国内高职院校的发展情况来看，行政管理人员一手操办了一系列本该属于学术管理的事务。因此，我们不难看出我国高等职业院校内部的权力博弈中，行政权力通常占据支配地位，而学术权力普遍处于弱势地位。

（四）风险博弈

高等职业院校人才培养质量的提升必须通过大力推广创新混合所有制办学模式，深化产教融合等途径来实现。自从出现了混合所有制的办学理念，有关高校以及其他社会主体的机遇也随之产生，但是在真正投入办学实践时，效果远远达不到预期，因此，办学改革中机遇与风险依然并存。①

1. 上级政府与企业行业的风险博弈

国务院《关于加快发展现代职业教育的决定》以及教育部《高等职业教育创新发展行动计划（2015—2018 年）》等文件的发布对于高等职业院校开展混合所有制模式办学具有指导意义。然而，美中不足的是国家目前暂时还没有将有关混合所有制办学的一系列问题上升到法律的高度。所以，作为混合所有制的主体，高职院校在具体实践过程中还都是摸着石头过河，这也导致混合所有制模式下的高职院校在责权分配、体制机制建设、师资队伍打造、教学模式改革、监督评价等方面缺少可以借鉴的实施细则。《中华人民共和国教育法》对于教育机构的创办目的做出了明确的规定，任何组织与个人在创办教育机构时都不能以营利为目的。② 但在实际操作过程中，目前普遍存在的混合所有制办学模式都会涉及资本逐利与教育公益性的关系问题。因此，现存的法律体系无法为混合所有制办学模式下行业企业、高职院校的法律地位、法人属性、产权归属、监管方式等提供行之有效的法律保障。

2. 高职院校与上级政府的风险博弈

公立高职院校虽具有独立的法人资格，但在实际的运行管理中仍然具有非

---

① 雷世平，张艳芳．混合所有制职业院校单一法定代表人模式的潜在风险与制度破冰［J］．职教论坛，2018（03）：19-23.

② 孙海波，周勇，倪晋尚．高职院校混合所有制办学现实困境与发展路径分析［J］．课程教育研究，2018（45）：27.

常浓厚的行政色彩，更多的是采用不同于现代企业管理模式的政府行政管理模式。现代混合所有制高职院校的改革，不可避免地会存在现代企业管理模式和政府行政管理模式的混合，也因此会带来决策权、监督权以及收益权等一系列权力的划分和实行等诸多问题。除此之外，混合所有制高职院校的办学模式，使得公办高职院校中的公私资本发生混合，可能会导致国有侵吞私营资本和国有资产流失等情况的出现。长期以来“非公即私”的观念和体制制约着高职院校的办学革新，基于这样的一些现状，很多高职院校进行混合所有制办学改革的形式较为单一、程度不够深入，基本还都处于探索阶段。此外，作为事业单位的公办高职院校其人事管理与混合所有制的改革模式存在一定的冲突，公办高职院校的正式员工在当前的政治和经济体制下，享受着事业单位编制所带来的政策性福利待遇。而混合所有制高职院校因为其法律政策的缺失以及办学属性的不明确，使得这类高职院校的员工在人事待遇上同样面临着很大的不确定性。①

3. 高职院校与企业行业的风险博弈

高职院校包含学校和产业两个部分，校企合作也是其最常采用的现代混合所有制改革模式。双方合作的出发点与落脚点是两者利益的最大化，这种合作还很难达到患难与共的高度。对公办高职院校来说，不免担心新形势下的改革风险会对其天然的身份优势带来冲击。另外，企业担心由于缺少相应法律的支持而使其在校企合作中被动挨打、缺乏保障。因此，现阶段无论是学校还是企业，他们大都采取观望的态度，不敢轻易尝试。此外，混合所有制改革后，对公办高职院校而言，非国有资产的介入，使其内部权力结构和决策机构都会发生根本性的改变。因此，公办高职院校混合所有制在进行改革时，遇到的另一种风险便是关于如何处理权力决策机构在改革后发生的权利冲突问题，怎样才可以做到推进现代管理制度并且坚持党委对高校的领导。②

三、混合所有制高职院校协同治理的博弈策略

博弈论是一种在特定条件下研究多人谋略和决策的理论。在博弈的过程中，

---

① 李秋斌．公办高职院校混合所有制改革的困境与法律回应［J］．中国职业技术教育，2018（24）：20-26.

② 刘丹．高职院校混合所有制办学发展困境及实现路径［J］．石家庄职业技术学院学报，2018，30（05）：21-24.

每一个参与者所选择的策略相对其他参与者所选择的策略都是最优策略。一个完整的博弈必然包含以下几项因素：参与者、信息、策略、收益、均衡。博弈理论在各个领域的应用中主要体现出三个基本特征：冲突、优化、均衡。主要表现在博弈参与者也是学校治理结构中的利益相关者，博弈参与者间存在利益冲突；博弈理论的任务是解决博弈参与者间存在利益冲突问题，从而达到优化；在博弈中，博弈各方均认可最后呈现结果的利益分配方式，最终实现结果是一个有“约束力的妥协”，从而达到均衡。①

（一）协同治理过程中博弈条件分析

协同治理是高职院校谋求自身发展、实现人才培养目标、培养市场所需要的高级应用型技术人才的重要措施，其目的在于实现学校与企业的资源互补以及资源共享，促使学生在校所学与企业实践所需有机结合。然而在实践当中，由于政府、行业、学校、企业等各利益相关者主体之间的价值追求、利益诉求、行为方式等不相同，对于是否合作以及如何合作，各利益相关者都有不同的行为选择。因此，基于博弈论的视角，混合所有制高职院校协同治理是一个多元主体博弈的过程。政府、行业、学校、企业等各利益相关者之间充满“博弈”与“较量”的缘由主要体现在以下几方面。

1. 博弈主体之间的价值追求不一致

在博弈主体之间“较量”的过程中，价值追求的不一致性是各利益相关者之间进行博弈的根本缘由。学校自身作为教育机构，公益性是其本质属性，一切活动为了“育人”，其价值追求主要是增长学生知识、传播先进文化、推广科学研究。对高职院校而言，为社会培养素质高、能力强的技术技能型人才的价值追求则显得更为明显。而各行业或企业作为市场化的经济体，经济性是其属性的体现，追逐经济利益的最大化是其在经济活动当中的主要目的，产教融合或校企合作等活动都无法改变营利性作为企业的最终价值追求。此外，国务院2014年颁发的《关于加快发展现代职业教育的决定》指出“要引导支持社会力量兴办职业教育”，而社会力量兴办职业教育侧重的是各种社会力量以捐赠、出资、投资、合作等方式举办或者参与举办法律法规允许的职业院校。除捐赠形式举办或参与举办是为了职业院校的建设和发展，出资、投资、合作等形式均

① 周艳平．基于博弈理论的多目标生产调度问题研究［D］．上海：华东理工大学，2012.

带有一定的功利性目的，功利性获利在一定程度上是社会力量参与混合所有制高职院校办学的主要动机，这与教育的公益性存在强烈的反差。

公益性与营利性源头上本是“异质属性”，这两者的区别一定会对竞争双方的主体的决策选择以及利益分配等造成影响，进而形成协同治理过程中的博弈关系，而博弈的结局也因此而表现出多种可能性。

2. 博弈主体之间的利益诉求不一致

“利益相关者的理论认为，人类进行活动的过程，从本质上讲，都是在追求利益的最大化。进行职业教育校企合作的合作者都抱着各自的利益需求进行合作，合作者的一切行为选择都是在结合自身利益取向后进行全面考量的结果。”① 如何看待企业与学校之间的利益诉求，对协同治理及合作效果都有着十分重要的影响。

在协同治理或校企合作过程中，学校与企业一起进行人才的培养，让学生不仅进行理论的学习，也参加实践训练。这样做的主要目的是帮助学生通过真正的实践过程掌握一定的技术技能，以促使学生能更好地适应社会的技术发展需求。而要实现这一目标则要求学校必须有足够的实践教学条件作为支撑，在这一层面，企业则占有比较明显的资源优势。因此，企业在校企合作中往往作为资源投入较多的一方，不仅需要向学校提供机器设备、厂房设施、专业的技术人员等，以便能满足学生实践技能学习的需要，同时还需要对其进行一定程度的管理，这在一定程度上提高了企业的经营成本，也无疑违背了企业追求利益最大化的利益诉求。相反，作为提供职业教育的高校一方却很缺乏优质的高价值的技术人员、高科技的技术水平、高规格的技术场地等“硬件”，并且在资金上因为其公益性、服务性的原因而难以支用，在一定程度上无法满足企业提出的资金要求。

此外，企业作为市场化的经济主体，与高职院校合作的主要目的是完善与提高自身的资源以及企业竞争力，这是合理的利益诉求。但在现实中，很多企业因过度追逐利益的快速化和最大化，往往对彼此合作过程的潜在价值认识不足或低估，若在短期内没有看到校方带来的经济收益，很可能会打击其合作的积极性。企业在合作中的投入与产出之间存在时间上的不一致性和不确定性，

---

① 孔珊．职业教育校企合作的多维度博弈、冲突与治理［J］．职业技术教育，2018，39（24）：39-44.

导致学校与其矛盾冲突升级，从而加剧双方的博弈。

3. 博弈主体之间的行为方式不一致

在协同治理的过程中，政府、企业、院校之间由于各自的利益诉求不一样，导致彼此之间的行为方式存在很大的差异性。在现实当中，高职院校在技术改造、产品开发、人才培养层次、实践教学、技术研发、成果转化等各方面还比较弱，无法真正满足企业的实际需求，更无法满足企业追求利益最大化的目标要求，在某种意义上，学校不能成为企业发展、企业创新的真正合作伙伴。《关于加快发展现代职业教育的决定》中第一次明确地提出了发展职业教育要遵循“政府推动、市场引导”的原则，但实际情况是，目前我国的市场体系要适应产业的转型升级以及经济发展方式的要求仍存在很大的困难，要真正做到发挥“市场引导”的作用，要经过很艰难、很漫长的探索过程。因此，在合作过程中，要充分发挥市场调节功能，调动、“引导”企业主体的积极性和主动性，而政府则为市场调节提供良好的法律、政策等运行环境。

总之，尚未从企业的价值追求、高职院校的现有水平、政府的保障制度等各方面找到有利的切入点，使得产教融合、校企合作、协同治理等方面仍然面临着诸多现实问题。

（二）协同治理过程中博弈类型分析

博弈论主要讨论的是矛盾和合作两者之间的“平衡支点”，一方面，博弈过程中的各方参与者因彼此的价值追求、利益诉求等不一样而具有冲突性；另一方面，各利益主体在行为策略上因发展需求等原因又具有一定的依存性。因此，博弈论在一定程度上又称为“对策论”，它要回答的是在博弈过程中如何实现“均衡”的问题，避免出现“你死我亡”或“两败俱伤”的情况。

1. 零和博弈

在博弈的动态过程中，通常会有两种结果出现：零和博弈以及非零和博弈。“这里所说的零和博弈，表明了博弈主体之间有着较强的利益冲突，不可能做到二者双赢，一方盈利另一方必然会受到损失，在某些情况下，甚至会导致双方都受到损失，无法产生任何收益，最终的结局便是双方同归于尽。”① 由此可见，在进行零和博弈时，一方的收益建立在另一方的受损的基础上，两者呈现

① 朱德全．职业发展统筹发展论［M］．北京：科学出版社，2016：33.

出“此消彼长”的态势，更有甚者，出现“两败俱伤”的糟糕局面。

在高职院校协同治理过程中，由于企业和学校的地位、利益出发点以及各自参与规划过程的方式均不一样，因此他们在特定的利益分配场域内经历着多次的利益博弈。在理论上，高职院校可以通过政府的政策支持或引导，利用高校的自身优势；通过各种方式努力吸取优质的办学资源，充分利用企业在技术技能等方面的优势。同时，企业也能充分利用高职院校的丰富资源，创办自身的企业体系，为企业的长远发展储备优秀的技术人才。总之，在理想层面的博弈过程中，企业、政府与院校系统把各自的利益诉求投放到整个协同治理的过程中，从而不断调整与实现彼此的利益诉求，产生的博弈局面则是企业和学校这对博弈主体再分配教育资源及其“附属品”和重塑利益格局。

然而，在现实中往往会出现“零和博弈”的局面。高职院校都希望企业能够积极地参与到学校的人才培养过程中，希望在院校发展、课程建设、专业设置、技能拓展、考核评估等方面能得到企业的实际性指导，但企业往往因激烈的市场竞争，很难有充足的时间与精力投入学校的人才培养中；同时，由于企业在育人成本中投入的资金、资源较多以及在短期内无法收到可观的利润，迫使企业在协同治理过程中出现“消极”或“倦怠”的情绪，从而造成合作动力不足。这就是典型的“两败俱伤”的零和博弈。可见，零和博弈不是最佳的博弈结果。

2. 均衡博弈

“在所谓文明的冲突中，其实常有相当大的合作空间。那些看起来是零和的抗争，可以在一些存在的善意中，被转化为互利的非零和游戏。”① 明显地，非零和博弈为博弈双方创造双赢局面提供了很大的合作空间。在非零和博弈当中，主要强调博弈主体之间的均衡，博弈主体在竞争中主动寻找双方共同接受的、良性的合作机制，制定相关的带有约束力的书面或口头上的条文规定达成共识而进行合作，实现“双赢”或“共赢”，进而达成合作的结果，这显然是博弈中最优的结局。因此，均衡博弈更看重的是各个博弈主体之间的相互合作、相互配合，以实现在公平、公正、互惠、互利、共赢等原则的指导下来分享利益。

根据均衡博弈的分析，这为解决企业与高职院校之间的矛盾与冲突提供了空间，尽管企业和学校在各自争取有限资源以及追求利益最大化上存在着一定的冲突，但两者在信息、资源等方面具有极强的互补性。首先，企业拥有行业

① 道金斯．自私的基因［M］．长春：吉林人民出版社，1998：276.

精英大师、成熟的技术条件、丰富的市场信息等资源，这与学校丰富的学员人才、明确的学习方向、大量的就业需求等方面存在着很大的合作空间。如果企业和学校之间能够合作，这样不仅有利于实现彼此的利益最大化，也有利于实现单个决策主体得益的最优解和双方的利益均衡。其次，高职院校的发展也为企业带来更多的实用型人才，一方面能有效地解决学生的就业问题，另一方面也为企业带来了优质的技术人才，使双方在相互合作的基础上还产生了一种合作剩余，既有利于增进彼此之间的利益，又能为整个社会带来效益。当然，均衡博弈并不是强调博弈双方绝对的均衡或利益绝对的对等，因为不同博弈主体不仅在博弈能力、博弈技巧等方面上存在着差异性，而且在外部投入、政策保障、资源配置、信息掌握、人员分工等诸多方面也有差异。

对企业与地方政府而言，它们各自拥有不同的利益诉求，但它们在策略的选择、运用上又会在一定程度上影响对方。因此，企业与地方政府也构成了博弈的双方：一方面，政府既需要完善相关的法律法规来管理和控制本区域的企业以达到维护社会秩序的目的，又要依赖于企业的稳定发展进而提供更多的税收以用于公共支出。另一方面，企业在发展过程中离不开政府出台的一系列合理的政策以及完善的法律法规等有利条件以创造出更多经济价值和社会价值。因此，企业在不断的发展过程中，需要不断进行策略以及措施的完善，借此来进行与地方政府的博弈，从而保证自身的稳定发展或者是取得最大的利润空间。在这两者的博弈过程中，尽管政府与企业的目的与追求不一样，但博弈的最佳结果是：政府达到维护社会、管理社会和促进社会发展的目的，企业实现利益最大化的目标，双方同时推动社会安全稳定发展。

由此可知，参与博弈的各主体——企业、政府、学校三者之间，想要实现利益的最大化，彼此都不能只看到自身的“获利”，而要在一定程度上放弃甚至“牺牲”自身所认为的最理想的选择，站在对方的角度进行考虑并做出相应的行为策略，以达到共同利益的最大化。如果各方一切都是从谋取自身利益最大化的角度出发，根据纳什均衡博弈理论，很可能会进入“囚徒困境”，其博弈结果就整体公共利益来说或许并不是最大化的。

四、混合所有制高职院校协同治理的博弈机理

从根本上来说，混合所有制高职院校协同治理就是参与高职院校办学的内部多元主体间利益关系博弈的问题，不同主体基于各自利益做出选择并力图使

多方在利益抉择后能够形成相对均衡的稳定格局。博弈论作为分析解释事物间关系的一种工具，能够在分析的基础上有效反映多元主体间利益均衡的问题。

（一）静态博弈机理

所谓静态博弈，具体是在博弈的过程中开展行动，或者说即便是参与者在开展行动时有先后的顺序，但是对采取行动时间较后的参与者来说，他们并不知道最先开始行动的参与者进行了什么样的行动，换言之就是博弈活动的参与者虽然在物理时间上不同时，但他们在逻辑时间上是完全同时的。①

1. 无政府介入的博弈分析

当作为博弈双方的高职院校和企业采取非合作策略时，高职院校和企业分别能够获得的收益是 a 和 b，如果两者在博弈中改变策略转而采用合作的方式时，双方的收益都会增加，达到 a+c 和 b+d，双方收益都有可以改进的空间，即帕累托改进。但是在合作的情况下，如果其中一个合作者采用机会主义或者其他行为，而另外一个合作者则是真诚的合作态度，就会导致利益分配不均等问题的出现，具体体现在机会主义的一方比真诚合作的一方取得更多的利益，另外一方获得更少的收益，但是两者所创造的总收益与非合作策略情况下是一样的。所以，通过以上分析，我们可以发现二者全部选择机会主义是唯一的策略组合，然而使参与者陷入困境之中，即“囚徒困境”。

2. 对政府参与的博弈进行分析

为了达到纳什均衡，混合所有制改革中的博弈双方都会理性地选择机会主义策略，但是政府的介入在一定程度上可以有效避免类似情况的发生。首先，政府可以通过实施惩罚对在博弈过程中采取机会主义的参与者进行裁决，并通过大众传媒等途径将其机会主义的行为公之于众，这样会使参与者因采取机会主义而造成代价大于收益的不良后果。参与方在合作过程中的博弈次数是有限的，且各主体并不能提前预知博弈结束的时间，所以，参与方必须对预期效益进行考虑，这种情况下的博弈与无限次博弈效果相差无几。因此，只有采取真诚合作策略才是高校和企业的理性选择。其次，如果在博弈中有一方使用了机会主义策略，依照贝叶斯规则的规定，其他参与者在明确它的活动采用了机会主义策略后也可以使用非合作的策略，而且，政府在介入后会将这种机会主义

① 蒋文华．用博弈的思维看世界［M］．杭州：浙江大学出版社，2014：244.

行为者的不合作行为公之于众，这对于其以后的发展将产生很大的影响，因为没有谁愿意自己的合作伙伴是不可信的机会主义行为者。因此，博弈双方的真诚合作是一个纳什均衡，混合所有制下高职院校的协同治理才能得以稳定进行。

（二）动态博弈机理

动态博弈与静态博弈恰恰相反，虽说在博弈过程中采取行动的顺序有先后之分，但是后进行行动的参与者可以观察到先行动的参与者进行的选择，然后根据情况做出决断。动态博弈的行动有先后顺序，不同的参与者可以在不同的时段行动，先开始行动的参与者做出的选择会影响到后者的选择，后者可以根据前者的选择进行选择。所以，对动态博弈而言，参与者在行动时不是统一进行的，而是存在一定的顺序。①

从本质上讲，混合所有制高职院校的协同治理是企业与高校优势资源整合的结果。为更好地应对新时代的挑战，高职院校与企业间的精诚合作是必然的选择。高校与企业作为无法分割的一体两面，两者间的合作本身就具有一定的复杂性，产学研合作对企业来说，最大的挑战在于如何通过控制合作的风险确保合作的成功。因为就目前来看，通过与高校的合作，很多企业收获颇丰，自身的竞争力也不断获得提升，但也有一些企业因为合作失败而惨遭损失。

混合所有制高职院校的协同治理同样是一种动态博弈的过程。这种博弈体现在校企双方签署合作协议后所采取的行为结果，如果校企双方都选择合作，那么双方均受益；如果校企其中任何一方选择不合作，那么都会使对方效益受损；如果双方都选择不合作，则双方效益都将受损。在实际工作情况中，校企双方的博弈过程会更加复杂，这种复杂性是由于双方信息的不对称而带来的投机心理所导致的。如果在此过程中，企业与高校经过反复磨合与较量达到长期持续的合作，就会出现动态博弈的情形，进而决定合作的最终结果。②

因此使用动态博弈的方法，可以有效地揭示其运作的机制，从而帮助企业制定正确合理的合作策略。动态博弈虽然以静态博弈为基础，但与静态博弈有着本质的区别，动态博弈重在强调参与者制定策略及采取行动的先后关系。如果一方参与者先采取的行动被对方发现，那么另一方就会据此做出决策并采取

---

① 张维迎．博弈论与信息经济学［M］．上海：上海人民出版社，2004：364.

② 韩德超，席升阳，张翠．高校与企业在产学研合作中的博弈分析［J］．价值工程，2005（11）：45-47.

行动。后行动者采取的行动反过来被对方发现后，对方又会再一次根据其行为对自身的行为决策进行调整。从上述我们不难看出，动态博弈是一个长期的信念博弈，并在动态过程中最终达到均衡。根据动态博弈的性质和特点，校企合作双方中的任何一方做出行动后，必将被另一方所察觉，并会据此做出选择且衡量自身的选择是不是最优选择。高校与企业间的动态博弈是回合制的博弈，并非简单的单一性博弈。这种回合制的博弈贯穿在校企双方合作的始终，从初期双方签署合作协议，到中期学校发挥自身知识技术创新优势、企业发挥自身资金和技术应用优势，再到后期目标产品与项目的生成与应用，每个环节都少不了校企双方的多次博弈。校企合作过程中的动态博弈需要从时间维度来判别博弈参与者的行为及其后果，进而对最终结果形成机理分析。利用动态博弈的方法，企业可以在决定是否与高校开展产学研合作的决策前，通过预测和模拟对方可能的策略和行动来制定自身对策。这种基于动态博弈的预测和模拟，可以帮助企业达成预设目标，有效降低企业参与产学研合作的风险并控制其合作的进程。同时，在此过程中，企业还可以利用动态博弈的分析方法，根据高校的行为选择及时调整自身策略，并干预和规范高校的行为，确保整个产学研合作按照预想的轨道有序行进。因此，对企业而言，动态博弈的分析方法可以帮助其分析合作方的动作和策略，并据此及时修订和完善自身所采取的对策，通过把握产学研合作的整体格局保障自身利益。

本章小结

本章了解协同治理的内外结构、主体构成、间性关系，剖解协同治理的博弈内容、博弈条件、博弈类型，从动态博弈、静态博弈两方面深入分析了协同治理的博弈机理。研究发现，动态博弈是一种长期的持续性的博弈，并在动态博弈的过程中最终达到均衡，高校与企业间的动态博弈是回合制的博弈，并非简单的单一性博弈，这种回合制的博弈贯穿在校企双方合作的始终，从初期双方签署合作协议，到中期学校发挥自身知识技术创新优势、企业发挥自身资金和技术应用优势，再到后期目标产品与项目的生成与应用，每个环节都少不了校企双方的多次博弈，因此在相互博弈结果下主体的行为选择和均衡结果成为下一步研究的重点。

第四章 混合所有制高职院校协同治理的动态均衡

在对混合所有制高职院校多元主体博弈机理解析的基础上，本章建立起混合所有制高职院校治理主体的多元博弈均衡模型，并基于博弈模型进行动态均衡分析，揭示在相互博弈结果下主体的行为选择和均衡结果。基于均衡结果，从均衡优化的角度，本部分还将提出促进协同治理的价值基础和制度基础。

一、混合所有制高职院校协同治理的多元博弈模型构建

在混合所有制高职院校协同治理的过程中，各利益主体之间进行或明或暗、或强或弱的博弈，而博弈的最佳状态在于通过优化选择、合理使用策略，兼顾高校、企业、政府等各方面的利益，寻找彼此之间的平衡点，使得自身的利益最大化，实现博弈均衡。因此，我们在协同治理过程中不能采用“一家独大”或“你死我亡”式的零和博弈策略，即占优战略，而是根据彼此之间的共同利益诉求，寻找利益契合点，建立起“互利共赢”的均衡博弈。

（一）博弈假设

协同治理是混合所有制高职院校谋求自身发展、实现人才培养目标、培养市场所需求的高级应用型技术人才的重要措施，其目的在于实现学校与企业的资源互补以及资源共享，促使学生在校所学与企业实践所需有机结合。然而在实践当中，由于政府、行业、学校、企业等各利益主体之间的价值追求、利益诉求、行为方式等的差异，对于是否合作以及如何合作，各利益主体都有不同的行为选择。为了深入了解不同的利益主体对于协同治理时所进行的策略选择以及博弈问题，我们建立博弈模型展开分析。为便于分析，我们基于三主体的博弈框架展开。假设混合所有制高职院校存在国有资本和非国有资本两个主体，

并将政府作为监管部门引入模型分析中。在进行博弈分析之前，设定了一些基本假设。

1. 博弈方为混合所有制高职院校中的国有资本、非国有资本与政府监管部门。当然，由于非国有资本还包含了不同的类型，为了进一步简化，我们以常见的参与混合所有制改革的企业作为代表。因此，非国有资本的行为假定是以企业的经营目标与行为为出发点的。

2. 混合所有制高职院校有且只有一个拥有实际高校控制权的股东，而且存在利用自身优势去侵略其他资本的能力。这样就存在两种可能的情况，国有资本或非国有资本是大股东，而院校管理层只是扮演职业经理人角色。但在实际过程中，由于在高职院校的组建和运行中，国有资本往往是较为强势的一方。因此，为了使分析更加简化，直接假设国有资本是大股东，可能会侵占民营资本的利益；而非国有资本是相对小股东，有被国有资本侵占利益的风险，但同时有监督权，利益受到损害时可能会向政府监管部门维权。同时，假定双方都为“理性经济人”，他们以追求自身利益最大化为目标。也就是说，国有资本的行为包括侵占与不侵占，非国有资产在受到利益损失的情况下可以选择上诉也可以选择不上诉，对监管机构而言，他们的行为包括查出以及未查出。国有资本的行动依赖于它对政府监管部门行动的判断，非国有资本选择上诉的概率为 μ_2，监管部门选择查处的概率为 μ_3。

3. 假设国有资本持股比例为 $\alpha \in (0, 1)$，则非国有资本持股比例为 $1-\alpha$，组建混合所有制高职院校获得的利润为 π。在混合所有制高职院校如果国有资本发生侵占行为，也会为自己的侵占行为付出相应的代价。现我们用系数 m 来表示监管部门对非国有资产的保护情况，用系数 n 来反映国有资本的侵占程度，用函数 $D(m, n)$ 来刻画国有资本发生侵占时付出的成本。当侵占行为发生时，非国有资本的损失为 $-n(1-\alpha)\pi$，国有资本获得的额外收益 $n(1-\alpha)\pi - D(m, n) \geqslant 0$。

4. 一旦国有资本发生侵占行为，则面临被政府监管部门惩罚的风险，假定惩罚力度为国有资本额外收益的 λ 倍，则被监管机构查出时的惩罚损失为 $\lambda[n(1-\alpha)\pi - D(m, n)]$。当然，查处侵占行为依赖于非国有资本的监督上诉，此处假定非国有资本的上诉成本为 D_1，政府监管部门的甄别成本为 D_2。

5. 如果侵占行为发生，非国有资本采取上诉的形式维护自己权益，一旦监管机构查出这种侵占行为则相应的惩罚所得归非国有资本和监管机构共同所有。

其中监管部门获得的惩罚所得比例为 $\theta \in (0, 1)$，剩余的占比为 $1-\theta$ 部分归非国有资本所有。当然，如果非国有资本在侵占行为发生没有上诉而依靠监管机构独立发现侵占行为时，则惩罚所得为监管部门独有，但国有资本将退还其违规所得。此外，如果非国有资本上诉的侵占行为不真实，给国有资本带来了负面影响，一经查处，则非国有资本要弥补国有资本的损失 T。但如果未被查处，则非国有资本将收益 T。

6. 如果国有资本侵占行为被监管部门查处，则必须全部退还违规所得 $n(1-\alpha)\pi$。

（二）多主体博弈收益分析

根据前述假设，可以得到包括国有资本、非国有资本以及政府监管部门等博弈三方的收益矩阵，如表 4-1 所示。

表 4-1 多元主体博弈矩阵

<table>
<tr><td colspan="4" rowspan="2">博弈主体</td><td colspan="2">政府监管部门</td></tr>
<tr><td>查处</td><td>不查处</td></tr>
<tr><td rowspan="4">国有资本</td><td rowspan="2">侵占</td><td rowspan="2">非国有资本</td><td>上诉
μ_2</td><td>$\alpha\pi - D(m, n) - \lambda[n(1-\alpha)\pi - D(m, n)]$
$(1-\alpha)\pi - D_1 + \theta\lambda[n(1-\alpha)\pi - D(m, n)]$
$((1-\theta)\lambda[n(1-\alpha)\pi - D(m, n)]) - D_2$</td><td>$\alpha\pi + n(1-\alpha)\pi - D(m, n)$
$(1-n)(1-\alpha)\pi - D_1$
0</td></tr>
<tr><td>不上诉
$1-\mu_2$</td><td>$\alpha\pi - D(m, n) - \lambda[n(1-\alpha)\pi - D(m, n)]$
$(1-\alpha)\pi$
$(\lambda[n(1-\alpha)\pi - D(m, n)]) - D_2$</td><td>$\alpha\pi + n(1-\alpha)\pi - D(m, n)$
$(1-n)(1-\alpha)\pi$
0</td></tr>
<tr><td rowspan="2">不侵占</td><td rowspan="2">非国有资本</td><td>上诉
μ_2</td><td>$\alpha\pi + T$
$(1-\alpha)\pi - D_2 - T$
$-D_2$</td><td>$\alpha\pi - T$
$(1-\alpha)\pi + T - D_1$
0</td></tr>
<tr><td>不上诉
$1-\mu_2$</td><td>$\alpha\pi$
$(1-\alpha)\pi$
$-D_2$</td><td>$\alpha\pi$
$(1-\alpha)\pi$
0</td></tr>
</table>

1. 国有资本收益函数：国有资本存在两种行动选择（侵占，不侵占），当其采取侵占行为，如果未被查处，则国有资本收益函数为 $\alpha\pi + n(1-\alpha)\pi - D(m, n)$，而与非国有资本是否采取上诉无关，只与监管机构的行动选择相关。如果没有监管机构，可以认为，无论非国有资本采取何种行动，国有资本

都将选择侵占行动，这时，侵占是国有资本的占优行动。

2. 非国有资本收益函数：当国有企业采取侵占行动时，非国有资本也存在两种行动选择（上诉，不上诉），假定监管机构采取查处行动时，非国有资本的最优行动是上诉，其收益函数为 $(1-\alpha)\pi-D_1+\theta\lambda[n(1-\alpha)\pi-D(m, n)]$；假定监管机构采取不查处行动时，则非国有资本的最优行动是不上诉，其收益函数为 $(1-n)(1-\alpha)\pi$。

3. 政府监管部门收益函数：监管机构的存在，彻底改变了国有资本的占优行动。假设监管机构不能够观察到国有资本的行动，如果国有资本采取侵占行为，那么监管机构的占优行动是查处，这时非国有资本也会随之选择上诉行动。如果国有资本采取不侵占行动，那么监管机构的占优行动是不查处，这时非国有资本也会随之选择不上诉行动。

表 4-1 是多元主体博弈矩阵，博弈主体在决策之前都会结合自身利益最大获得前提。函数表达式代表了不同的收益，$\alpha\pi-D(m, n)-\lambda[n(1-\alpha)\pi-D(m, n)]$ 是国有资本的收益，$(1-\alpha)\pi-D_1+\theta\lambda[n(1-\alpha)\pi-D(m, n)]$ 代表非国有资本的收益，$((1-\theta)\lambda[n(1-\alpha)\pi-D(m, n)])-D_2$ 代表政府监管部门的收益。

二、混合所有制高职院校协同治理的贝叶斯均衡

假设本研究各主体之间的博弈为动态博弈，也就是说各主体有选择顺序，并且经过多次比较与较量，通过修正各自的信念，在动态博弈过程中形成贝叶斯均衡。本研究在此假设各行为主体的行为顺序：政府监管部门行动→国有资本行动→非国有资本行动，据此进行不完全信息的动态博弈分析。

（一）政府监管机构的行动选择

政府监管部门根据自身职责，会做出（查处，不查处）两种行动选择。政府监管部门选择行动的基础，并不是根据其收益决定的，而是履行自己的职责，因此，它的行动与国有资本、非国有资本的行动选择没有关系，监管部门等同于“自然”。也就是说，对整个混合所有制院校是否选择查处，只有监管部门自己决定，与外部环境无关，不等于“钓鱼执法”。

假设政府监管部门首先选择行动，但它的行动具有一定随机性，选择查处行为的概率为 μ_3，选择不查处行动的概率为 $1-\mu_3$。

如果监管部门选择“查处”行动时，由于各个主体之间的信息是不完全的，国有资本无法观察到非国有资本的行动，它只能猜测整个混合所有制院校的类型。与“钓鱼执法”不同，无论国有资本是否选择“侵占”行动，监管部门都将会产生收益，只是存在正向收益与负向收益的区别。当国有资本确有“侵占”行为时，那么监管部门将会获得正向的惩罚收益。当国有资本没有“侵占”行为时，那么监管部门将独自承担“查处”行动的成本。

如果监管部门选择“不查处”行为时，国有资本也无法观察到对方的行为，它也只有两种行为选择，即“侵占，不侵占”。这时，监管部门的预期效果已经达到了，有效改变了国有资本的占优行为战略，只要有监管部门存在，国有资本永远只能在两种行为中进行选择，一定程度上降低了国有资本侵占非国有资本的可能性。

综上所述，监管部门选择概率μ_3非常重要，它是国有资本是否会改变占优战略的关键。如果监管部门向国有资本传递的信号不足以让其相信，那么这就构成了不可置信的威胁。假如监管部门事先通过警告、约谈等“承诺行动”，提醒国有资本关于它未来的选择，那么国有资本会更加坚定自己对监管部门行动的信念，这就足够改变其他的主体的行为选择。

（二）国有资本博弈行为分析

假设多主体信息不完全，国有资本不知道监管部门的选择，根据构建的博弈模型框架，国有资本可以有两种行为选择，即进行侵占或选择不侵占。但是，由于监管部门的参与，直接影响到国有资本的行为策略，直接改变了国有资本的占优战略，基于两种行为选择的发生概率以及收益情况，便可得到国有资本的期望收益。

由于监管部门的行为选择，国有资本无法准确知晓，即国有资本实际上只有一个信息集，因此，国有资本只能以（侵占，不侵占）两种选择来应对监管部门的行为，这就取决于监管部门选择行为的概率μ_3。

我们假设在监管部门选择查处的概率为μ_3时，国有资本选择侵占行为的预期收益为$E(U_s)_a$：

$$\begin{aligned}E(U_s)_a = &\mu_3\{\alpha\pi - D(m, n) - \lambda[n(1-\alpha)\pi - D(m, n)]\}\\ &+ (1-\mu_3)[\alpha\pi + n(1-\alpha)\pi - D(m, n)]\end{aligned} \tag{4-1}$$

国有资本选择不侵占行为的预期收益为$E(U_s)_b$：

$$E(U_s)_b = \mu_3\{\mu_3(\alpha\pi + T) + (1-\mu_2)\alpha\pi\} + (1-\mu_3)\{\mu_2(\alpha\pi - T) + (1-\mu_2)\alpha\pi\} \tag{4-2}$$

借助 Hotelling 模型，令 $E(U_s)_a = E(U_s)_b$，则可以求到国有资本对监管部门查处行为的临界置信概率 μ_3^*：

$$\mu_3^* = \frac{\mu_2 T + n(1-\alpha)\pi - D(m, n)}{\lambda n(1-\alpha)\pi - \lambda D(m, n) + n(1-\alpha)\pi - 2\mu_2 T} \tag{4-3}$$

当监管部门选择查处行为的概率 $\mu_3 > \mu_3^*$ 时，国有资本选择侵占行为的预期收益小于不侵占行为的预期收益，这说明，监管部门的查处意志非常坚决，国有资本宁愿相信这一事实，其占优战略会被改变，它宁愿选择不侵占行为；当 $\mu_3 > \mu_3^*$ 时，这说明，监管部门的查处决心还不足以让国有资本相信，国有资本的占优战略将会持续，它将会选择侵占行为，以此获得更大的预期收益。不难看出，监管部门行为选择的置信概率 μ_3^* 的左移右移实际上是国有资本的信念体现，这是它对监管部门传递信号的甄别，只要监管部门的“承诺行动”见效，则置信概率 μ_3^* 必然会向左移动。

通过对（4-3）式分析，我们可以得出以下结论。

1. 非国有资本的行动类型 μ_2 独立于监管部门行为选择的置信概率 μ_3^*，即非国有资本的行动选择与监管部门无关（信息集 h 和 f），因为非国有资本的决策依据仅源于国有资本的选择。因此，国有资本对置信概率 μ_3^* 的判断，也无须考虑非国有资本的行为选择概率。

2. 从国有资本的角度来看，侵占额外收益 $n(1-\alpha)\pi - D(m, n)$ 会影响它对置信概率 μ_3^* 的判断。如果这种侵占收益越高，则 μ_3^* 会下降，它对监管部门行为选择的置信区间 $[0, \mu_3^*]$ 就越小，这表示侵占收益越高，国有资本被处罚的风险就越大。

3. 监管部门的惩罚力度 λ 也会降低国有资本的置信区间 $[0, \mu_3^*]$。当惩罚系数 λ 提高时，则国有股东侵占行为将会受到的惩罚力度就越大，它宁愿降低自己的置信概率 μ_3^*，从而坚定监管部门会选择查处行为的信念。

（三）非国有资本博弈行为分析

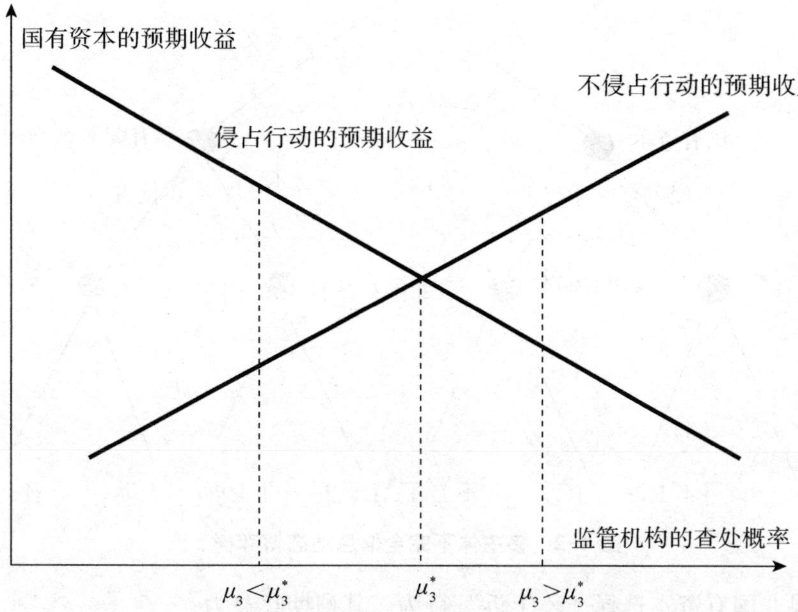

图 4-1 国有资本对监管部门的置信概率

根据贝叶斯博弈模型的假设，如果国有资本选择侵占行为时，非国有资本可以有两种行为选择（上诉，不上诉）；如果国有资本选择不侵占行为时，非国有资本也可以有两种行为选择（上诉，不上诉）。根据不完全信息动态博弈树型图（图 4-2）可知：

由于非国有资本不能观察到监管机构的决策行为，它只能根据国有资本的行为来选择自己的行为，因此，非国有资本在不完全信息博弈树上，就应该有两个信息集 h 和 f，即非国有资本在信息集 h 上，有两种行为（上诉，不上诉），而不需要去考虑监管机构的类型。同理，非国有资本在信息集 f 上，也只有两种应对行为（上诉，不上诉）。

1. 当国有资本选择“侵占”行为时，在信息集 h 上，如果非国有资本选择“上诉”行为，其预期收益为：

$$E(U_p)_s = \mu_3(1-\alpha)\pi + \mu_3\theta\lambda[n(1-\alpha)\pi - D(m,\ n)] + (1-\mu_3)(1-n)(1-\alpha)\pi - D_1 \tag{4-4}$$

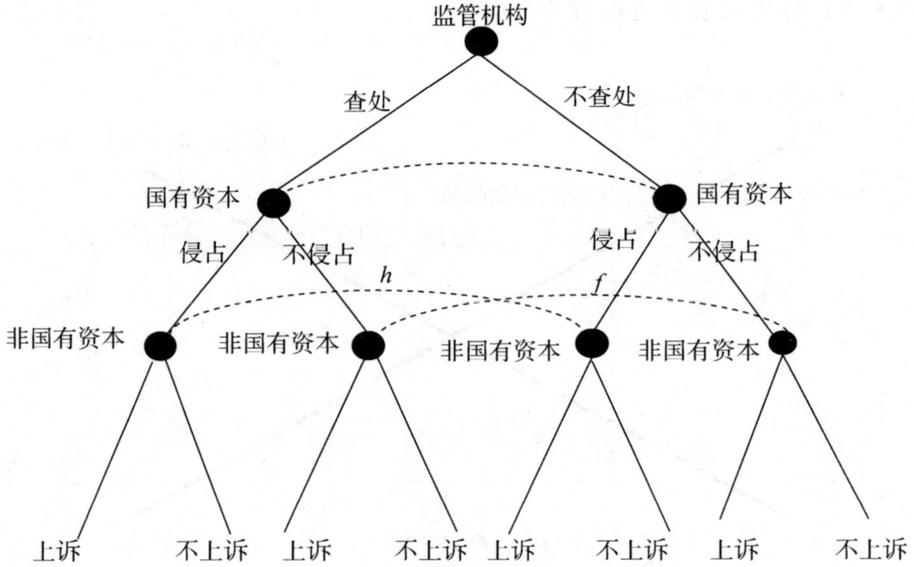

图 4-2　多主体不完全信息动态博弈树

如果非国有资本选择“不上诉”行为，其预期收益为：

$$E(U_p)_n = \mu_3(1-\alpha)\pi + (1-\mu_3)(1-n)(1-\alpha)\pi \tag{4-5}$$

如果$\mu_3\theta\lambda[n(1-\alpha)\pi - D(m, n)] - D_1 > 0$，即非国有资本获得的罚款收益能够抵消其上诉成本，那么一定有$E(U_p)_s > E(U_p)_n$。这就表明，只要国有资本选择“侵占”行为，无论监管机构是否会“查处”，非国有资本一定会选择“上诉”行为。

2. 当国有资本选择“不侵占”行为时，在信息集f上，如果非国有资本选择“上诉”行为，其预期收益为：

$$E(U_p)_s = (1-\alpha)\pi - (2\mu_3 T - T + D_1) \tag{4-6}$$

如果非国有资本选择“不上诉”行为，其预期收益为：

$$E(U_p)_n = (1-\alpha)\pi \tag{4-7}$$

如果（$2\mu_3 T - T + D_1$）> 0，非国有资本的上诉成本必然会削弱其预期收益，因此，必然存在$E(U_p)_s < E(U_p)_n$，这说明国有资本不侵占时，非国有资本也没有动力选择“上诉”行为，只会选择“不上诉”行为。如果（$2\mu_3 T - T + D_1$）< 0，非国有资本的预期收益大于其上诉成本，非国有资本则宁愿选择上诉。

值得注意的是，非国有资本的行为选择首先取决于监管部门的行为选择概

率 μ_3，监管部门选择查处行为的意志坚决时，对非国有资本的行为是有利的。然而，非国有资本的行为选择依赖于通过国有资本的行为来修正其后验概率，$n(1-\alpha)\pi - D(m, n)$ 越大，则证明国有资本的置信区间 $[0, \mu_3^*]$ 就越小，而监管部门的查处概率 $\mu_3 > \mu_3^*$，这时国有资本反而不敢选择“侵占”行为；同时，从（4-3）式中可知，当 T 越大时，说明非国有资本诬陷收益越高，国有资本将会承诺提高自己的置信区间 $[0, \mu_3^*]$，即非国有资本一旦选择“上诉”行为，国有资本则一定会选择“侵占”行为，同时也相信监管部门不会来查处，迫使其选择“不上诉”行为。实际上，国有资本与非国有资本都是根据对方的行为来调整自己的后验概率，所有的收益参数均为“承诺行动”，实现修正置信区间 $[0, \mu_3^*]$。

（四）动态均衡结果讨论

根据以上对混合所有制高职院校中存在的国有资本以及非国有资本和政府监管机构彼此的博弈进行分析，可以得出以下结论与启示。

1. 国有资本的侵占概率与惩罚力度呈反比例关系，同时与监管部门的查处成本表现出正相关关系。从高职院校国有资本利益角度看，“根据利益最大化的假设，产生侵略动机的要求是侵略所取得的利益大于在侵略时损失的利益”①。从协同治理参与主体来看，若国有资本为大股东，国有资本对非国有资本的利益侵占不仅打破了彼此间的协同关系，而且也与混合所有制改革的初衷背道而驰。不难发现，在协同治理环境下去平衡国有资本与非国有资本利益是混合所有制职高院校进行改革的关键问题。动态均衡结果显示，我们非常有必要设立第三方监管部门，即政府不能退出，必须保持监管权力，只有监管部门的存在，才能够改变国有资本的占优行动决策。

2. 非国有资本针对侵害行为的上诉成本与非国有资本因诉讼可挽回的利益、发起诉讼面临的赔偿支付，以及可能获得的惩罚收益补偿呈正相关关系。从混合所有制高职院校非国有资本利益方面来说，它的行动选择直接取决于国有资本的行动，但是非国有资本偶尔也采取诬陷上诉行动，所以在信息透明化程度不高的环境中，非国有资本是否针对侵占行为发起诉讼，往往取决于国有资本的行动和信念。若想形成一种相对平衡稳定的治理结构，首先，政府监管部门

---

① 马胜，沈飞，左爱玲．我国混合所有制企业股东利益博弈分析：基于协同治理视角［J］．成都大学学报（社会科学版），2018（04）：33-39.

不能牵涉利益分配，必须将查处作为一种工作常态。其次，必须在博弈双方之间建立信号传递机制，双方有必要向对方表现承诺行动，从而修正双方的后验概率，促使双方都回归理性，这才是政府监管部门存在的真实意义。

3. 监管机构查出侵占行为的概率与其惩罚力度以及非国有资本面临的诉讼赔偿损失呈反向关系。混合所有制职业院校的协同治理方式目前正在探索中，对于如何协调混合所有制职业院校各利益主体之间的关系目前尚没有成熟的模式可供借鉴。在此背景下，为防止混合所有制高职院校的发展走向异化，政府必须发挥监管作用。而要充分调动监管部门的工作动力以及提高工作成效，一方面要保证监管行为能获得相应的利益补偿，另一方面还需要被侵占方基于自身利益最大化原则能产生维权上诉的动力，这就要求监管部门要建立常规性的监察机制，也是向国有资本、非国有资本传递信号，构筑起各主体间相互制约的调节机制，从而保障各利益之间发展关系的稳定与和谐，彼此之间形成协同治理的伙伴关系，推进我国相关高职院校形成协同效应。当然，需要注意的是，政府监管并不意味着政府需要大包大揽，否则混合所有制职业院校的内部治理就失去了操作空间，办学活力也将丧失。

三、混合所有制高职院校协同治理动态均衡优化的建构基础

从混合所有制高职院校治理主体的博弈均衡结果可以发现，如果政府监管部门能有效发挥监督作用，且能为非国有资本提供畅通的利益保障机制，则会形成一种相对稳定、协调和共赢的均衡结果。但是，从混合所有制高职院校的发展来看，要达成一种平衡协调甚至联动的治理关系，更多要依靠各主体的内源动力。这就需要一方面树立混合所有制高职院校协同治理的价值基础，另一方面搭建诱导长期动态均衡优化的制度基础。

（一）价值基础

混合所有制高职院校参与主体的价值判断，直接关系高职院校未来的发展走向。为促进各主体之间形成平衡协调甚至联动的治理关系，需要各主体建立一种综合自身利益与他方利益、衡量短期利益与长期利益、把握经济利益与社会效益的价值基础。

1. 综合自身利益与他方利益

在混合所有制高职院校的协同治理过程中，各博弈方应该正确处理好自身

利益与他方利益之间的关系，不应将他方利益放在自身利益的对立面，政府、企业、学校并不是资源争夺、利益争夺的“敌对方”，而是资源互补、资源共享、利益均沾的“友好方”。譬如，在混合所有制的前提下，企业在协同治理过程中离不开政府的政策支持与行业指导，也离不开股东的有形投入与无形支持，更离不开学校员工在企业建设中的作用等。因此，理想的博弈应该能很好地处理政府、企业、学校三者自身利益和其他主体利益的关系，让利益相关者积极参与高职院校协同治理，利益相关者之间建立和保持健康、合作、共赢的良好关系，使得博弈结果让政府放心、让企业满意、让学校称心。

2. 衡量短期利益与长期利益

企业作为市场化的经济组织，其经营活动主要围绕经济利益展开，在产教融合或校企合作中，企业所产生的经济利益是需要经过时间的考验才得以实现的。自 2014 年《国务院关于加快发展现代职业教育的决定》的颁布，“混合所有制”这一概念首次正式引入教育政策文件中，并确定率先在职业教育领域中施行，这是一种新的尝试与新的探索。如果学校或企业都只顾短期利益，缺乏实施战略的远见和思维，不完善双方在协同治理过程中的组织基础和管理制度，这无疑是一种短视行为。学校利用其国有资本背景，强占企业利益，那么企业在无法抗衡学校的情况下，只能选择退出博弈，混合所有制改革则必不能成功，必然出现“双输”的局面。从长期利益角度分析，由于学校、企业都是以利益最大化为决策原则，所以必须依靠第三方力量进行制衡，使其各就其位、各施其责，这样才能共同创造价值。因此，学校、企业的长期利益一定是帕累托均衡，双方都没有动力去改变现有的最优结果。

3. 把握经济利益与社会效益

《国务院关于加快发展现代职业教育的决定》指出“要引导支持社会力量兴办职业教育”，这意味着国家政策鼓励社会力量参与混合所有制高职院校办学过程，而企业面对日趋激烈的市场竞争，在经济利益与社会利益的博弈过程中，企业的利润动力重于社会效益动力，企业往往会选择追逐经济利益，表现出明显的功利性，在协同治理上表现为过度追求股东利益最大化。然而，企业除了是市场化的经济组织，同时也是社会的基本单位，具有“社会型组织”的属性。因此，在混合所有制高职院校协同治理过程中要把握好经济利益和社会效益。因此，混合所有制高职院校协同治理应该基于产权明晰和权责明确的基础上引入社会资源，让学校的发展、企业的发展，甚至院校员工个人发展都紧紧地联系在一起，形成命运共同体，通过对企业股东，甚至院校员工的股权激励，实现高职院校与企业的紧密合作与深度融合，这样才能在博弈过程中实现"共赢"。

（二）制度基础

混合所有制的产生以及多个办学主体的结合目的是通过引入社会资源，用股权的形式将资本、知识、技术和管理等诸多要素予以明确，与政府、行业企业、学校、学生等多个利益主体重新组合共同体关系。高职院校混合所有制办学具有主体多元的特征，是不同社会属性的生产资料所有制并存、融合以及共同发展的制度系统。为了保证混合所有制高职院校主体之间能够形成协同治理的均衡结果，则需要从组织架构、职责职权和评价标准等方面构建相应的制度基础。

1. 依托组织结构设计，促进实质混合

从各利益主体的战略需要以及高职院校战略发展的目标出发，只有通过对合作伙伴、产权结构、出资方式的合理选择和优化设计，才能促成混合所有制高职院校进入实质上的混合阶段。

首先，需要解决的是合作伙伴的选择问题，也就是准入机制的完善问题。准入机制的欠缺，容易导致社会上的大部分力量抢夺行业内优质高职院校的稀缺资源，在规避风险的大背景下，投入资金往往会作为最终筛选合作伙伴的标准。投入产出比是企业选择投资学校还是投资其他项目的唯一标准，"这种企业不一定是行业内的领军者，可能是一些跨界企业，这些企业的特点便是有充足的流动资金"①，而对于高职院校本身的发展关注度不高，若是他们连续几年"合作的收益小于其合作付出的成本与不参与合作的社会成本之差时，其他主体的选择权比高职院校的选择权大得多，他们的撤资行为就很容易出现"②，这对于高职院校本身的"发展与教学会产生较大的影响。对于混合所有制的改革，需要保证具有先进的技术和与之配套的教育资源"③，使得"强强联合"。高职

① 陈宏博．高职院校混合所有制改革投资产权问题探析［J］．现代经济信息，2018（11）：26-27.

② 胡茂波，吴思．博弈论视野下高职教育校企合作的困境与对策［J］．教育与职业，2012（23）：11-13.

③ 陈宏博．高职院校混合所有制改革投资产权问题探析［J］．现代经济信息，2018（11）：26-27.

院校身为职业教育的排头兵，如果在学校的发展中不与业内的先进技术对接，那么培养出来的学生在日后就业与工作中势必会遇到重重困难，这种教学成果肯定是大家都不愿意看到的，这也与职业教育混合所有制性质不符合。因此，在合作伙伴的选择问题上，应尽量选择行业影响大、规模适度、管理先进、产权明晰、市场声誉较好、有强烈合作意愿的企业或者其他有权威性和代表性的部门作为混合所有制的主体，这是重要基础。

其次，需要解决的是主体出资方式的选择问题，需要从多主体的战略需要出发，确定其合作领域以及出资方式。品牌、资本、管理、设备、人员、技术等有形资产和无形资产都可以作为其出资方式。“为了避免突然撤出资金等问题的发生，保护各主体的利益，对本金做出了明确的规定，不许撤出本金，如果要退出，本金会以分红的形式退回”①，这种政策一定程度上延长了合作期限，为高职院校提供了一个相对稳定的发展环境。但是这种举措给其他办学主体带来了巨大的投资风险，其他主体为了保障流动资金的安全，会将投资力度降到最低水平，甚至会放弃投资或者使用无形资产入股，进行投资。因此，在促进混合所有制高职院校发展过程中，应鼓励多种灵活的投资方式参股，在实际的操作环节中，引入有形资产，对无形资产通过引入会计师事务所进行科学评估，这样对于各个举办方都比较公平。

最后，需要解决的是如何设计产权结构的问题。对产权的投资以及共同的管理是针对相关高职院校提出的问题，但在实践中证明，事实往往不是这样。“高职院校实行混合所有制进行改革的最大问题便是不同产权主体间怎么样才能实现产权的结合与流通。”② 在法人登记上，混合所有制高职院校的办学属性有待明确，尤其是对于公办的高职院校，必须明确其属于事业单位法人、民办非企业法人还是企业法人，管理权与经营权问题在一定程度上还是没有解决。另外，由于各个办学主体涉及的领域以及目的不同，导致相互之间的权利和责任并不明晰。比如，非教育行业的举办方想参与日常的教育教学，但他们没有系统的教育理论知识和教学经验，导致“其他非教育举办者难以参与实际管理，随着时间的增加，开始的投资比例以及管理权力会逐渐减少，这些问题最大可

---

① 陈宏博．高职院校混合所有制改革投资产权问题探析［J］．现代经济信息，2018（11）：26-27.

② 马超，李金梅．职业教育混合所有制办学的现实困境及应对策略［J］．中国成人教育，2019（08）：28-32.

能地限制了社会力量参与到高职院校的发展过程"①。因此，在产权结构中，可以借助产权交易平台对产权关系予以明确，使项目主体全部资本化，在此基础上确保产权明晰。

2. 明确职责职权，促成高效沟通

经济学家厉以宁指出，若想建立完善的现代企业制度，需要不断优化法人治理结构，总的来说，建立混合所有制的过程便是完善法人治理结构的过程。②"在真正的实践过程中，由于受到产权主体多元化的影响，使得利益各方面有了更加复杂的关系，最主要的问题不再只是学校的管理，还有建立多主体治理结构及相关的运行以及保障机制的方法，这关乎改革实践是否可以成功。"③ 多个主体参与其中，怎样使各参与者的利益需求被满足，如何明晰不同利益主体的责、权、利以及如何协调和保障，如何使混合所有制高职院校在发展过程中让不同利益主体的利益诉求在动态的博弈过程中得到满足，都是实行法人治理面临的无法回避的问题。

高职教育本身具有高等性以及职业性，它是一种体现这两种性质的跨界教育方式。④"作为混合所有制办学的主体之一，高职院校自身既承担着高等教育的责任也承担着职业教育的职责。"⑤ 在整个主体中，高职院校有下列责任：第一，生源的关键来源。现阶段，生源一部分来自自主招生，但高职院校招生的录取标准主要是统一的高考成绩，录取批次也在一般本科之后。因此，相对普通高校而言生源质量得不到保证。虽然入学门槛低，但是高职院校也为推动高等教育在全国的普及发挥了重要作用。第二，在多方合作过程中，高职院校承担着"教育"的重任。高职院校作为高等院校的一分子，自然要承担"教育"责任，"通过学校内部优秀的资源以及先进的教学设备等优势全面提升学生的理

---

① 陈宏博．高职院校混合所有制改革投资产权问题探析［J］．现代经济信息，2018（11）：26–27.

② 厉以宁．在调查混合所有制中发现的几个误解［J］．实践（党的教育版），2014（07）：20.

③ 陈春梅．2030 混合所有制高职院校内部治理展望［J］．中国职业技术教育，2017（24）：42–46.

④ 胡正明．高职院校内部治理的独特性及其实现路径［J］．中国高教研究，2015（05）：91–94.

⑤ 王晓莉．高等职业院校校企合作模式研究［D］．南昌：南昌大学，2018.

论素质以及综合素养，既要给予学生鱼，也要教会学生捕鱼的办法”①。第三，为学生提供权益保障。学校是由各主体联合举办的，在办学过程中学校有监督教学过程的义务，若发现有侵害学生合法利益、伤害学生身心健康等情况，学校应立即责令相关部门整改并终止不合法行为，依照法律规定追究其相应的责任，给予学生一个安全舒适的学习与生活环境。

大多数企业主体都是以市场为导向、以营利为目的的。在实际的合作过程中，相关企业主要担负下列几点责任：第一，合理调控人才需求的方向。企业与高职院校合作的动力在于企业自身的人才需求。② 市场与企业之间的联系极为密切，市场的动态都会被企业及时掌握，了解了市场在运行时对人才和岗位的需求，从而使学校与企业进行联合，针对不同的人才需求培养相关人才。第二，在合作过程中，对于人才的培养提供资金、技术、设备的支持。企业相比较学校而言，拥有雄厚的资金，为学校建设实训基地提供保障，同时，可以使经验丰富且素质较高的员工在学校担任部分实践课程的教学活动，带动学生的兴趣提升学生的实践操作能力。第三，秉着“毕业即就业”的政策鼓励，为学生提供实习和就业岗位。这种合作使学生更早地接触到工作内容，对于工作有一个比较清晰的认识，从而努力提升自己的职业素养，为更多学生提供合适的就业岗位在另一个程度上也是为企业的发展提供充足的人力保障。

除了高职院校本身、相关企业这些主体以外，还包括很多其他的部门、单位和群体，而政府是混合所有制办学形式中的隐性主体，发展教育事业是政府的职能。③ 政府在合作过程中需要承担的责任：第一，发挥政府导向作用。政府始终保持“职业教育以为人民服务为本”的方向，影响着办学主体合作开展的方向和进程，特别是地方政府相关政策的出台和制定对于办学主体的有机结合起着很关键的作用。第二，发挥政府监管作用。混合所有制高职院校涉及国有资本和非国有资本，在两者之间会存在强势主体侵占弱势主体利益的现象。而一旦发生这种现象，就需要另外的主体从中协调利益进行惩处，政府就发挥着这样的监管作用。另外，政府的监管也可以在事前形成威慑，降低侵占行为发

① 王晓莉．高等职业院校校企合作模式研究［D］．南昌：南昌大学，2018.

② 刘志民，吴冰．企业参与高职校企合作人才培养影响因素的研究［J］．高等工程教育研究，2016（02）：143-147.

③ 尹姿云．高职院校校企合作动力机制研究［D］．长沙：湖南师范大学，2013.

生的概率。政府的“放管服”改革就是退出三方博弈，而自己只负责监管，即扮演“自然”角色，学校、企业才是真正的博弈主体，政府的作用仅在于迫使双方改变博弈规则，而不是亲自参与规则的制定。

在混合所有制高职院校发展背景下，高职院校作为一个利益相关者组织，需要在管理结构上更具有通透性。在合作管理中，首先需要明确划分他们的职权和组织建设，只有这样才能在主体间建立有效的行为约束和运行机制，实现信息互通、优势互补、共同发展，真正激发多主体办学的活力。也只有这样，才能基于平等、分享、共创、合作的原则，形成一种政府推动、学校主动、行业企业真诚互动的高效管理文化。

3. 建立评价体系，形成有效驱动

我国高职院校治理结构不断调整和完善的重要保障之一是构建高职院校的结构评价体系。从学校层面来看，评价体系可以判断混合所有制高职院校结构的整体情况和效果，对高职院校的治理体系、办学体制和领导机制做出综合评估，有效促进高职院校办学质量的提升；从教师层面看，评价机制的完善有利于完善教师管理，提高教师的专业自主性，促进教师的专业成长；从学生层面来看，评价机制可以改善学生学习的制度环境，从而帮助学生提升学习效率。

评价体系的构建离不开多元的评价主体，评价主体包括学校、政府、学生以及行业企业等。对于学校，它的评价主体主要是高职院校的领导、相关职能部门和教师，评价形式主要是高职院校的自我评价；行业企业作为高职院校的投资主体，对于高职院校评价结构的完善起着极大的推动作用；政府作为高校的主要经费投入主体之一，理应成为高校评价体系的主体；教师和学生作为高校的主体力量，高职院校的评价体系直接影响着学生的成长与成才质量。而同样地，高职院校的评价体系主要包括外部治理体系和内部治理体系。外部治理体系主要是高职院校与社会、政府以及其他行业企业之间的关系，内部治理体系主要是高职院校内党委领导下的校长负责制。

从目前来看，评价体系大多数还是围绕着高职院校内部“天地”转，和市场结合的范围小，接触少。想要打破这种主要以高校作为主体的评价方式，必须扩大评价主体范围。对于高职院校本身的评价要坚持定量和定性评价相结合，过程评价和结果评价相结合；对于学生的评价要坚持学历和技能并重，理论和实践并重，推动学生个性化发展，建立现代混合所有制高职院校评价考核的多重标准；对于其他办学主体的评价要将隐性因素进行显性化，将各指标体系进行合理细化，根据其职责科学评价。在实施完评价之后，还需要将评价结果及时反馈，及时反馈有利于迅速协商并调整方案。

本章小结

由于政府、行业、学校、企业等各利益主体之间的价值追求、利益诉求、行为方式等差异，对于是否合作以及如何合作，各利益主体都有不同的行为选择。为了进一步考察不同利益主体在协同治理过程中的策略选择与博弈问题，本部分构建博弈模型展开分析。为便于分析，我们基于三主体的博弈框架展开，假设混合所有制高职院校存在国有资本和非国有资本两个主体，并将政府作为监管部门引入模型分析中。动态均衡分析结果发现：第一，国有资本的侵占概率与惩罚力度呈反比例关系，同时与监管部门的查处成本表现出正相关关系；第二，非国有资本针对侵害行为的上诉成本与非国有资本因诉讼可挽回的利益、发起诉讼面临的赔偿支付以及可能获得的惩罚收益补偿呈正相关关系。因此，监管部门的职责不能简单以收益进行衡量，它不参与博弈，只能改变现有的博弈规则，迫使博弈双方都没有动力去改变现有均衡结果，引导双方自己去协调各自的利益。同时，监管部门也务必使博弈双方明白，行政权力是一种承诺行动，短期之内使用权力去限制博弈行动，而长此以往，则是要约束权力，在不动用行政权力的情况下，博弈双方能够主动选择遵守游戏规则。

第五章　混合所有制高职院校协同治理的模式再造

混合所有制高职院校主体博弈的均衡结果显示，协同治理过程中各主体追求自身利益的最大化，可能诱发着主体之间冲突与对抗的动态均衡结果。混合所有制高职院校协同治理的实践探索不断向前，如何形成一个合理的协同治理模式无疑成为破解这一难题的关键。本章将在总结现阶段混合所有制协同治理的代表性经验的基础上，提出混合所有制高职院校协同治理模式建构的原则，并进一步确立混合所有制高职院校协同治理模式的内容架构，设计保障新模式有效运行的保障机制。

一、基于动态均衡策略的混合所有制高职院校协同治理原则

党的十九大以来，我国提出了建设教育强国的理念，尤其对高等教育和高职教育提出了高质量发展的新要求。混合所有制高职院校应职教改革产教融合理念而生，所谓产教融合理念简言之就是希望教育不仅是由高职院校开办和治理，还要将政府、用人单位、行业企业、市场等主体也纳入其中，即希望治理模式由单一走向多元，由个体走向协同治理。通过多元主体的动态博弈结果可以发现，多元主体在实现自身利益最大化的过程中，一旦政府监管缺位，极有可能形成国有资本侵占、非国有资本上诉和政府监管部门惩罚的零和博弈结果，而通过建立合适的激励与约束机制，则能够建立起多元主体之间合作共赢的协同治理结果。为了达成这种新的治理格局，必须坚持利益共赢原则、多元主体共治原则、权责利明晰原则和开放治理原则。

（一）利益共赢的原则

混合所有制高职院校协同治理的建立最终目的是希望实现人才培养质量最

优、社会服务效率最高和教育价值最大，这是政府、社会、高校等多元主体之间协同合作的出发点，风险共担与利益共享的均衡发展也将成为协同治理机制的最终目标。对高职院校混合所有制改革工作而言，以政府、行业、学校、企业为代表的不同主体将共同作为协同治理机制的参与主体。虽然这些治理主体是不同的利益主体，但根据现代治理理论，这些利益主体之间存在“最大公约数”，如社会责任与公共利益。但现实世界不够完美，受信息不对称、契约不完备、市场不充分与价值取向与利益诉求不一致等引起的行动逻辑不一致的影响，公共利益最大化往往难以实现。如若想实现协同治理的预期目标，首先需要实现多元主体的共同参与。在此基础上需要对不同主体的利益进行协调与平衡，健全完善平等协商机制，实现不同主体的良性互动方可为政、行、企、校等各个利益主体参与治理提供平台和载体。此外，基于供应链各构成要素的关系特征，高职院校的经营管理将同市场形成密切关联，无论是招生宣传还是就业服务，都需要借助市场实现高职院校的管理目标。这都需要多方主体协同参与。所以应以协同治理主体之间的“最大公约数”为基础，以公共利益最优化为纽带，充分发挥政府的职能作用，实现宏观调控与微观市场的均衡协调，引导社会力量积极参与高职教育改革，充分保证混合所有制高职院校在协同治理过程中的积极性，是奠定良好协同合作关系、保证协同治理机制顺利实现的关键所在。① 在复杂的多元主体关系中，政府、企业、学校等主体之间的科学关系与良好合作才是实现良好治理效果的基础所在，也是合作共赢目标实现的重要保证。为了实现上述目标，高职院校必须正确认识混合所有制的内涵与意义，真正将合作管理作为发展前提，避免协同治理的形式化问题，实现不同主体之间的全面合作，充分发挥不同主体的优势作用共同提升高职院校教学与管理水平。这就要求混合所有制高职院校在办学过程中涉及的利益相关主体，在协同治理过程中坚持利益共赢原则，就能够为协同治理好高职院校的发展奠定夯实的基础②。

（二）多元主体共治的原则

混合所有制高职院校围绕协同治理总目标，依据各个治理主体参与高职院

① 桑雷．分散治理到协同治理：高职教育多元主体的失位与归正［J］．现代教育管理，2017（09）：86-90.

② 陈寿根，顾国庆．建立利益相关者共同治理的高职院校内部治理结构［J］．国家教育行政学院学报，2016（03）：35-39.

校治理的客观需求和特点，对各方利益关系进行协调，引导其树立科学的发展理念，避免自身利益目标对协同治理产生不利影响，充分发挥不同主体的治理功能，共同提升高职院校办学水平。简单来讲，也就是要坚持多元主体共治原则。政府在市场经济的环境下作为协同治理的主导者，需要充分发挥其宏观调控的职能作用，与高职院校、企业之间形成科学的管理、被管理关系，引导各主体树立科学理念，共同做好创新工作。可以说，在协同治理体系中，政府是最关键、最核心的主导，是协同治理体系科学发展的重要保障。应科学定位政府在混合所有制高职院校中的职能和作用，去行政化；同时，发挥好政府的“枢纽”作用，健全完善相关监管制度，充分保证不同主体权力的实现，引导协同治理机制的科学发展，避免对协同治理体系产生过度干预的问题。① 此外，政府有必要完善相关法律和制度，发挥好政府在多元主体共治过程中的主导作用，为混合所有制高职院校的创新发展创造有利环境。

在协同治理体系中，行业协会也是重要的指导力量，能够提供中介服务，是企业、学校、政府之间的信息交互积极有效的桥梁和纽带。作为同类企业的工作组织，行业协会依托于企业形成和发展，因此同企业之间具有密切关联，能够为企业发展提供所需的各项服务。通过自身职能作用，行业协会能搜集、整理关于行业发展的各项信息，准确把握行业发展动态，了解行业、企业发展的人才、资源需求，并在统计分析的基础上对未来发展进行科学预测，并将预测信息向高职院校进行反馈，为高职院校的人才培养提供科学依据，从而保证高职院校课程设置、培养目标的科学性与针对性，确保人才培养与社会需求的科学统一，为高职教育、行业发展奠定良好基础。学校、企业等关联主体也会对协同治理体系产生重要影响。前者作为协同治理体系各项任务的实施主体，其运营管理水平将直接影响治理效果；后者则作为重要的资源供给者，协同高职院校开展教学工作，为高职学生创造提供重要的实践机会，从而提高高职学生的综合素质和职业技术水平。②

（三）责权明晰原则

在混合所有制高职院校协同治理过程中，无论是引入外部元素还是调动内

① 陈寿根，顾国庆．建立利益相关者共同治理的高职院校内部治理结构［J］．国家教育行政学院学报，2016（03）：35-39.

② 李柯柯，查吉德．多元主体共治视域下高职院校校企合作机制研究［J］．高等职业教育探索，2018，17（03）：11-17.

在积极性，关键点在于处理好办学相关者的责权关系，明确权力边界，实现权责对等。必须遵守权责明确原则，首先要明确不同主体在高职院校混合所有制改革工作中的职责任务，确定其权利义务，明确其相互关系，为各主体共同参与的协同治理机制提供有效保障，保证协同治理机制作用的发挥。重点要明确不同主体的利益需求与权责关系，健全完善信息交互机制与协商合作机制，充分保证协同治理机制的持续稳定发展。

坚持协同治理主体责权明晰原则，要正确处理好以下关系：一是明确政府在协同治理中的主导地位；二是明确企业与高校在协同治理中的参与主体地位；三是明确行业协会在协同治理中的指导作用。具体来看，在协同治理中的权责原则中，政府在权方面赋有：政策法规的制定和完善，校企合作办学的组织协调，办学准入和退出机制的建设，高职院校的问责机制，监督评价（规划、指导、调节，监督、监察）等；在责方面赋有：政策支持、法律支持、资金支持、人员支持等。高职院校与企业在权方面赋有：人才培养方案的制订，专业课程设置和开发，师资队伍建设，校内外实习实训基地建设，参与高职院校管理，企业技术专家到高职院校兼职，参与科学研究，参与企业技术研究、开发、推广和服务，教师到企业兼职等；在责方面赋有：为社会培养人才、为学生提供就业服务、为企业员工提供培训、培养毕业生、为企业提供技术支持和指导等。行业协会在权方面赋有：参与人才培养方案的制订，对从业人员职业资格和培训企业资格评定和认证等；在责方面赋有：搭建平台，规范行业秩序，监督指导，及时掌握行业及岗位对人才规格的要求，发布行业人才需求，并反馈给高职院校，信息服务等。①

（四）开放治理的原则

相较于西方发达国家，我国高职教育事业的发展时间相对较短，因此整体教学管理水平相对落后，尚未形成健全完善的管理机制，仍然存在系统相对封闭、内外部资源交互不足等问题。深化混合所有制高职院校办学是实现高职院校人才培养目标的根本途径，因此必须打破高职教育体系的自我封闭性，实现更加开放的教育管理模式，发挥不同主体的功能作用，共同提升人才培养水平。也就是要在协调治理过程中坚持开放治理原则。混合所有制改革的内容需要全

① 李柯柯，查吉德．多元主体共治视域下高职院校校企合作机制研究［J］．高等职业教育探索，2018，17（03）：11-17.

面贯穿高职教育的全过程，从不同层面出发进行创新，优化与改进各个环节的工作内容，构建以教学治理为中心的新型治理体系，充分体现开放性和先进性，切实提高办学水平。

高职教育体系的开放性发展具体表现在专业设置、教学资源、教学实践、师资队伍等不同层面。具体来看，专业设置需要打破高职教育同经济社会发展之间的隔阂，实现教育目标与市场需求的科学统一，根据经济社会发展需求确定人才培养方案，对教学专业进行调整；教学资源则来自学校、企业等不同主体，在不同主体供给能力变化的过程中，教学资源也将呈现出动态变化特征。在高职教育开放发展、校企合作深入发展的共同推动下，产教融合将成为高职教育改革的重要趋势之一，需要充分发挥学校、企业在理论教学与实践教学等不同层面的优势，共同提升教学质量才能提升高职教育的整体发展水平；教学实践则侧重于科学的过程化管理，创造理论与实践教学相结合的教学环境，在提升学生理论知识水平的同时不断提升其知识运用能力，从而提高其动手实践能力，实现教学与生产的科学连通，进一步提升学生的职业技能和应用能力；师资队伍的整体实力将直接决定教学效果，为了确保师资队伍实力，高职院校必须同时做好人才引进、人才培养和人才保留工作，不断提升师资实力，创建良好的人才流动机制，全面提升教学管理水平。

以政府、企业、行业协会、学校等为代表的关联主体表现出不同的利益需求，从而使得其关系比较复杂。不同主体利益的科学协调也将成为高职院校混合所有制改革的关键。具体可通过平等协商机制、问责机制、激励机制等的健全完善实现不同主体良好的利益协调。在现代信息技术、互联网技术创新发展的过程中，许多优秀的技术应用不断涌现，这就为不同主体之间的协商、交流提供了更加便利、丰富的渠道，有效打破了时间、空间等客观因素对内部协同治理机制的限制和制约，从而充分保证了高职院校管理决策的科学性与合理性，能够有效实现不同主体的利益，从而为高职院校的良性发展奠定扎实的交流沟通基础。①

二、基于动态均衡策略的混合所有制高职院校协同治理模式再造框架

构建混合所有制高职院校多元主体协同治理模式，需从模式厘定、模式框

---

① 桑雷．分散治理到协同治理：高职教育多元主体的失位与归正［J］．现代教育管理，2017（09）：86-90.

架的搭建入手，描绘混合所有制高职院校协同治理的整体图景。

（一）协同治理模式的界定

混合所有制高职院校的协同治理是在混合所有制高职院校的场域中，把治理理论与协同理论相结合而形成的一种治理理念、治理方略、治理机制、治理流程。协同治理模式是以现代协同关系理论为基础，根据相关理念、方法构建起来的新型治理体系。协同治理模式的根本目标在于协调多元主体的利益关系并实现良好的协同效应，确保各项治理目标的顺利实现。面对多元博弈的现实境况，如何构建协同治理模式是协同治理研究的重要内容，对实现协同治理实践具有重要意义。本章对混合所有制高职院校协同治理模式的概念界定如下：混合所有制高职院校协同治理模式是在多元主体博弈过程中，在共同目标的推动下，多元主体通过协同合作、共商共谋、依据共同契约规则，对共同支配资源进行系统整合与优化配置，进而推动多元主体在充分博弈的基础上形成均衡态势，在识别、测度均衡态势与既定目标差距的基础上，促进治理系统的自组织内微调与妥协，继而保证协同治理目标得以实现的过程。

（二）协同治理模式的框架

从治理能力强弱、全面控制程度、公民社会成长空间而言，社会公共治理可以分为政府治理模式、参与治理模式、社会自治模式、合作治理模式四种类型（图 5-1 所示）。在梳理总结高职院校混合所有制改革模式的基础上，对新型协同治理的内涵与外延进行论述，结合协同治理过程中博弈均衡结果的讨论，混合所有制高职院校的治理可以采用合作治理方式，在各主体平等、有效参与治理的前提下，寻求协同效应的目标最大化。

为进一步探究多元主体间的相互联系、相互作用、相互影响，围绕着政府统筹主体、多元治理主体、社会监管主体、师生参与主体，本研究设计了多元主体协同治理的模式框架（图 5-2 所示），以混合所有制高职院校为基准，从治理的场域边界而言，主要可分为外部治理与内部治理两部分。外部治理以政府治理为主，社会治理为辅，社会大众约定俗成的职业道德、产业文化及所涉及的相关法律法规、政策制度等均是外部治理的重要构成。反观内部治理，面对国有资本和私营资本（非国有资本）多元主体的博弈均衡螺旋，设计框架体系较为完备、主体作用发挥较为充分、权责较为分明的治理机制，充分发挥股东大会、高级管理层以及监事会的治理作用，则是整个治理模式设计的重要构成部分。

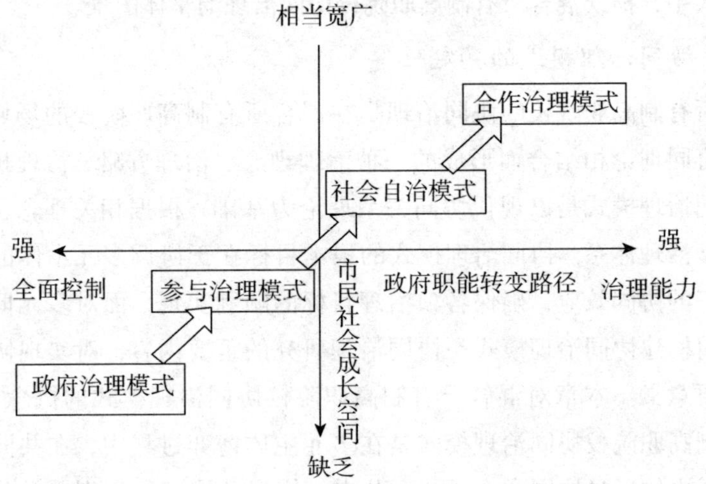

图 5-1 公共服务供给模式图

图片来源：徐金燕，陆自荣，蒋利平．合作治理视野下社区公共服务供给主体关系的断裂与重构：基于长沙市天心区的实证调查［J］．湖南科技大学学报（社会科学版），2013，16（03）：137．

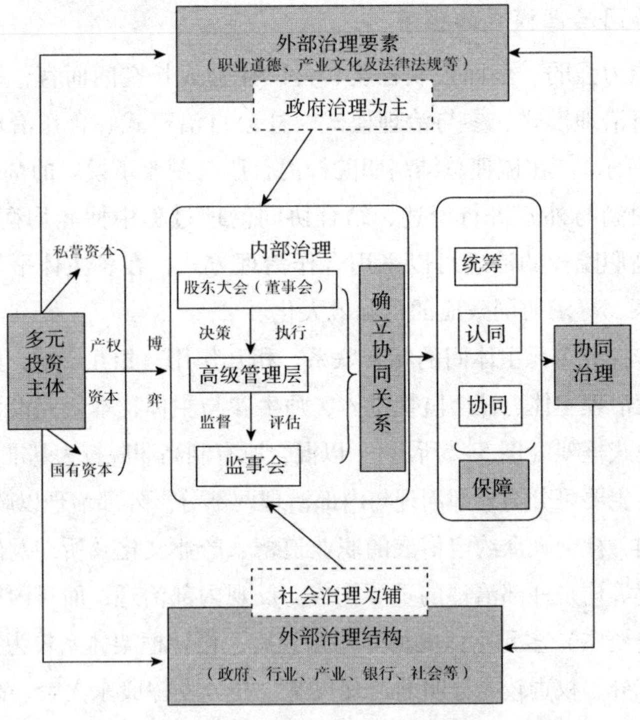

图 5-2 混合所有制高职院校协同治理模式框架图

三、混合所有制高职院校协同治理模式保障机制

本研究搭建的混合所有制高职院校混合治理模式框架，涉及外部治理与内部治理等多个层面和多个主体，为保证这一治理模式框架正常运行，必须从统筹机制、认同机制和协调机制等多方面构建相应的保障机制。

（一）构建政府主导社会参与的统筹机制

政府，是宏观调控过程中最为关键的控制方，是社会资源的终极统筹方。基于混合所有制这一创新模式的高职院校协同治理机制而言，需要以政府为主导，为协同治理机制提供科学指导与制度保障，明确不同主体的职责任务，充分保障不同主体权利的实现，共同打造规范性、互动性的协同治理关系，从而为高职院校的科学发展创造有利环境。由此可知，对协同治理体系而言，最关键、最核心的构成要素就是政府。政府的主导作用和统筹能力将直接决定协同治理机制的发展水平。然而，混合所有制高职院校协同治理亦是一项新近兴起、周期较长、多元复杂的系统工程，政府在主导统筹的过程中必然离不开社会的积极、主动参与和监督，必须完善政府主导、社会参与的统筹机制，从政策导向、社会文化等方面营造协同治理的良好生态。

1. 提升政府对教育治理的协同意识

随着职业教育的发展越发受到政府与社会的关注，《国家职业教育改革实施方案》将职业教育界定为一种“类型”教育而非“层次”教育。政府在教育治理中发挥的作用，并不是单一的“监管”，更多了“引导”“服务”之意。在市场经济体制下，政府的职能由原来的直接管理变为间接管理，由宏观调控、管理服务取代传统的微观管理与工作监督成为新的管理模式。面对教育这一特殊的公共治理场域，尤其是职业教育与经济社会发展联系极为紧密的情况下，政府在此过程中特别强调“顶层设计”职能，主要体现在：首先，协同治理的过程具有发展的前瞻性，对高职学校的发展规模、速度、模式等进行宏观布局；同时根据经济发展需要，对人才发展需求进行预测，全面分析社会需求并科学预测就业信息，将相关结果及时向高职院校反馈，为其人才培养目标的调整提供科学依据；与时俱进制定多元主体参与混合所有制高职院校投资、治理的政策措施；通过对区域经济产业转型升级的需要确立重点建设的混合所有制高职院校类型、规模、层次；从宏观层面调控区域内职业教育的专业发展方向、社

会资金投入比重、产业发展人力资本规模等。其次，坚持依法治教，监督引导各方主体自觉遵守各方法律法规；建立健全职业教育质量评价与监督机制，并且做好市场监督管理工作，实现学校与市场的良性对接，确保学校的稳定发展，更好地实现教学目标，避免市场因素影响正常竞争关系。政府还需积极提供高职院校发展所需的资源服务，积极解决各项问题，对不同主体的关系进行科学协调，充分保证高职教育的良性发展，更好地在高职院校、政府、市场主体之间建立起互利共生的战略伙伴关系。

2. 实施社会孵化协同治理系列工程

实施社会孵化协同治理系列工程，是社会参与统筹推进融合协同治理的抓手，也是使社会力量参与混合所有制院校治理落地生效的关键。以社会参与治理的系列工程为依托，能够直面协同治理中的困难与问题，为内部治理问题的解决提供向外寻求帮助的渠道与桥梁，以下将选取两个社会孵化的协同治理工程做简要介绍。

（1）实施“中介”机构咨询服务“一条龙”工程

混合所有制高职院校治理所关涉的多元主体，有不同业务领域、不同社会角色、不同价值追求，无论在多元主体的合作意向确立、办学契约洽谈还是在治理过程协商，多元博弈始终存在。对协同治理中困难与问题的“预见”、解决途径的考量、政策规制的解读，均需要了解多方诉求，熟悉相关政策的“中介”，以公立、公平、公开的姿态从中提供咨询与解答，政府主管教育、产业、税收、绩效的官方部门，以及行业联盟、产业联合会、职教联盟等作为参与治理的非政府组织代表，在促进混合所有制高职协同治理中均可以发挥“中介”的积极作用，为参与混合所有制高职院校协同治理的各方主体提供“一条龙”服务。

（2）建立常态化混合所有制高校联席会议制度

混合所有制高职院校可能面临协同治理的问题，应跨行业、跨区域、跨部门，通过集思广益、常态交流、联合行动，跟踪落实联席会议的主议事项，追踪、督查、归因协同治理推进中的问题，建立院校间的信息流动机制，引领混合所有制高职院校在自我问题剖析、同质问题迁移中不断积累治理经验。

3. 综合利用数据治理工具与渠道

“大数据”“人工智能”“互联网+”时代的到来，对协同治理提供了大数据采集、数据处理、数据分析的工具与渠道。基于不同类型、不同领域的混合所有制高职院校协同治理发展需要，无论是省市级宏观制度的确立，还是院校内部微观制度的设计，大数据聚类分析都提供了翔实的参考依据与可供借鉴的数据库集。

数据治理的基础即搭建政行企校沟通交流的大数据集成平台，将政府、行业、企业、院校一手的、即时的，同时亦可能是零散的、片面的信息全部集成到统一平台，在多元主体信息的聚合中建立信息节点树，寻求多方信息的汇集与交融，在对治理数据的分门别类处理中刻画协同治理的博弈动向，在数据与信息的实时更新中捕捉协同治理存在的问题，从而使政府、院校、企业、行业之间的紧密对接与互通互享更顺畅，为协同治理规避一些由于信息不畅、交流不通引发的博弈矛盾。

对治理过程的痕迹管理是政府、社会监督治理内容与方向的重要依据，为混合所有制高职院校多元主体的"合理退出"提供数据参考。通过对决策、计划、执行、控制、评估、激励、创新等治理过程的主体分类方式，以多元主体协同治理所带来的协同效应变化为逻辑起点，重点聚焦于多元主体参与治理的流程进度、业务量度、难易程度，为多元主体参与治理的动态均衡调整提供数据支撑。

（二）深化多元主体诉求博弈的认同机制

由多元主体组成的共生单元往往会倾向于选择基本属性关联性强、适应性高的其他共生单元进行匹配，因为只有与关联性强、匹配度高的其他共生单元在同一个环境中进行互动，才能使自我需求的因子和方向达到利益最大化。混合所有制高职院校作为一个共生单元，各方利益主体在协同治理过程中，由于其子系统之间的属性不同，所以对于同一种变量的认识和看法均有所偏差，以致在某些共识性问题上会出现断裂性的决断。想要提高各方治理主体等共生单元的共生度和关联度，各个共生单元需要对目标治理、权责治理、质量治理等方面能达到点的共识，不再在共生度和关联度上存在割裂性的认识，从而建立有效的价值链。因此，要促进各方治理主体之间统筹发展、和谐共处，就必须加强共生单元间的关联度、认同度。

1. 提高多元主体协同治理的理念认同

理念具有认识、指导、激励和文化价值，是一种行动指南的思想认识或观念看法。[①] 理念认同是协同行动的先导。在产教融合的政策统领下，充分认知多元办学格局的大教育观，充分认知企业和社会力量举办高质量职业教育的重要意义与实践路径，把混合所有制高职院校协同治理理念上升到职业教育优化发展的高度，是多元主体的基本理念认同。从“供给侧改革”的视角出发，从高职院校、政府的供给侧审视混合所有制治理中怎样博弈、协同什么、如何协同的问题，从产业、学生的需求侧视角审视混合所有制治理的目标设定、目标达成的问题。在混合所有制高职院校的协同治理中，企业往往面临投资营利性与教育公益性的博弈，如何协同企业诉求与院校诉求的关系，是十分关键的问题。

定位是战略的核心，在协同治理的过程中，企业应该在自身与学校的密切接触中确立治理定位。在混合所有制高职院校的协同治理中，企业定位具体表现为内向性、外向性两个侧重点。内向性定位涉及企业的治理战略应从自身发展实际出发，根据发展战略、经营目标确定自身在协同治理体系中的位置与目标，明确自身的职责任务。[②] 学校的人才培养能够为企业提供人力资源和智力资本，提升企业产业的竞争力。而外向定位则是，在多方治理主体参与的系统中，如何配合其他主体，培养有高技能高素质的人才，不仅如此，文化协同是实现人才培养的有力助力，而文化协同战略的实施必须以良好的文化氛围为发展前提，需要为文化协同相关活动的开展提供一种持续发展的外部文化环境。[③] 人才价值也将成为企业文化与教育文化的共同话题与协同基础。企业文化与教育文化的相互融合，具体通过人才的流动实现，基于类似的文化理念为人才适应新的环境奠定良好基础，从而帮助高职学生更加准确地了解企业文化，为个人成长提供积极保障。文化协同发展以各类文化活动为实现形式，主要体现在顶岗实习、产业学院、产教融合等方面，通过文化实践，使企业文化与校园文化进行互动，从而让人才产生文化认同，为人力资本的积累提供了良好的途径。

2. 在博弈中寻求多元主体的利益均衡

“利益”“规则”“效益”是多元治理主体协同治理过程中的重要杠杆，也

---

① 别敦荣，王严淞．普及化高等教育理念及其实践要求［J］．中国高教研究，2016（04）：1-8.

② 罗兴武．企业集团与其高职院校协同发展机理及实现机制：以浙江省为例［J］．教育发展研究，2012（19）：40-44.

③ 罗兴武．企业集团与其高职院校协同发展机理及实现机制：以浙江省为例［J］．教育发展研究，2012（19）：40-44.

是“目标”治理的重要联动因子，三个维度是协同治理生态化的重要基础。混合所有制高职院校各治理主体之间的“目标点”肯定是利益点，而不同主体之间利益的科学协调则将成为协同治理效率的重要保障与前提基础。①

（1）围绕着“利益”的中心要素。首先，在利益的分配上，主要以各利益主体在合作过程中所起的作用为标准，健全完善科学的利益分配机制；其次，基于科学的利益协调机制制定相应的协调规则与治理方案；最后，制定实施科学的激励机制实现协同关系的持续发展。在此共同体中，政府以宏观治理的身份存在，其制定的配套倾斜政策能够为各治理主体之间的良性合作提供持久动力。

（2）用规则来保障各个治理主体之间的联动。利益的共享和协调需要相应的规则作为基准。各个治理主体之间的互动，必须以实践经验为基础，通过不同的程序和规则，在目标走向上达成共识，以各主体内部治理逻辑为出发点，对不同主体的行为进行约束和规范，对不同制度的权利义务进行科学明确，完善责任共担、风险共担、利益共享的科学合作机制，落实问责与追究机制，创建完善的激励制度对不同主体的行为进行有效约束和科学引导，进而积极有效地提升不同主体的协同效力与合作积极性②，为学校内部及外部的协同治理过程的有效联动提供保障。

（3）用效率来促进各个治理主体之间的横向、纵向的联动。共同的利益诉求是合作的基点，各个治理主体之间在融合的过程中充分发挥优势以弥补彼此之间存在的间断性不足从而实现互助共赢，但这并非意味着各治理主体之间要实现同步发展，实现主体之间的利益数量级的效率“共升”。而在考虑效率的显性关系，必然要考虑各治理主体合作的参与度与合作的嵌入度。同时要加强各个治理子体系的内部管理，共同实现治理主体间的配置效率，实现合作嵌入的深层化。

（三）明晰多元主体权责关系的协调机制

对高职院校而言，混合所有制改革将涉及各方利益，是不同主体利益博弈

① 朱德全，徐小容．职业教育与区域经济的联动逻辑和立体路径［J］．教育研究，2014，35（07）：45-53，68.

② 朱德全，徐小容．职业教育与区域经济的联动逻辑和立体路径［J］．教育研究，2014，35（07）：45-53，68.

的最终结果，基于共同目标形成合力，发挥不同主体优势作用共同提升高职教育办学水平。因此，科学合理的协同治理关系是混合所有制改革的关键所在。①

1. 宏观主管部门治理职责划分

对于混合所有制高职院校协同治理，有赖于政府主导下的顶层制度设计来促进部门协同、厘清部门权责关系。混合所有制高职院校协同治理关涉多元主体，且治理机制较为复杂，因此涉及多个主管部门，各主管部门的职责划定应各有差异、各有侧重（详见表5-1）。混合所有制高职院校协同治理要求以教育部为部门协同的核心，健全完善多部门共同参与的治理制度，明确不同部门职责任务，全局统筹安排各项工作，充分保证不同部门资源的科学利用水平与整合效果。② 一方面倡导部门内部为混合所有制高职院校提供广阔的协同治理领域；另一方面要求相关部门间协同，制定和执行有利于混合所有制高职院校协同治理的制度体系，如教育部担当跨部门协同治理的主要倡导者，混合所有制高职院校改革的主要倡导者、组织者、监管者、责任者，为其他协同治理主体贯彻和落实多元办学政策赋权增能；国资委强化对混合所有制高职院校中国有资产的清查与核算，提防国有资本的流失，设计国有资本流动机制等。

表5-1 混合所有制高职院校协同治理的主管部门职责

部门	具体职责
教育部	跨部门协同治理的主要倡导者；混合所有制高职院校改革的主要倡导者、组织者、监管者、责任者，为其他协同治理主体贯彻和落实多元办学政策赋权增能
商务部	推进企业贯彻落实社会资本参与办学政策，创新对参与混合所有制高职院校办学企业的优惠政策
国资委	强化对混合所有制高职院校中国有资产的清查与核算，提防国有资本的流失，设计国有资本流动机制
财政部	提高对混合所有制高职院校的财政支持力度
税务总局	专门针对参与混合所有制高职院校办学的企业，制定税费减免优惠及市场引导政策

① 朱德全，徐小容．高等教育质量治理主体的权责：明晰与协调［J］．教育研究，2016，37（07）：74-82.

② 冯振伟，韩磊磊．融合“互惠”共生：体育与医疗卫生共生机制及路径探寻［J］．体育科学，2019，39（01）：35-46.

续表

部门	具体职责
审计署	加强对混合所有制高职院校财政资金的审计
国家发展改革委	加大对多元主体参与职业教育办学的规划与投资
人社部	制定混合所有制高职院校的人事政策，完善“双师型”教师的职业培训、认证制度
国土局、住建部	加强混合所有制高职院校实训基地、办学场地等项目的设施规划
中宣部	加大对混合所有制高职院校办学的政策宣传，营造良好的社会舆论生态
统计局	负责混合所有制高职院校办学情况、投入资产、办学效益、治理情况的数据采集和发布
省市级政府	结合地方实际贯彻落实混合所有制高职院校的协同治理政策

2. 中观层面部门协同

职能、责任、权力是组织的基本特征与发展基础。对组织管理工作而言，最核心的任务就是明确职、责、权的合理关系，实现三者的均衡协调，为组织的良性发展奠定良好的制度基础。① 权责治理是实现协同治理的重要保证，只有明晰了权责，各方主体之间才能明白各自的目标、任务及安排内容，也才能够更加有效地协调各方面资源。换言之，只有权责明晰，才能建立更加具体全面的运行机制，保证各自内部运行有条不紊的同时积极配合他方利益主体积极进行全方位的系统建构，形成一个最具有生长力的可持续发展机制及系统。“地方政府应当积极履行其职能作用，设立专门的管理协调部门，全面负责高职院校的创新监管工作，职能部门具体分为地方职业教育专家指导委员会、地方职教管理办公室、地方政行企校业务平台。”② （图 5-3）其中，地方职业教育专家指导委员会由地方政府选派职业教育领域内精通教育治理、教育法规、教学管理等知识的专业性人才具体负责相关工作，以国家宏观政策为依据，结合地区发展实际制定科学的发展策略，全面系统研究分析高职院校改革发展的问题及过程，通过提供咨询、现场指导等方式查找、归因、治理问题，并提出改进建

① 王作兴．完善高职院校内部治理结构的现实选择［J］．江苏高教，2011（04）：134-136.

② 冯振伟，韩磊磊．融合“互惠”共生：体育与医疗卫生共生机制及路径探寻［J］．体育科学，2019，39（01）：35-46.

议。地方职业教育管理办公室主要由政府领导下的教育、财政、商务、税务等职能部门相关人员组成，是混合所有制高职院校具体的管理者、评价者及监督者，主要任务是拟定多元主体办学布局的具体指导意见、发布混合所有制协同治理的具体工作制度、为高职院校和企业“混合”搭建对接平台、协调解决区域混合所有制高职院校协同治理中的具体问题等。地方政行企校业务平台是统合政府、行业、企业、院校的动态资讯共享平台，即政府、行业、企业、院校的微型数据库，为加深跨界交流与“混合”提供基础的信息匹配与数据支撑。

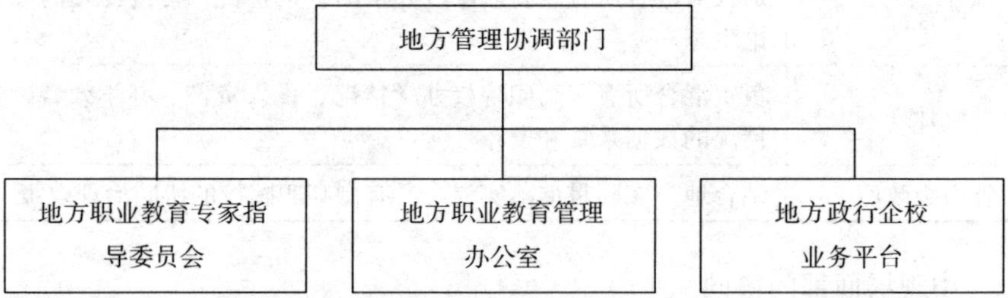

图 5-3　混合所有制高校协同治理的地方组织管理机构示意图

3. 微观层面搭建平台

作为我国高等教育体系的构成要素之一，高职院校肩负着极为重要的人才培养责任，而其混合所有制改革进程也将直接影响其办学能力和人才培养质量。行政管理与学术管理的双重职能作用决定了高职院校独特的管理模式与发展理念，而多元的主体特征也要求其管理制度的创新和发展，建立健全类似于企业管理模式的内部治理结构，方可确保其混合所有制改革的顺利发展。① 在具体工作中，董事会、股东大会、监事会往往被称为组织体系的“三驾马车”，在高职院校治理中发挥着极为核心的作用。股东大会是院校的权力机构，由全体股东组成；董事会是高职院校的经营决策机构；监事会则承担监督职责。董事会、监事会成员由股东大会进行选举，其法律地位相同但职责各有不同，董事会负责日常的经营、管理等工作，而监事会负责监督董事会及董事的工作履行情况。

但是，在混合所有制高职院校治理中，必须厘清资本管理与经营管理界面，决策权、执行权、监督权既相互制约又相互协调（图 5-4）。

① 卢竹，雷世平．混合所有制高职院校股权结构的内涵、特征及多维关系审视［J］．职业技术教育，2018，39（01）：44-49.

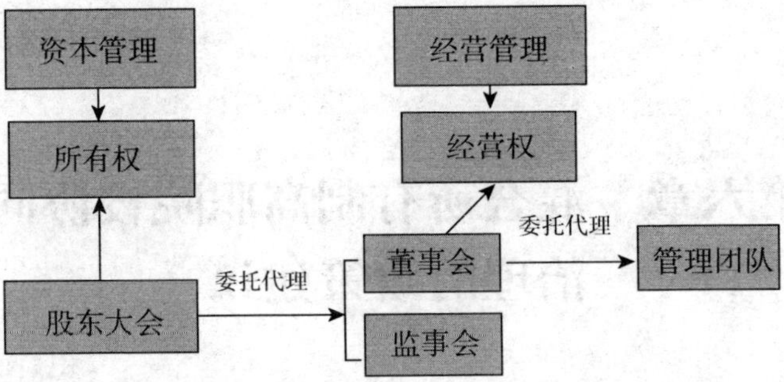

图 5-4 混合所有制高职院校所有权与经营权二权分立图

本章小结

通过混合所有制高职院校多元主体的动态博弈结果可以发现，多元主体在实现自身利益最大化过程中，极有可能形成国有资本侵占、非国有资本上诉和政府监管部门惩罚的零和博弈结果，而通过建立合适的激励与约束机制，则能够建立起多元主体之间合作共赢的协同治理结果。那么如何形成一个合理的协同治理模式呢？本章首先提出混合所有制高职院校协同治理模式建构的原则，并进一步确立混合所有制高职院校协同治理模式的内容架构，设计保障新模式有效运行的保障机制。为了达成这种协同的理想治理结果，各相关主体必须坚持利益共赢原则、多元主体共治原则、权责利明细原则和开放治理原则。在此原则引领下，基于动态均衡策略的混合所有制高职院校协同治理模式再造，需构建政府主导、社会参与的统筹机制，深化多元主体诉求博弈的认同机制，明晰多元主体权责关系的协调机制，以此实现混合所有制高职院校协同治理的模式再造。

第六章　混合所有制高职院校协同治理的政策建议

混合所有制高职院校是在混合所有制的前提下国家倡导的以高职院校为主体的一种有益尝试。鉴于混合所有制高职院校中出现的问题，通过科学的政策设计进一步推动混合所有制高职院校协同治理刻不容缓。本章将从建立健全混合所有制模式的配套支持法律政策、明确协同主体的职责职权、完善协同治理的利益协调和权利保护制度等方面出发，提出具体的促进政策。

一、建立健全混合所有制模式的配套支持法律政策

推进混合所有制高职院校协同治理离不开有关各方的制度推进和创新。健全完善相关管理制度与保障机制，是高职院校混合所有制改革事业顺利发展的关键所在，也是协同治理机制顺利运行的重要前提。国家应该出台相应的法律法规或政策体系予以支持。

（一）健全相关的法律法规体系

《国务院关于加快发展现代职业教育的决定》明确肯定了混合所有制改革对高职院校创新发展的重要意义，鼓励社会力量以各种不同的形式参与高职院校建设管理工作，在风险共担、利益共享的基础上实现自身投资目标，并且积极促进高职院校的科学发展。虽然政府已从政策的层面肯定了混合所有制改革对高职院校发展的重要性，也肯定了社会力量的积极作用，但相关的法律法规依然不健全。《中华人民共和国民法典》《中华人民共和国高等教育法》《中华人民共和国职业教育法》《中华人民共和国民办教育促进法》都对高等教育组织做了相关规定，分别从不同角度、不同层面出发，对社会组织法人身份，高职院校办学模式、管理制度、发展目标等问题进行了描述，为高职院校的创新发展

提供了一定的法律依据。但是由于混合所有制这一办学模式呈现出主体多元化、资产结构复杂化等特征，并且国家尚未制定专门的法律法规，使得高职院校混合所有制改革面临较大困难。主要问题表现在：一是尚未明确混合所有制高职院校的法人性质。法人性质是组织发展的基础，也是组织运营管理的基本依据和原则。但是对于混合所有制高职院校这一新生事物而言，由于现行的法律法规并未对其法人属性进行明确，导致其运营发展缺乏可靠依据。① 二是产权结构模糊。在国家积极鼓励社会力量以各种形式参与高职院校建设的政策背景下，由于高职院校的利益主体较多，使得其资本结构十分复杂，客观上加大了产权管理和流通的难度。而这期间产生的资本的逐利性和教育的公益性就构成了一对不可调和的矛盾。② 因此，为了在宏观层面给高职院校混合所有制办学给予保障和明确方向，促进混合所有制高职院校的探索和发展，国家应进一步在以往法律法规的基础上健全相关的法律法规。

具体来说，立法机关要根据实际情况对《中华人民共和国教育法》《中华人民共和国职业教育法》《中华人民共和国高等教育法》以及《中华人民共和国民办教育法》等法律法规进行调整，为混合所有制高职院校的发展提供有力保障。③ 针对其发展现状，重点需要做好以下工作：一是尽可能调整、删除与混合所有制无关、不适应的法律法规；二是完善法律法规的内容，对参与高职院校建设的关联主体的法律地位、法人属性、产权保护等方面进行实质性补充，同时还可根据实际情况制定或出台与高职院校混合所有制办学相关的专项法律法规，甚至在必要时出台单行配套法，即以“清法—补法—定法”的模式对原有相关的法律法规予以完善，进而健全高职院校混合所有制办学相关的法律法规，为高职院校混合所有制办学提供法律依据，满足高职院校混合所有制的办学需要。

（二）完善相关的政策扶持体系

高职院校混合所有制办学是混合所有制经济形式在职业教育领域的改革和

---

① 陈丽婷．高职院校混合所有制办学现实困境与发展路径研究［J］．中国高教研究，2017（01）：107-110.

② 陈丽婷．高职院校混合所有制办学现实困境与发展路径研究［J］．中国高教研究，2017（01）：107-110.

③ 陈丽婷．高职院校混合所有制办学现实困境与发展路径研究［J］．中国高教研究，2017（01）：107-110.

创新。它既是国家基于一定的战略高度的政策性和制度性产物，同时也是高等职业教育在办学过程中的主动诉求。在高职院校混合所有制办学过程中，困难重重，从混合所有制办学的制度层面来说，高职院校混合所有制相关办学制度还不健全，其办学机制还仍需进一步完善。一方面，尽管《国务院关于加快发展现代职业教育的决定》（简称《决定》）首次提出要在以往办学的基础上融入股份制，发展混合所有制高校，从国家层面鼓励高职院校进行混合所有制改革，为我国高等职业院校混合所有制办学指明了方向，但尚未上升到法律层面，仍不具备法律效力；另一方面，除《决定》之外，也并未出台其他实质性的保障制度。这就使得一些高职院校在尝试混合所有制办学时得不到有力的外部政策支持。适用政策的缺失，使实行混合所有制的高职院校举步维艰，这也是目前国内很多高职院校缺乏改革勇气的主要原因。为了调动其工作积极性，消除其后顾之忧，必须在宏观上做好政策保障以及在中观上做好制度设计就显得尤为重要。

在混合所有制办学过程中，首先，国家应该对混合所有制中各主体的法人属性、法律地位予以明确，对混合所有制高职院校的性质进行科学、明确的界定，充分保证参与主体的合法权益不受侵害①，以此消除国有资本尤其是其他所有制资本的办学疑虑，确保其能全身心投入混合所有制办学，创新混合所有制的办学模式，提升混合所有制的办学质量和水平，加大国有资本以及其他所有制资本的合作力度。其次，在混合所有制高职院校办学的过程中，国家还应该制定相关的政策或制度，以保障办学过程中的增益资产能够得到有效处置以及防范可能出现的风险。这样，才能最大限度地提升其他所有制资本办学的积极性，提高办学的效益。再次，由于我国原本的法律把教育界定为公益性事业，且有非公即私之分，未能科学界定其法律地位。因此，必须从政策的层面出发，明确混合所有制高职院校的法律身份与法人属性，这样才能保证混合所有制高校办学有法可依。同时要加大财政投入力度，积极满足混合所有制高职院校发展的资源需求，为其稳定发展奠定良好基础。② 此外，国家也应制定相关的规章制度以明确学校法人的办学自主权及其监督机制，制定相关政策保障混合所有

① 马超，李金梅．职业教育混合所有制办学的现实困境及应对策略［J］．中国成人教育，2019（08）：28-32.

② 王安兴．混合所有制职业院校基本特征与发展模式研究［J］．课程教育研究，2017（29）：8-9.

制下办学主体中相应的教职工的合法权益等。国家只有在政策及制度方面给予充分的支持和保障，混合所有制高职院校才能安心办学，高质量办学，混合所有制高职院校中的国有资本和其他所有制资本才能通力合作，才能打造良好的内外部发展环境，全面激发其发展潜力，满足其发展需求，共同打造混合所有制高职院校的美好未来。

二、明确协同治理主体的职责职权

协同治理的多主体性特征将权力与责任问题置于更突出的位置，尽管在混合所有制高职院校办学中“存在众多权责模糊甚至背离的可能情境，甚至有些是植根于这一新组织内在特性之中”①，带着某种“不可避免”标签的。然而，我们仍然可以透过对政府、院校、企业、社会等旧有权责关系的反思，对利益共同体视角下权责关系的演变，努力构建一种具有现实回应性和解释力的权责明晰机制，从而妥善划分并制约多元主体权责，避免治理行为的交叉、混乱，实现多元主体“在其位”“谋其事”和“尽其责”。可以认为，构建一种权力配置合理、责任划分明确的权责明晰机制对于提升协同治理实效性和激发办学活力是不可或缺的，在这个过程中，权责明晰不仅仅意味着各主体的权责内容具体、相互协调，更应注重的是以此为基础如何真正、有效地落实各自权责。

（一）明确治理主体的角色定位是权责明晰的基础

1. 推动者与调控者——政府

根据我国现有管理体制，职业教育由地方管理，而地方政府作为职业教育的主要投资和举办者，享有对职业教育的管辖权和统筹权。政府所扮演的协同治理推动者、宏观调控者的角色，一方面源于高等教育法等国家法律明文赋予的职责，另一方面又源于人民大众广泛权利的设定与让渡，这就意味着政府在协同治理中的权力与责任需要在法定范围内尽可能地体现“利他”特性，更好地服务于民众。由于学校和企业在隶属关系、办学目标上的差异，仅靠两者自身或者教育行政部门或者产业主管部门，难以协调好利益影响下可能出现的协作冲突，而政府作为国家权力执行机关和公共事务的上层管理部门，在分析矛盾、化解矛盾、推动协同治理上具有不可替代性。

---

① 麻宝斌，郭蕊．权责一致与权责背离：在理论与现实之间［J］．政治学研究，2010（01）：72-78.

2. 主导者与整合者——高职院校

高职院校的重要特征就是不以营利为目的，因此在混合所有制办学的协同治理过程中，高职院校必须保证主导地位，否则可能会导致协同治理时偏离高职教育职责和立德树人目标，协同治理实际上就是高职院校与企业共担育人职责、共享育人成果的过程，而非简单的权力让渡。更为重要的是，高职院校需要充分整合多元主体的治理资源，确保自主管理、协调治理的科学水平以及在外部治理上的质量输出与服务社会发展的目标实现。① 因而在明晰高职院校权责时必须体现其在治理层次上的主导性和治理方式上的整合性。

3. 直接参与者与监督者——企业

与传统校企合作中企业仅扮演“指导者”角色不同，仅加强行业指导能力建设并不能激发企业参与混合所有制办学的热情、提升协同治理的有效性。企业直接参与到治理的各个过程中，因而需要承担起物化资源共享、技术资源支持、人力资源供给、品牌资源输出的责任与义务，政府和高职院校将围绕办学目标对其进行充分授权，更好地满足其自身发展需求。同时，企业作为非官方组织，在参与治理时应具有监督权以避免高职院校在主导权行使上过于独断和自由涣散，形成一定程度的分权制约。

（二）科学界定和划分治理主体的职责权限

1. 权责划分的原则

（1）权责一致原则。协同治理必须实现多元主体权力与职责的一致，从本质上说，权责一致必须以公共利益为导向，公共利益也将成为不同主体的统一目标，基于该统一目标才有可能实现利益均衡与协同治理。这就要求对权责做尽可能细致的描述和规定。

（2）高效性原则。混合所有制高职院校协同治理需要从实际情况出发对院校内部权力分配机构和管理结构进行改革，对各部门的治理职能、治理权限和治理内容进行科学调整，其目的是最优化地整合治理资源，提高治理效能。

（3）前瞻性原则。在划分权责时需要充分考虑经济社会发展、产业结构调整对技能型人才的需求，要结合具体院校的办学实际，以一定的超前性来实施治理，以更好更快地提升办学效益，赢得竞争性优势。

---

① 朱德全，徐小容．高等教育质量治理主体的权责：明晰与协调［J］．教育研究，2016，37（07）：74-82.

2. 权责的外部划分与制约

就协同治理而言，若想实现良好的合作、共赢效果，必须避免出现明确的权力中心，无法明确的权力主体，不同关联主体之间保持平等的合作关系，无法硬性规定的约束，而是通过平等协商、良好合作缔造协同关系。[①] 从政府、企业、学校三个层面对权责进行外部划分而言，改变当前政府主体的治理权力相对过于集中、扩大企业参与决策权、体现高职院校办学自主权成为主要着力点。

政府的权责不仅在于立法支持和政策引导，还在于综合使用拨款、规划、信息服务以及其他一些必要的行政措施来促进协同治理的实现，其中最为有效的手段是制定和完善各种有关的法规，为混合所有制办学在立法、财政等诸多方面给予支持和保障。如在英国，政府明确规定如有企业和学校参与“三明治”计划，让学生能够到企业中进行联合培养，那么可以减免企业教育税。此外，传统治理体系中政府在学校决策中享有绝对强势的地位，但当高等教育质量问题切实关系到人民大众的核心利益时，并且在混合所有制办学中人民需要切身行使参与协同治理的合法权利时，政府则需要从“全能政府”向“有限政府”转变，其责任与义务便是还权于民。在这样一个治理重心下移的过程中，一方面确保政府在顶层设计、宏观调控、办学方向引领、教育财政投入等方面的基本权责，另一方面要对学校自主治理的权责做出制度规定，如在教学活动、专业建设、文化建设等治理范围内放权，使高校能够自主进行内部过程性质量控制、自我评估和监管。当然，政府的权责落实需要建立在对产业发展趋势、经济市场需求了解的基础上，这就要求政府及时收集行业企业的人才需求、高职院校人才培养与就业信息，经过专业分析为协同治理提供较高层面的指导。

高职院校在扩大自主性治理权力的同时，需要对这些范围内治理产生的问题与后果承担主要责任，也应当明确其首要责任是保证和保障教育教学质量。因此，高职院校的权责主要体现在高层次教学管理决策、公共教学资源规划配备与日常教学管理调度、平台建设与资产共享管理上。此外，高职院校作为服务区域经济发展的重要力量，发挥办学主导性时需要广泛汲取社会意见，吸纳社会有利因素，积极主动开展自我监督、评估工作，及时发现质量问题并积极改进，不断提升内部治理水平，不断提高教学管理水平和人才培养水平才是内

---

① 麻宝斌，郭蕊．权责一致与权责背离：在理论与现实之间［J］．政治学研究，2010（01）：72-78.

部治理工作的根本目标。

责任的本质在于“利他”。对企业而言，一方面，企业在人才培养的各个过程性环节都有参与的权利和义务，根据自身优势对人才市场的需求进行预测，提出人才培养质量标准，引导高职院校的专业设置、专业和课程建设，在质量治理的过程中企业需要与学校密切配合，在培养方案制订、课程开发、实习实训安排、基础设施建设等内容上深入协商合作，将教育教学资源最大限度利用起来。另一方面，企业还承担着对高等教育人才培养质量进行全程监控与评估的权利和责任，对人才培养质量进行评价，并将信息反馈给高职院校和政府，由政府统筹职业教育的发展，院校及时进行教育教学改革。这对于避免高职院校教育质量治理盲目、保证教育监测与评估公正、公开、公平十分重要，有利于提高人才培养与行业企业需求的契合度，实现协同治理的最终目标。

3. 权责的内部划分与制约

在混合所有制高职院校办学的内部治理方面，“人”“事”“财”“物”无疑是权责划分的重点。具体而言，政府、学校和企业应该在以下内部治理方面做出明确的界定和划分。

（1）在院校发展规划方面。政府需要在高等职业教育的办学方针和办学目标上下功夫，学校和企业则在充分协商下共同制订发展战略和中长期发展规划，并负责具体实施、诊断改进、监督与评价。

（2）在人才培养方面。学校在招生、师资引进、课程开发等方面享有更大的自主权，企业直接参与人才培养方案的制定、课程体系的设计、实习实训基地建设等工作，制定学校教学工作的总体要求、目标规范、评价体系，发挥过程性监督，及时将意见反馈给学校。政府对人才培养质量进行检查和评估。

（3）在专业建设方面。政府根据大范围的调研结果对学校的专业布局提出合理性建议，基于企业的积极协助，高职院校需要对规章制度进行创新，确立更加科学的专业建设规划，实现更加高效的资源配置，企业负责开展资产使用的绩效评价评估。此外，学校应在专业建设上划明院校两级的学术权限职责，并以学院章程等文件来保障其效力。

（4）在财务管理方面。政府只提供财政、税收上的政策支持，如美国联邦政府除财政投入外独立设立校企合作教育基金，还有专利和税收政策支持校企合作；企业为学院注入社会资本，和学校共同协商确定好办学经费的分配方式，对资金的分配使用具有监督权；学校则需要编制好校财务预算和决算，严格按照财务规章制度投入各个项目，保证财务公开透明，接受来自企业和社会的监督，学院还应该承担起多渠道自主筹集办学经费的责任。

(5) 在师资队伍方面。高职院校根据办学规模和专业布局，核定编制与岗位，建立健全协同考核机制，充分保证考核工作质量，根据需要聘任教学所需的各类人才，开展师资专业实践能力培训，并对各级各类人才进行考核评价。

4. 成立专门机构，落实权责规约制度

治理的核心问题是谁说了算的问题，即决策权属于谁或者谁的权力更大的问题，要想实现“权责对等、利益共享”，必然不能由某一方说了算，需要加快内部治理分权制度发展速度，确立科学的治理关系，以此提升内部治理管理水平。因而，专门的、自成系统的协同治理机构或权力规约组织是必要且有效的，“例如，石家庄职业技术学院与河北新龙科技公司合作办学成立了混合所有制二级学院，设立了理事会、办学管理团队、监事会‘三位一体’进行治理”①。

毫无疑问，权责问题始终是与利益相通的，专门化的机构对于保障多元办学主体的根本利益是关键。就成立二级学院理事会（或董事会）而言，应当由学院领导人、行业企业主办者、相应政府部门负责人担任理事长、副理事长（视具体情况设置），如针对旅游服务业成立的二级学院理事会，可由学院院长、当地旅游局局长、当地旅游协会会长组成。

其次，及时出台理事会章程，签署相关的授权协议，以制度化的形式在经费投入、人才培养、师资队伍建设、职员工培训等方面对参与主体进行合理授权。特别要注重企业在各项决策中的话语权，提高企业办学积极性，同时根据权责对等原则规定好彼此的责任，规范治理行为，细化到各项具体工作的主体责任谁来承担、体现在什么地方、如何追责。在授权后，校企双方能够在很大程度上提高工作效率，进一步提升学院的办学自主权，进一步畅通各职能部门治理工作的流程。

除此之外，设立与理事会同级的监事会，完善权力行使的程序监督，推进治理决策权、执行权和监督权之间的相互协调，对于落实各办学主体的权责、防止权力的跨界滥用、杜绝责任的推诿规避都至关重要。

---

① 朱乐平．公办高职院校二级学院混合所有制办学探析［J］．中国高等教育，2018（Z3）：23-24.

5. 整合治理资源，权责与优势相匹配

混合所有制高职院校协同治理的体系下，治理资源可以分为治理制度、治理平台、治理文化、治理人力资源等部分。治理制度是创新协同治理的理论保障，治理文化是创新协同治理的内驱力，治理平台是创新协同治理的现实路径，治理人力资源是创新协同治理的根本基础。政府、学校、企业三大治理主体在资源上各具优势，权责明晰主要体现于各方在整合优势治理资源上的协同意识、合作范围与合作力度上。

从治理制度的角度来讲，需要以政府为主要力量破除混合所有制办学过程中的制度性障碍；从治理平台的角度来讲，主要是学校和企业需要完善和扩大教职工、企业员工参与治理的渠道与平台，推进协同治理的民主化；从治理文化的角度来讲，需要整合校园文化与企业文化，培育出以“立德树人”为根本任务、以“集体参与、共同协商、民主决策”为精神内核的治理文化；从治理人力资源的角度来讲，政府、学校和企业需要正确地选人、用人，实现治理人才的培养交流，打造一支理论知识扎实、实践能力强劲、创新能力卓越的协同治理队伍。

6. 完善问责机制，体现以整改为核心

从国外经验来看，市场与高职院校的密切关联决定了高职院校改革发展必须以市场为导向，健全完善保障机制确保各项工作的顺利开展。① 正如奥尔松（Olsson）、里查得松（Richardson）等人所言，若想发挥不同主体的职责作用，关键在于确立科学可靠的教育问责制度，对相关主体形成有效监督和约束，从而提高其工作效率确保各项目标顺利实现。上述观点肯定了问责的科学意义，优化与改进的重要性远高于责任追究和惩处。②

建立具有公共权力的专门问责机制，可以采用内部问责与外部问责相结合的方式。一方面学校和企业成立校内问责委员会，问责委员则由各利益主体按一定比例组成；另一方面由政府主导校外问责机构也可对院校治理过程与行为进行问责。问责机制需要建立在对治理主体进行详细责任分配的基础上，需要对主体、对象、内容、程序、结果等方面进行明文规定，根据各主体的权责清

① 吴景松．问责制：高职院校管理体制创新的试金石［J］．教育与职业，2007（21）：41-43.

② 朱德全，徐小容．高等教育质量治理主体的权责：明晰与协调［J］．教育研究，2016，37（07）：74-82.

单从职责、指标、表现、评估及奖惩五方面来落实。例如，混合所有制办学经费的问责，政府需要承担经费保障上的主要责任，对财政投入的情况公开接受监督；高校需要承担经费使用上的主要责任，公布财政预算与资金使用情况，由政府机构独立审计，接受财政廉洁、风险管理等方面的问责；企业则应承担经费监督上的主要责任。

三、完善协同治理的利益协调和权利保护制度

从《中华人民共和国民法典》可以看出，法人的划分标准一为营利目的，即营利法人或非营利法人；二为利润分配，即营利法人包括有限责任公司、股份有限公司和其他企业法人等。在高职院校混合所有制办学中，由于国有资本与社会资本在办学上"公益性"和"逐利性"的差异，二者之间难免会产生结果上的利益冲突。一方面，国有资本以服务社会为目的，注重教育的公益性；另一方面，由于社会资本本身的"逐利性"，要求在服务社会的基础上，取得合理的收益。二者之间的冲突就意味着规范混合所有制高职院校的利润分配是必然的。

2018 年重新修订的《中华人民共和国民办教育促进法》明确给出了民办学校的办学收益处理方案。主要内容包括：一是非营利性民办学校不得取得办学收益，办学结余全部用于办学；二是营利性民办学校应当具备一定经营自主权，依照公司法等有关法律、行政法规制订收益分配方案，以此对社会力量办学的投资收益进行保障，从而调动社会力量参与民办教育的积极性和主动性，引导社会资本向教育领域的科学流动，从而提升我国教育事业整体投资水平，丰富教育资源的来源渠道，缓解财政资金不足导致的教育资源短缺困境，积极推动教育事业的良性发展。① 因此，对高职院校混合所有制改革工作而言，必须充分保证社会资本的合法投资收益，为其提供相对合理的营利机会，以此吸引社会资本进入高职教育领域，为其创新发展提供更加丰富的资源，在双方科学合作的基础上实现各自目标，同时有效提升高职教育水平。为了实现上述目标，关键在于确定合理的利益分配关系，协调公民教育公益性与社会资本营利性的科学均衡，为二者的良好合作提供必要保障。对教育而言，机会平等、社会责任

---

① 张啸宇．公办高职院校混合所有制改革的法律困境与立法建议［J］．教育发展研究，2017，37（11）：63-68.

等公益性特征是其基本特征。① 若想避免社会资本营利性需求对教育公益性的不利影响，高职院校在开展混合所有制改革工作时，一方面要促进社会资本的增值，另一方面也兼有促进社会公平的公益性的责任和使命。因此，对混合所有制高职院校来说，对于其不同的资金来源，应该持尊重的态度，并为其适当增补相关的法律，以保护其合法权益，从而建立起差异化的利润分配机制。

（一）出台相关政策法规，明确资本双方的利益协调机制

首先要明确，在高职院校混合所有制办学中，国有资本是不参与分配办学的利润的，这样做的目的是保护国有资本的公有制性质，避免国有资产流失。财政投入是国有资本的主要投入方式，是政府为满足高职院校正常发展所提供的必要资源。因此，国家在作为投资人为高职院校提供资金时，由此产生的投资收益权理论上属于国家，其收益属于国家财产，其他任何人不得以任何方式进行分配。这就否定了参与高职院校混合所有制改革的国有资本未来分配的可能，理应以法律形式予以明确不得对其在办学过程中产生的利润进行分配，而混合所有制高职院校年度的税后盈利以结余的方式进入学校第二年的财政收益。同时，还应出台相应的政策法规，来确保国有资本和社会资本的权益保护政策。

（二）完善权利保护制度，保障资本双方的合法权益

社会资本作为高职院校混合所有制办学的重要组成部分，在高职院校混合所有制办学中发挥着不可替代的作用。对以营利为目的的社会资本而言，应该以法律的形式明确利润分配的方法，在促进教育公益性原则的基础上，也适当保障社会资本的合理收益，确保社会资本的投资热情和其投资高职院校混合所有制办学的积极性。在利润分配环节，应当以国家现行法律法规为依据，在弥补赤字的基础上，先由学校提取合理比例的发展资金，在此基础上根据出资比例计算确定国有资本、社会资本的分配利润，然后由社会资本按比例提取其合理的办学利润。通过制度设计，完善权利保护体系，保障改革的公平与效益。

---

① 张啸宇．公办高职院校混合所有制改革的法律困境与立法建议［J］．教育发展研究，2017，37（11）：63-68.

此外，要建立混合所有制高职院校协同治理的利益协调机制，除制定完善实体性法律条文以保障国有资本和社会资本的合法权益以外，还应当制定程序性条款，完善权利救济制度。具体来说，“社会资本出资人和国有资产出资人在自身的合法权益受到侵害时，监事会有权向当地人民法院提交书面诉讼请求，对于并未设立监事会的学校而言，被造成损失的一方可以直接以自己的名义向人民法院提起诉讼，反之亦然”①。同时，管理主体一方导致另一方或己方合法权益受损时，受损方有权通过法律途径维护自身利益。若混合所有制高职院校的合法权益受到侵害时，同样有权向法院提起诉讼，以保障自身的合法权益。

要建立混合所有制高职院校协同治理的利益协调机制，应充分发挥党委、董事会等组织的职能作用，确保相关组织的顺利建设和运作。作为国有资本和社会资本共同出资举办的高职院校，混合所有制学校是资本融合的结果，并非单一的社会力量办学。有学者认为，可以通过赋予董事会监督权以保障出资人的利益，这种做法在实际执行过程中，很容易造成对国有资本或社会资本出资人的损害。而往往此时，已经对一方的出资人的利益造成了损害。若党委组织的行为得不到有效监督，则无法有效避免董事会的合法权益被党委的决策所侵害，因此，通过赋予董事会监督权以保障出资人的权益在实际操作中也并非时刻都能达成，所以难以得到社会出资人的认可。因此，对混合所有制高职院校来说，必须明确党委会与董事会的职责权能，将党委领导下的校长负责制与民办学校的董事会决策机制二者巧妙结合，在确保党的领导核心的前提下推进制度改革，在保障国有资本出资人的权利和权益的同时，保障社会资本出资人的合法权益。

本章小结

推进混合所有制高职院校协同治理离不开有关各方的制度推进和创新，推进建立混合所有制的制度机制是混合所有制高职院校健康发展的制度保障，也

---

① 张啸宇．公办高职院校混合所有制改革的法律困境与立法建议［J］．教育发展研究，2017，37（11）：63-68.

是混合所有制高职院校在协同治理过程中的“有效凭证”，国家应该出台相应的法律法规或政策体系予以支持。本章从建立健全混合所有制模式的配套支持法律政策、明确协同治理主体的职责职权、完善协同治理的利益协调和权利保护制度三方面提出相关政策建议，以期为混合所有制高职院校协同治理的推进提供参考依据。

结　语

多元办学格局下，混合所有制高职院校成为高等教育领域内一道亮丽的风景线。在职业教育由规模时代向质量时代转型发展的新时期，追随现代职业教育治理体系的构建步伐，多元主体参与高职院校的协同治理成为人才培养质量提升、院校内涵建设着力的重点与难点。回看高职院校从浅层次校企合作办学阶段到吸纳社会资本参与办学阶段，再到倡导实践混合所有制办学阶段，混合所有制高职院校经历了重重探索。不断突破政策壁垒、资产保护、人事调整等难题。混合所有制高职院校的发展历程实际上是高职院校不断追求治理效果最优化的过程，目前看来依然道阻且艰。所以，混合所有制高职院校治理模式的设计与选择、治理主体的权责划分与监督、治理机制的完善与反思，成为本研究探索的问题。为破解这一难题，本研究从问题出发，基于文献综述，以理论溯源—现实状况—博弈机理—博弈动态—博弈策略—协同效果—政策建议为主线，开展了相关研究。

研究发现，混合所有制高职院校协同治理具有五个本质特征和四大价值诉求，存在四种表象、三大问题与五个归因。研究表明，混合所有制高职院校协同治理存在合作与冲突、独立和依存两种间性关系，并在价值追求不一致、利益诉求不一致与行动方式不一致三大条件下，围绕利益、权力、权利、风险四大内容展开静态与动态博弈。研究显示，混合所有制高职院校协同治理主体应综合自身利益与他方利益、衡量短期利益与长期利益、把握经济利益与社会效益，从组织架构、职责职权和评价标准等方面构建相应的制度基础，这是一个多元博弈下的动态均衡策略。研究建议，混合所有制高职院校协同治理主体应遵循四大原则和三大机制，通过协同合作、共商共谋，依据共同契约规则，对共同支配资源进行系统整合与优化配置，进而推动多元主体在充分博弈的基础上形成均衡态势，在识别、测度均衡态势与既定目标差距的基础上，促进治理系统的自组织内微调与妥协，建构良好的法治环境与制度生态，继而保证协同治理目标得以实现。

诚然，本研究仍有一些局限和不足之处，将在后续研究中不断提升与深化。一是高职院校混合所有制改革再深化。混合所有制经济的动态边界与教育治理权责非线性转移的特点都使得高职院校中混合所有制的改革推进有了动态灵活性与践行可能性，但是本研究对高职院校混合所有制改革推进的着墨不多，有待于从高职院校混合所有制改革的视角进一步深化。二是协同治理动态合作博弈再探索。混合所有制高职院校协同治理的博弈模型是建立在国有资本、社会资本与监管主体这三者之间的博弈假设与博弈分析上，实际上对于协同治理中内部治理结构与治理体制机制的研究尚显薄弱，有待于从混合所有制高职院校现代治理结构的博弈机理和博弈均衡上进一步挖掘。三是协同治理模式实践检验与再评价。混合所有制高职院校协同治理的合作治理模式再造是基于严苛博弈假设条件下的均衡策略所做的框架构造与机制设计，缺乏对这一协同治理框架和机制普适性效果评价，有待于建立更为客观的评价指标体系对其效果施以检验。

总之，混合所有制高职院校的诞生与发展是我国经济制度改革在教育领域的延伸与深化，是职业教育体制机制的创新与突破，是深化产教融合、校企合作，促进社会资源优化配置的重要举措。基于归属清晰、权责明确、保护严格、流转顺畅的现代产权制度为高职院校之间的混合、高职院校内部混合、高职院校（公办院校）与社会资本混合的实现提供了现实可行性。同时，在竞争、协作的多维博弈中通过发挥协同治理的有效方式，在充分尊重各自利益诉求的基础上，以达成共识的规约要求，发挥最大化的治理效能，在博弈进程中达到最佳均衡点，实现不同主体公共利益最大化，最终产生“1+1>2”的效应，为高职院校探索发展混合所有制提供切实可靠的现实依据。混合所有制高职院校协同治理是一个复杂工程，我们倡导通过不同治理主体间的共同参与、集体决策、形成共识和严格执行等行为去促进公平和提高效率，以达到满足公众和促进高职院校发展需要的“协同治理”。

参考文献

著作类

[1] 雅斯贝尔斯．大学之理念［M］．上海：上海人民出版社，2007.

[2] 科斯，等．财产权利与制度变迁［C］．刘守英，等译．上海：上海三联书店，1994.

[3] 克尔．大学之用［M］．北京：北京大学出版社，2008.

[4] 瑟吉奥万尼，等．教育管理学［M］．黄崴，等译．北京：中国人民大学出版社，2014.

[5] 罗素．罗素论教育［M］．北京：人民教育出版社，2009.

[6] 克雷普斯．博弈论与经济模型［M］．北京：商务印书馆，2018.

[7] 齐格弗里德．纳什均衡博弈论［M］．北京：化学工业出版社，2011.

[8] 罗西瑙．没有政府的治理：世界政治中的秩序与变革［M］．张胜军，等译．南昌：江西人民出版社，2001.

[9] 安世遨．教育管理对话论［M］．重庆：重庆大学出版社，2014.

[10] 曹雷．公有制高绩效论［M］．上海：上海人民出版社，2013.

[11] 陈俊龙，齐平．混合所有制改革背景下国有股比例问题研究［M］．北京：中国财政经济出版社，2017.

[12] 程斯辉．中国教育管理模式研究［M］．武汉：武汉工业大学出版社，1994.

[13] 丁惠炯．新常态视野下现代职业教育治理体系研究［M］．北京：经济日报出版社，2018.

[14] 董敬怡．混合所有制下的国有资本经营效率［M］．北京：中国言实出版社，2014.

[15] 杜天笋．分层次教育管理研究［M］．杭州：浙江大学出版社，2013.

[16] 国家发展改革委体改司．国企混改面对面：发展混合所有制经济政策解读［M］．北京：人民出版社，2015.

[17] 国家行政学院博士后管理委员会办公室．政府治理体系与治理能力现代化研究［M］．北京：国家行政学院出版社，2015.

[18] 江琴平，江旭红．教育人事管理［M］．杭州：浙江大学出版社，2006.

[19] 蒋文华．用博弈的思维看世界［M］．杭州：浙江大学出版社，2014.

[20] 赖先进．论政府跨部门协同治理［M］．北京：北京大学出版社，2015.

[21] 李波．教育管理与案例分析［M］．上海：复旦大学出版社，2011.

[22] 刘兰明．职业教育模式研究［M］．北京：科学出版社，2015.

[23] 刘诗白．产权新论［M］．成都：西南财经大学出版社，1993.

[24] 刘卫平．统筹城乡发展社会协同治理机制研究［M］．成都：西南财经大学出版社，2016.

[25] 刘小鲁，聂辉华．国企混合所有制改革：怎么混？混得怎么样？［M］．北京：中国社会科学出版社，2016.

[26] 卢现祥．新制度经济学［M］．武汉：武汉大学出版社，2013.

[27] 吕一中．我国职业教育办学体系及管理体制研究［M］．北京：中国经济出版社，2014.

[28] 罗家国．基于教育测量与统计的高等教育研究［M］．长沙：中南大学出版社，2013.

[29] 中共中央马克思恩格斯列宁斯大林著作编译局．马克思恩格斯全集：第46卷［M］．北京：人民出版社，1979.

[30] 迈尔森．博弈论：矛盾冲突分析［M］．北京：中国人民大学出版社，2015.

[31] 孟倩．大学内部治理的分权与制衡：博弈论的视角［M］．北京：中央编译出版社，2016.

[32] 明航．职业教育校企合作的机制与模式研究［M］．北京：高等教育出版社，2011.

[33] 欧阳恩剑．法治视角下高职院校内部治理现代化研究［M］．广州：广东高等教育出版社，2017.

[34] 齐桂珍．中国所有制理论博弈与演进：1978—2015年从公有制到混合所有制［M］．北京：知识产权出版社，2015.

[35] 全球治理委员会．我们的全球伙伴关系［M］．牛津：牛津大学出版社，1995.

[36] 荣兆梓．公有制实现形式多样化通论［M］．北京：经济科学出版社，2001.

[37] 石予友．混合所有制企业公司治理［M］．北京：经济管理出版社，2010.

[38] 石中英．教育哲学［M］．北京：北京师范大学出版社，2007.

[39] 宋官东．教育公共治理导论［M］．沈阳：东北大学出版社，2012.

[40] 苏令银．全面建设小康社会专题研究：拨开所有制问题的迷雾［M］．上海：学林出版社，2005.

[41] 万卫．混合所有制职业院校发展研究：基于独立学院产权的视角［M］．桂林：广西师范大学出版社，2016.

[42] 汪锦军．走向合作治理：政府与非营利组织合作的条件、模式和路径［M］．杭州：浙江大学出版社，2012.

[43] 王有强，叶岚，吴国庆．协同治理：杭州"上城经验"［M］．北京：清华大学出版社，2015.

[44] 王云清．混合所有制实训基地建设的研究与实践［M］．北京：知识产权出版社，2018.

[45] 吴高岭．高等职业教育多元化办学体制研究［M］．武汉：华中科技大学出版社，2013.

[46] 吴艳茹．中外教育史［M］．北京：北京师范大学出版社，2015.

[47] 辛宪章，张岩松，王允．高职院校治理研究［M］．大连：东北财经大学出版社，2018.

[48] 徐冬青．公共治理：现代学校制度建设新探索［M］．南京：江苏教育出版社，2011.

[49] 鄢烈洲，李晓波，曹艳峰．我国独立学院治理研究［M］．武汉：武汉出版社，2009.

[50] 闫智勇．中国高等教育治理体系现代化研究［M］．重庆：重庆大学出版社，2017.

[51] 严文清．中国大学治理结构研究［M］．北京：人民出版社，2011.

[52] 燕继荣．走向协同治理：基层社会治理创新的宁波探索［M］．北京：人民出版社，2017.

[53] 杨华锋．协同治理：社会治理现代化的历史进路［M］．北京：经济科学出版社，2017.

[54] 袁本涛，孙霄兵．教育治理现代化：理念、制度与政策［M］．北京：经济科学出版社，2018.

[55] 张健．高等职业教育整合论［M］．北京：教育科学出版社，2015.

[56] 张彤玉，崔学东．混合所有制理论、实践与政策［M］．北京：经济科学出版社，2016.

[57] 张维迎．博弈论与信息经济学［M］．上海：上海人民出版社，1996.

[58] 张文魁．混合所有制与现代企业制度：政策分析及中外实例［M］．北京：人民出版社，2017.

[59] 张文魁．中国混合所有制企业的兴起及其公司治理研究［M］．北京：经济科学出版社，2010.

[60] 周建松．现代高等职业教育创新发展研究［M］．杭州：浙江大学出版社，2015.

[61] 周世厚．利益集团与美国高等教育治理 联邦决策中的利益表达与整合［M］．北京：中央编译出版社，2012.

[62] 朱德全．职业发展统筹发展论［M］．北京：科学出版社，2016.

[63] 朱德全．教育科学研究方法［M］．重庆：西南师范大学出版社，2011.

[64] 朱永新，等．构建现代教育治理体系［M］．太原：山西教育出版社，2017.

[65] 庄西真．区域职业教育发展模式创新的案例研究［M］．苏州：苏州大学出版社，2013.

期刊论文类

[1] 陈斌，唐永泽．民办高职院校实施“混合所有制”的探索与思考：以南通理工学院为例［J］．职教论坛，2015（03）．

[2] 陈春梅．2030 混合所有制高职院校内部治理展望［J］．中国职业技术

教育，2017（24）.

［3］陈方晔，张颖，刘艳平．高职院校混合所有制办学典型案例分析及对策建议［J］. 教育与职业，2019（10）.

［4］陈金芳，万作芳．教育治理体系与治理能力现代化的几点思考［J］. 教育研究，2016（10）.

［5］陈进熹．混合所有制办学模式的探索与实践：以行企校三方共建电梯实训中心为例［J］. 高等职业教育（天津职业大学学报），2016（06）.

［6］陈丽婷．高职院校混合所有制办学现实困境与发展路径研究［J］. 中国高教研究，2017（01）.

［7］陈良雨．高等教育治理主体权责结构的历史嬗变及其评价［J］. 职教论坛，2017（02）.

［8］陈晓鸿，和学新．近十年我国教育治理研究探析［J］. 教育导刊，2016（11）.

［9］陈艳艳，阙明坤．探索发展混合所有制职业院校研究综述［J］. 中国职业技术教育，2016（12）.

［10］陈颖，张丽霞，刘澍．高职院校混合所有制办学机制探讨［J］. 石家庄职业技术学院学报，2018（05）.

［11］成军．高职教育工学结合人才培养模式的价值判断、困境及对策［J］. 中国高教研究，2012（02）.

［12］程向阳．新时期我国高等职业教育创新发展的策略选择［J］. 内江科技，2016（11）.

［13］程余伟．高职院校混合所有制探索与实践［J］. 南宁职业技术学院学报，2019，24（02）.

［14］崔清源，傅伟．内涵发展观视野中的高职院校内部治理结构研究［J］. 职教论坛，2014（18）.

［15］单虹，姚方元．公办高职院校开展混合所有制办学的研究与实践：以湖南高速铁路职业技术学院为例［J］. 课程教育研究，2018（52）.

［16］董圣足．教育领域探索“混合所有制”：内涵、样态及策略［J］. 教育发展研究，2016，36（03）.

［17］董彦宗，刘澍，潘新民．混合所有制视域下高职教育生态因子解析［J］. 教育与职业，2019（14）.

[18] 方法林. 高等职业学校混合所有制改革：基本样态、阻碍因素、动因与启示 [J]. 教育教学论坛，2016 (40).

[19] 方强. 论高职院校行政权力的优化配置：扩张与严控 [J]. 黑龙江高教研究，2014 (07).

[20] 方一鸣. 产教联盟背景下高职院校混合所有制改革研究 [J]. 职教论坛，2019 (05).

[21] 朱千波. 教育治理：高等职业教育管理改革的新趋向 [J]. 高教学刊，2015 (23).

[22] 冯孟，肖坤. 高职教育动员式治理及其非预期效果 [J]. 职教论坛，2017 (25).

[23] 朱跃东. 高职混合所有制二级产业学院建设的实践之惑与应对之策 [J]. 中国职业技术教育，2019 (01).

[24] 付立侠. 高职院校学生法治理念培育现状分析与对策 [J]. 教育与职业，2015 (02).

[25] 高文杰. 混合所有制职业院校的内涵与意义及其治理分析 [J]. 职教论坛，2015 (30).

[26] 高原. 市民社会：教育治理研究的新视角：基于我国当前研究现状的思考 [J]. 教育理论与实践，2016，36 (10).

[27] 郭光亮. 混合所有制高职院校改革路向：困境与出路 [J]. 国家教育行政学院学报，2017 (02).

[28] 蒿楠. 论教育治理体系下的学校自主发展 [J]. 教育理论与实践，2016，36 (29).

[29] 何鹏. 创新混合所有制二级产业高职学院建设探究 [J]. 辽宁高职学报，2017，19 (01).

[30] 何思彤，任增元. 浅析高等教育治理体系现代化 [J]. 中国高校科技，2017 (11).

[31] 洪绍青，王行靳. 高职院校混合所有制改革的制约因素及其突破 [J]. 教育与职业，2018 (20).

[32] 侯晓华. 高职院校混合所有制改革现实困境与破解路径研究 [J]. 教育现代化，2019 (40).

[33] 霍晓萍，任艺，李华伟. 混合所有制改革异质资本双边匹配决策支持

系统设计［J］. 财会月刊，2019（19）.

［34］胡玲丽，张继恒．高职院校治理结构研究：以构建学生主导下的治理结构为视角［J］. 职教论坛，2012（19）.

［35］胡茂波、吴思．博弈论视野下高职教育校企合作的困境与对策［J］. 教育与职业，2012（23）.

［36］胡正明．高职院校内部治理的独特性及其实现路径［J］. 中国高教研究，2015（05）.

［37］黄南铨．公办高职院校混合所有制改革的法律困境及其出路［J］. 职业技术教育，2018（22）.

［38］霍艳杰，曹娅丽．高职院校混合所有制办学模式探究［J］. 职业教育研究，2017（05）.

［39］姬兆亮，戴永祥，胡伟．政府协同治理：中国区域协调发展协同治理的实现路径［J］. 西北大学学报（哲学社会科学版），2013，43（02）.

［40］贾旻，肖凤翔．现代职业教育治理的“现代性”意蕴［J］. 中国职业技术教育，2016（24）.

［41］姜辉，姜桂娟，魏明斌．高职院校混合所有制二级学院建设的思考［J］. 黑龙江科学，2019（09）.

［42］姜庆伟，黎炜．公办高职院校探索混合所有制的思考［J］. 中国职业技术教育，2017（04）.

［43］焦小龙．基于混合所有制的高职院校产教深度融合探究［J］. 文教资料，2019（03）.

［44］解德渤．我国高职院校法人类型的演进、反思及其重构：基于法人分类的视角［J］. 中国高教研究，2016（08）.

［45］金国．“新教育中国化”运动中的政府参与及教育治理逻辑［J］. 清华大学教育研究，2016，37（03）.

［46］金焕．高职教育混合所有制办学路径与方法研究［J］. 现代经济信息，2019（11）.

［47］金卫东．利益相关者视野下的高职质量标准建设［J］. 继续教育研究，2011（11）.

［48］孔令帅，张民选，陈铭霞．联合国教科文组织全球高等教育治理的演变、角色与保障［J］. 教育研究，2016（09）.

[49] 孔珊．职业教育校企合作的多维度博弈、冲突与治理 [J]．职业技术教育，2018，39 (24)．

[50] 赖星华．高职教育考试招生：校企合作未来发展的领域 [J]．教育评论，2014 (02)．

[51] 劳赐铭．发展混合所有制职业院校的利益、冲突和问题 [J]．中国高教研究，2016 (08)．

[52] 雷世平，姜群英．高职院校治理能力现代化的内涵及其衡量标准 [J]．职教论坛，2015 (31)．

[53] 李曾辉．混合所有制下高职院校“企业学院”治理结构及运行机制分析 [J]．教育与职业，2017 (05)．

[54] 李河水，张主社．公办高职院校试办混合所有制二级学院的思考：以山西机电高新区立讯学院为例 [J]．教育理论与实践，2018 (33)．

[55] 李宏昌．“新常态”视域下推进高职院校内部治理变革问题研究 [J]．教育与职业，2017 (04)．

[56] 李金星，赵敏，蔺海沣．教育治理中“管办评”分离及其实施 [J]．教学与管理，2016 (16)．

[57] 李锦．中国联通混合所有制改革的价值与意义 [J]．中外企业文化，2017 (10)．

[58] 李秋斌．公办高职院校混合所有制改革的困境与法律回应 [J]．中国职业技术教育，2018 (24)．

[59] 李小丽．用博弈理论看职业教育技能竞赛 [J]．中国成人教育，2012 (06)．

[60] 李小娃．高职院校治理改革：理论命题与实践问题 [J]．职业技术教育，2015 (16)．

[61] 李毅．教育治理现代化视域下的高校党建工作创新研究 [J]．昆明理工大学学报（社会科学版），2016 (02)．

[62] 林春明．高职院校内部治理现状与改革对策 [J]．教育与职业，2015 (34)．

[63] 刘丹．高职院校混合所有制办学发展困境及实现路径 [J]．石家庄职业技术学院学报，2018，30 (05)．

[64] 刘冬冬．积极推进教育治理现代化的若干思考 [J]．辽宁教育行政学

院学报，2016，33（02）.

［65］刘家枢．混合所有制：高职院校产教深度融合的路径与模式思考［J］．职教论坛，2015（04）.

［66］刘洁辉．教师教育治理现代化存在的问题及解决路径［J］．云南民族大学学报（哲学社会科学版），2016（06）.

［67］刘韬．教育治理现代化视阈下职业教育治理共同体构建［J］．职教论坛，2016（13）.

［68］刘燕．高等职业教育治理结构改革的理论、价值与实践路向［J］．教育与职业，2016（13）.

［69］柳燕，李汉学．教育新发展理念下的高职院校治理改革［J］．教育与职业，2017（05）.

［70］罗江红．基于高职校企混合所有制二级学院的师徒工作室建设研究［J］．广东交通职业技术学院学报，2019，18（02）.

［71］吕红刚．高职院校二级学院混合所有制改革探索［J］．中国职业技术教育，2019（10）.

［72］吕新福．利益相关者理论下的高职院校治理模式分析［J］．中国市场，2016（47）.

［73］母中旭．高职院校利益相关者多元内部治理结构探究［J］．职教论坛，2016（25）.

［74］彭晓兰．江西省高职院校混合所有制办学改革现状、问题与对策［J］．职业技术教育，2018（36）.

［75］彭运波．对高职院校混合所有制办学的实践探索［J］．中国多媒体与网络教学学报（中旬刊），2018（12）.

［76］齐再前，丛森，孙晓鲲．基于博弈论的高等职业教育校企合作机制的初步探讨［J］．教育与职业，2015（17）.

［77］秦建平，张勇，张惠．教育治理现代化及其监测评价研究［J］．中国教育学刊，2016（12）.

［78］冉义明，洪诗鸿，唐晓萍．用合作博弈论探究建立校企合作职业教育体制［J］．中国成人教育，2011（19）.

［79］桑雷．分散治理到协同治理：高职教育多元主体的失位与归正［J］．现代教育管理，2017（09）.

[80] 沈亚平，陈良雨．教育治理现代化中知识治理的逻辑与运行机理[J]．湖北社会科学，2016（09）．

[81] 石猛．公办高职院校混合所有制改革的困境与突破之道：基于区域经验探索的分析[J]．职教论坛，2019（05）．

[82] 史忠健．变革坡道：高职教育体制进化与院校治理结构改善[J]．青岛职业技术学院学报，2009，22（03）．

[83] 宋书彬，方红．高职混合所有制实训基地运营模式研究[J]．职教论坛，2015（06）．

[84] 孙绵涛．现代教育治理体系的概念、要素及结构探析[J]．教育研究与实验，2015（06）．

[85] 孙晓庆．高职院校的治理结构研究：基于章程制定的视角[J]．职业技术教育，2015（34）．

[86] 孙云志．元治理视域下高职院校治道逻辑与治理能力提升[J]．职业技术教育，2016，37（04）．

[87] 王寿斌，刘慧平．混合所有制：高职改革"市场化"探索[J]．教育与职业，2015（04）．

[88] 王志兵．高职院校混合所有制改革的逻辑、政策与内涵[J]．教育与职业，2019（08）．

[89] 王志伟．高职教育混合所有制办学存在的问题及对策[J]．教育与职业，2019（02）．

[90] 翁伟斌．职业教育集团化办学的内部治理机制：框架与推进路径[J]．中国高教研究，2016（05）．

[91] 吴佳瑜．混合所有制下高职生产性服务策略初探：以杭州职业技术学院特种设备学院为例[J]．职业技术教育，2016，37（11）．

[92] 吴建新，欧阳河．校企双主体办学的治理理论与模式初探[J]．中国职业技术教育，2016（06）．

[93] 吴益群，范可旭．高职院校混合所有制办学改革理论研究与实践探索述评[J]．教育与职业，2016（09）．

[94] 肖凤翔，陈潇．官民共治的现代职业教育治理体系之框架[J]．河北师范大学学报（教育科学版），2016，18（04）．

[95] 肖青山．《公司法》视域下的高职院校混合所有制特征的二级学院治

理结构之优化［J］. 教育现代化，2019（47）.

［96］肖伟平，姚晓波．职业院校混合所有制办学机制创新研究与实践［J］. 中国职业技术教育，2016（07）.

［97］谢红辉，程达军．高职院校混合所有制办学研究综述［J］. 职业教育研究，2018（08）.

［98］熊惠平．高等职业教育 PPP 模式的内涵、特征和产权设计［J］. 高等教育研究，2016（11）.

［99］徐桂庭．混合所有制办学：政策分析与实践探索：对广西理工职业技术学院混合所有制办学模式的调研与思考［J］. 中国职业技术教育，2015（13）.

［100］徐尧．高等职业教育混合所有制运行机制的探索［J］. 中国集体经济，2019（20）.

［101］许赟．混合所有制模式下高职教育课程体系重构研究［J］. 职业教育研究，2019（08）.

［102］宣勇．治理视野中的我国大学校长管理专业化［J］. 中国高教研究，2015（01）.

［103］姚瑶．高职院校实施混合所有制办学的探索：以南京旅游职业学院为例［J］. 当代教育实践与教学研究，2018（12）.

［104］叶敏．教育治理背景下中介组织发展的策略性思考［J］. 教育参考，2015（06）.

［105］易小芳．混合所有制：新时代高职院校发展的新动力、新取向［J］. 教育与职业，2018（24）.

［106］袁广发．混合所有制高职院校办学新路探析［J］. 教育教学论坛，2016（26）.

［107］袁平凡．混合所有制高等职业院校设立与活动的法律适用［J］. 职业技术教育，2019（03）.

［108］张杰．教育治理视域下教育中介组织的角色定位［J］. 教育理论与实践，2015（34）.

［109］张洁．公办高职院校推行公司化改革的构想［J］. 中小企业管理与科技（中旬刊），2015（05）.

［110］张培．高等职业教育校企合作长效机制构建研究［J］. 教育理论与实践，2016（06）.

[111] 赵小东．政企共建“股份制”高职院校的理论进路与实践回应［J］．职业技术教育，2016，37（16）．

[112] 赵章彬．高等职业院校混合所有制改革研究：从治理体系角度［J］．中国职业技术教育，2019（04）．

[113] 周建松，陈正江．高职院校治理体系现代化：理论意涵与实现机制［J］．现代教育管理，2016（07）．

硕博论文类

[1] 曹强胜．高职院校去官僚化问题研究［D］．长沙：湖南大学，2016.

[2] 陈金秀．民办高等职业教育管理体制研究：以山东省为例［D］．济南：山东师范大学，2014.

[3] 郭少军．基于书院制的高职院校学生管理模式创新探索［D］．呼和浩特：内蒙古大学，2016.

[4] 季雯．论地方政府在地方高职院校办学特色形成中的角色定位和职能：以湖北省宜昌市为例［D］．武汉：华中师范大学，2011.

[5] 贯东豪．我国高职教育行政管理问题与对策研究［D］．大连：大连海事大学，2014.

[6] 康乐．地方政府在高等职业教育资源配置中的作用研究［D］．成都：电子科技大学，2016.

[7] 柯盈盈．民营高职院校董事会治理结构优化研究：以杭州万向职业技术学院为例［D］．湘潭：湘潭大学，2014.

[8] 李政．权变理论视角下高职院校组织结构设计的研究：以Z校为例［D］．南京：南京师范大学，2015.

[9] 廖成亮．辽宁省混合所有制高职院校办学存在的问题及对策研究［D］．沈阳：沈阳师范大学，2016.

[10] 刘仲仪．中国国有企业发展混合所有制的契约问题研究［D］．长春：吉林大学，2017.

[11] 吕文平．河北省职业教育集团化办学的理论与实践研究［D］．石家庄：河北师范大学，2013.

[12] 马利凯．治理理论视阈下中国高等教育重点建设质量保障研究［D］．长春：吉林大学，2016.

[13] 孙薇薇．高职院校内部控制建设与评价研究：基于皖北高职院校的调查［D］．蚌埠：安徽财经大学，2015.

[14] 万恒．社会分层视野中职业教育价值的再审视［D］．上海：华东师范大学，2009.

[15] 王安兴．高职院校股份制办学体制研究［D］．天津：天津大学，2012.

[16] 王宇轩．高职院校的融资结构与办学效率：以山东省高职院校为例［D］．济南：山东大学，2010.

[17] 魏叶美．省级政府统筹视角下上海市高等教育投入机制研究［D］．上海：华东师范大学，2014.

[18] 吴冰．高职院校产学合作行为影响因素研究：专用技能人力资本形成的分析视角［D］．南京：南京农业大学，2014.

[19] 谢军．中国混合所有制企业国有产权管理研究［D］．武汉：武汉理工大学，2013.

[20] 杨惠梅．公立高等职业院校内部治理结构研究［D］．长沙：湖南大学，2012.

[21] 杨哲．非合作博弈在行为经济学思想下的均衡研究［D］．重庆：重庆大学，2012.

[22] 叶财富．民办高职院校发展的制度优化研究［D］．上海：华东师范大学，2010.

[23] 余丽平．基于利益相关者的高职院校治理结构研究［D］．宁波：宁波大学，2012.

[24] 张凤帆．我国混合所有制医院发展模式研究［D］．武汉：华中科技大学，2016.

[25] 张衡．集体行动与秩序生成［D］．上海：华东师范大学，2013.

[26] 张向阳．高等职业教育管理中的政府角色研究［D］．太原：山西大学，2011.

[27] 张兴．高等教育办学主体多元化研究［D］．上海：华东师范大学，2002.

[28] 张振华．高校办学自主权及其落实问题研究［D］．南京：南京农业大学，2012.

[29] 赵蒙．长株潭城市群高职教育与产业转型升级互动研究［D］．长沙：

湖南大学，2014.

［30］甄晓青．高职院校校企合作办学研究：对 C 职业学院的个案分析［D］．长沙：湖南师范大学，2015.

［31］植宝．政府推进公办高职校企合作对策研究［D］．广州：华南理工大学，2015.

［32］周艳平．基于博弈理论的多目标生产调度问题研究［D］．上海：华东理工大学，2012.

外文文献

［1］BRUIJN E D，BILLETT S，ONSTENK J. Enhancing Teaching and Learning in the Dutch Vocational Education System［M］. Berlin：Springer，2017.

［2］KELLY A. The Evolution of Key Skills：Towards a Tawney Paradigm［J］. Journal Vocational Education and Training，2001，53（01）.

［3］RAVASI D，ZATTONI A. Exploring the Political Side of Board Involvement in Strategy：A Study of Mixed Ownership Institutions［J］. Journal of Management Studies，2006，43（08）.

［4］PAIGE A F，SUSAN C. Risk and Cooperation：Managing Hazardous Fuel in Mixed Ownership Landscapes［J］. Environmental Management，2012，49（06）.

［5］PAN H S. Analysis of the Current State of School−Enterprise Cooperation in Chinese Higher Vocational Education and Influencing Factors［J］. Chinese Education & Society，2016，49（03）.

［6］ROGERS A. PISA，Power and Policy：the Emergence of Global Educational Governance［J］. International Review of Education，2014（9）.

［7］GELVES J A，HEYWOOD J S. How Does a Mixed Ownership Firm License a Patent?［J］. Economic Modelling，2016，59（07）.

［8］MOK K. Globalisation and Governance：Educational Policy Instruments and Regulatory Arrangements［J］. International Review of Education，2005，51（04）.

［9］BUSEMEYER M R，TRAMPUSCH C. The Comparative Political Economy of Collective Skill Formation［J］. The Political Economy of Collective Skill Formation，2012（13）.

［10］MARTIN C J. Political Institutions and the Origins of Collective Skill Formation Systems [J]. The Political Economy of Collective Skill Formation, 2012 (14).

[11] CHENG J. Research on the Training Mode of Mechanical Specialty Based on School Enterprise Cooperation [J]. Agro Food Industry Hi-Tech, 2017, 28 (3).

[12] CARVALHO M F. Evaluation of Enterprise Cooperation through Information Exchange [J]. Supply Chain, 2010 (3).

[13] SHAFFER D F, DUNN P. Higher Education Systems are Assuming a Larger Role in the Economic Development Efforts of their States [J]. Economics, Management and Financial Markets, 2014 (01).

[14] TAYLOR J S, MACHADO M D L. Governing Boards in Public Higher Education Institutions: A perspective from the United States [J]. Tertiary Education and Management, 2008, 14 (03).

[15] WANG L J, JIA Z H. Strengthening Cooperation with IT Enterprise, Promote the Practical Teaching of Information Specialty [J]. Education Theory and Education Application, 2012 (09).

[16] CHA S. Decentralization in Educational Governance and its Challenges in Korea: Focused on Policy Conflicts between Central and Local Government in Education [J]. Asia Pacific Education Review, 2016 (09).

[17] ZHANG Y W. Discussion of Sino-Foreign Cooperation Models for Higher Vocational Institutions [J]. Chinese Education & Society, 2014, 47 (05).

[18] RHODES R A W. The New Governance: Governing without Government [J]. Political Studies, 1996, 44 (04).

[19] QAA. A Brief Guide to Quality Assurance in UK Higher Edu-cation [R]. Gloucester: The Quality Assurance Agency for Higher Education, 2003.

附录 A　混合所有制高职院校协同治理调查问卷（高职院校）

尊敬的领导和老师：

您好！

我们是西南大学“混合所有制高职院校协同治理研究”课题组，本课题需要对全国的混合所有制高职院校办学情况进行大范围调查，旨在了解混合所有制高校院校在办学过程中存在的问题，提出相应的化解对策。我们的问卷将采用匿名方式，希望您能够根据自身实际情况，如实填写问卷，谢谢！

您所在的学校名称是：

您在学校所担任的职务是：

A. 学校领导　B. 学院领导　C. 职能部门负责人　D. 教师　E. 行政教辅人员

1. 贵校办学属于哪种混合所有制类型？

A. 公办院校引入私有资本

B. 民办学校引入公有资本

C. 不同资本投资新办混合所有制学校

D. 混合举办的学校二级学院

E. 公私合作伙伴关系 PPP 模式

2. 混合所有制学校法人登记类型？

A. 企业　B. 事业单位　C. 民办非企业　D. 未登记

3. 贵校混合所有制办学的举办者个数？

A. 2 个　B. 3 个　C. 4 个　D. 4 个以上　E. 其他无形资产

4. 学校公有资本比例是多少？

A. 公有资本占比30%以下

B. 公有资本占比30%~50%

C. 公有资本占比51%~80%

D. 公有资本占比80%以上

5. 公有资本举办者出资方式是什么？（可多选）

A. 土地　　B. 现金　　C. 实物　　D. 知识产权　　E. 其他无形资产

6. 私有资本举办者出资方式是什么？（可多选）

A. 土地　　B. 现金　　C. 实物　　D. 知识产权　　E. 其他无形资产

7. 您现在最关心哪方面的政策？（可多选）

A. 财政投入和扶持政策

B. 学生资助政策

C. 教师待遇政策

D. 分类收费政策

E. 奖励补偿政策

F. 融资政策

G. 土地与税收优惠政策

8. 您认为目前混合所有制办学政策法规是否完善？

A. 完善　　B. 不完善

9. 与公办学校的同等待遇是否得到落实？

A. 是　　B. 否

10. 贵校混合所有制办学是否设立了党组织？

A. 是　　B. 否

11. 学校章程中是否明确党组织班子成员进入学校决策机构的程序？

A. 是　　B. 否

12. 贵校混合所有制办学是否规定了董事会（理事会）成员的遴选办法？

A. 是　　B. 否

13. 董事会（理事会）的构成包括？（可多选）

A. 公有制出资方

B. 私有制出资方

C. 学校教职工代表

D. 学生代表

E. 党组织代表

F. 社会组织代表

14. 学校治理结构设立情况属于？

A. 仅设立决策机构

B. 设立了决策机构和监督机构

C. 设立决策机构和执行机构

D. 设立了决策机构、监督机构和执行机构

15. 学校重大决策问题通常由谁决定？

A. 校长　B. 董事会或理事会　C. 举办者　D. 其他

16. 学校设立的监督机构为？

A. 监事会　B. 教代会　C. 工会　D. 没有设立监督机构　E. 其他

17. 监督机构的产生办法是？

A. 学校领导任命

B. 民主选举产生

C. 其他方式

18. 学校是否实行教师代表大会制度？

A. 是　B. 否

19. 学校是否实行学生代表大会制度？

A. 是　B. 否

20. 学校的财务管理权归属？

A. 学校校长　B. 公有资本出资方　C. 私有资本出资方　D. 董事会

21. 学校教职工编制属于？

A. 事业编制　B. 企业编制　C. 两者皆有

22. 学校教师是否可以享受到公办教师相同待遇？

A. 完全享有　B. 部分享受　C. 未享受　D. 不清楚

23. 与公办高校相比，您认为混合所有制的办学优势在于？（可多选）

A. 学校自主管理的程度较高，能保证教学质量与社会信誉

B. 能够保证学校快速成长，发挥多元力量的作用

C. 能够根据市场需要培养人才

D. 能够对接企业，学生就业压力降低

24. 与公办高校相比，您认为混合所有制的办学局限在于？（可多选）

A. 融资不稳定，发展资金得不到持续保障

B. 生源混乱，培养模式单一，教师积极度不高

C. 组织结构存在问题，利益主体难以协调，

D. 政府支持力度不够，社会的认同程度低

25. 从经费来源渠道来说，您认为混合所有制最宜采取的模式是？

A. 依靠收费滚动发展模式

B. 企业独立投资模式

C. 多方股份制合作模式

D. 社会融资模式

26. 推行混合所有制改革以来，贵校的运行绩效如何？

A. 非常差　　B. 比较差　　C. 一般　　D. 比较好　　E. 很好

27. 学校各办学主体之间合作是否顺畅？如果不合作，原因是什么？

附录 B 混合所有制高职院校协同治理调查问卷（企业）

尊敬的领导：

您好！我们是西南大学“混合所有制高职院校协同治理研究”课题组，为更好地研究混合所有制改革背景下高职院校的参与意愿，为下一步深化改革提出对策建议，我们展开了此次问卷调查。我们的问卷调查将采取匿名方式，请您仔细阅读并如实填写这份问卷。

您所在的企业名称是：

1. 贵企业属于以下哪种产权类型？

A. 外资企业

B. 股份有限公司

C. 民营企业

D. 集体企业

E. 国有企业

F. 其他

2. 贵企业属于以下哪种类型？（可多选）

A. 科技类企业

B. 生产加工类企业

C. 贸易类企业

D. 服务类企业

E. 其他

3. 贵企业是否需要高职院校培养的学生？

A. 是　　　　　　　　B. 不是

4. 贵企业认为高职院校培养的学生是否满足企业需求？

A. 是　　　　　　　　B. 不是

5. 您是否了解混合所有制？

A. 是　　　　　　　　B. 不是

6. 从企业层面，在选择参与混合所有制改革前，最关注的是哪方面的法律？（可多选）

A. 产权方面　　　　　B. 治理结构方面　　　　C. 投资准入方面

7. 您认为混合所有制改革面临的最严峻的法律挑战是？（可多选）

A. 法律缺失　B. 法律规则不明确　C. 法律执行层面严重缺位　D. 其他

8. 贵企业了解相关法律规则的渠道主要是？（可多选）

A. 网络、报纸等媒体　B. 专业律师事务所　C. 法律顾问　　D. 其他

9. 贵企业是否设有专门的法律相关部门或聘请法律顾问？

A. 是　　　　　　　　B. 不是

10. 您认为从企业层面，选择参与混合所有制改革对于企业的发展意义大吗？

A. 非常大　　　　　　B. 很大

C. 一般　　　　　　　D. 不大

11. 您认为参与高职院校混合所有制改革对贵企业的主要作用是什么？（可多选）

A. 获取利润

B. 提升企业管理水平

C. 增强竞争力

D. 培养所需要的人才

E. 其他

12. 在鼓励发展混合所有制高职院校背景下，您在参与方面存在哪些顾虑？（可多选）

A. 担心国有资本一股独大，自己没有决策权

B. 担心政策朝令夕改

C. 担心政府行政干预

D. 担心管理模式和机制发生冲突

E. 担心发生文化冲突

F. 其他

13. 贵企业是否了解混合所有制高职院校的具体分类？

A. 是　　　　　　　　B. 不是

14. 贵企业是否愿意参与混合所有制高职院校改革试点？

A. 是　　　　　　　　B. 不是

15. 贵企业参与混合所有制高职院校改革的主要顾虑或障碍是什么？（可多选）

A. 法律法规制度与配套政策措施体系不完善

B. 高职院校国有性质

C. 高职院校领导人的身份障碍

D. 高职院校产权不清晰

E. 高职院校治理结构不规范

F. 自身的顾虑与担心，如怕出现管理冲突等

G. 其他

16. 贵企业不想与其他资本合作的主要顾虑是什么？（可多选）

A. 担心行政干预

B. 顾虑高职院校国有性质

C. 运行状况好，没有合作需求

D. 其他

17. 贵企业如有参与混合所有制高职院校改革，希望以哪一种方式与高职院校合作？（可多选）

A. 参股

B. 控股

C. 资产收购

D. 委托经营

E. 共同投资新办院校

F. PPP 共建院校基础设施

G. 其他

18. 从您所在企业的实际出发，您认为推进企业参与混合所有制高职院校改革应该从哪些方面着手？